21世纪 全国高职高专系列精品教材
十三五高职高专规划新教材

现代礼仪实训教程

主编 向莉

中国出版集团现代教育出版社

图书在版编目（CIP）数据

现代礼仪实训教程 / 向莉主编. －北京:现代教
育出版社，2011.8（2019.1重印）
ISBN 978 - 7 - 5106 - 0747 - 9

Ⅰ．①现…　Ⅱ．①向…　Ⅲ．①礼仪—高等职业教育—
教材　Ⅳ．①K891.26

中国版本图书馆 CIP 数据核字（2011）第 153638 号

现代礼仪实训教程

主　　编	向　莉	
出版发行	现代教育出版社	
地　　址	北京市朝阳区安华里 504 号 E 座	
邮　　编	100011	
电　　话	(010)64257032	
传　　真	(010)64251256	

责任编辑	李　颖	
装帧设计	前卫艺术工作室	
正文排版	起跑线工作室	
印　　刷	北京市彩虹印刷有限责任公司	
开　　本	787×1092　1/16	
印　　张	14.5	
字　　数	316 千字	
版　　次	2019 年 1 月第 1 版	
印　　次	2019 年 1 月第 1 次印刷	

书　　号	ISBN 978 - 7 -5106 - 0747 - 9	
定　　价	32.00 元	

前　言

礼仪是人类文明进步的重要标志，是适应时代发展、提高个人修养的重要途径。中共中央国务院颁布的《关于进一步加强和改进大学生思想政治教育的意见》中，把"明礼诚信"作为对大学生道德教育的重要内容之一，充分说明礼仪教育在大学生学习、生活中的重要作用。心理学家奥里·欧文斯说："大多数人录用的是他们所喜欢的人，而不是最能干的人。"据调查了解，用人单位在招聘过程中除了重视文凭以外，更加重视对人才综合素质的考察。企业招聘时不仅看重学生"做事"的能力，更看重其"做人"的水平，只有综合素质高的员工才能适应现代企业的需求。据媒体报道，在人才求职招聘会上，常常是温文尔雅、服饰得体、仪表端庄、彬彬有礼的大学生更能获得用人单位的青睐。礼仪教育是综合素质教育的重要组成部分，也是形成大学生社会能力的重要构成要素。

礼仪作为一门有助于提高人们文明素养、改善人际关系、促进社会和谐发展的实用型课程，越来越受到社会的普遍关注和重视。通过多年的实践教学与调查，我们发现，现在的学生更能深刻认识到礼仪知识的重要性，并迫切渴望能在学校学习到必需的礼仪知识，加强自身礼仪修养，为将来走入社会更好地适应生活、适应工作打好基础。

本教材"坚持育人为本，德育为先，把立德树人作为根本任务"，按照"以职业能力的培养为核心"的理念，在基本理论"必需、够用"的同时，力求理论联系实际，突出实用性和操作性。

为提高学生兴趣，增强学生的理解度，全文图文并茂，使之生动、直观、可读性更强。还根据需要链接了大量的相关知识和案例，力求使学生在轻松愉快的状态下掌握知识。本教材立足礼仪修养基本知识，考虑到礼仪教学的特殊性，在编写体例上，每章设有"案例分析"、"情境模拟训练"、"思考练习实训"等环节，注重实际操作训练，提出实训方法，更适应大学教育的需要。

本教材是在编者多年教学经验积累的基础上，参考和引录了有关的礼仪方面的文献和资料编写而成的，在此谨向这些书的作者、编者表示感谢。

由于水平有限，书中疏漏和不妥之处，敬请读者批评指正。

目 录

绪　论

　　中国自古称"华夏"，取"服章之美是为华，礼仪之大是为夏"之意，正所谓"礼仪之邦，衣冠上国"。时至今日，中国人更是与时俱进，在古代礼仪基础上"取其精华，去其糟粕"，赋予了中国现代礼仪新的内容，中华民族也以崭新的面貌屹立于世界的东方。通过本书的学习，让学生了解现代礼仪的基本内容，做到知礼、重礼，并通过各种场合的不断练习，养成习礼、守礼的良好习惯，从而提高学生的礼仪素养。

第一章 礼仪引论

【案例传真】

玉帛成干戈

公元前592年，当时的齐国国君齐顷公在朝堂接见来自晋国、鲁国、卫国和曹国的使臣，各国使臣都带来了墨玉、币帛等贵重礼品献给齐顷公。献礼的时候，齐顷公向下一看，只见晋国的亚卿郁克是个独眼，鲁国的上卿季孙行父是个秃头，卫国的上卿孙良夫是个跛脚，而曹国的大夫公子首则是个驼背。不禁暗自发笑：怎么四国的使臣都是有毛病的。

当晚，齐顷公见到自己的母亲萧夫人，便把白天看到的四个人当笑话说给萧夫人听。萧夫人一听便乐了，执意要亲眼见识一下。正好第二天是齐顷公设宴招待各国使臣的日子，于是便答应，让萧夫人届时躲在帷帐的后面观看。第二天，当四国使臣的车子一起到达，众人依次入厅时，萧夫人掀开帷帐向外望。一看见四个使臣便忍不住大笑起来，她的随从也个个笑得前俯后仰。笑声惊动了众使者，当他们弄明白原来是齐顷公为了让母亲寻开心，特意做了这样的安排时，个个怒不可遏，不辞而别。四国使臣约定各自回国请兵伐齐，雪洗在齐国所受的耻辱。四年后，四国联合起来讨伐齐国，齐国不敌，大败，齐顷公只得讲和。这便是春秋时著名的"鞍之战"。

礼仪在正式的外交场合是极其重要的，玩忽礼仪，只会像齐顷公那样，自食恶果。

第一节 礼仪的起源与演进

一、我国古代礼仪的起源与演进

人类的文明源远流长，在人类文明历史形成的同时，作为文明的表现形式之一的礼仪也随之出现。礼仪发展的历史实际上是人类逐渐走向文明的历史，了解礼仪的起源和发展演变，有助于我们全面把握礼仪文化，并通过对传统礼仪的扬弃，正确地指导现代礼仪实践。

（一）我国礼仪的起源阶段

据考证，我国礼仪最早起源于祭祀神灵。这是因为原始社会时，生产力极其低下，人们还处于一种愚昧无知的状态，对种种自然现象无法做出科学的解释，认为各种自然现象是受某种神秘的力量支配的，于是就将自然的力量神秘化、人格化，想像出各种神灵，作为崇拜的对象。古代礼仪的产生正是与祭祀神灵联系在一起的，其中有血祭（以血滴洒于地而祭）的仪式，比如，对"五神"（门神、井神、户神、灶神、土神）的祭祀就是血祭；其他还有祭祀天神的仪式、祭祀日月星辰的仪式。这些礼仪都是表示对天神的敬仰，祭祀鬼神以求福祥。所以，汉代许慎说："礼，履也，所以事神致福也"。郭沫若在《十批判书·孔墨的批判》中也指出，"礼之起，起于祀神。"

该时期原始的婚姻制度也始具雏形。根据古代历史文献记载，在新石器时代的后期，就有"夫妻之道"。从伏羲时代开始，即有男女嫁娶的礼仪，规定以"俪皮"为礼，"俪皮"即是两张鹿皮，由男方送给女方作为聘礼。"俪"为成双、两者匹配之意，故称夫妻为"伉俪"。仰韶文化时期，人们已经注意尊卑有序、男女有别，长辈坐上席，晚辈坐下席，男子坐左边，女子坐右边。尧舜时代，国家已具雏形，民间交往礼仪得到进一步发展，拜、作揖、拱手等礼仪广泛运用于社交活动中。典籍中有"五礼"、"五典"之说。"五礼"即吉礼、凶礼、军礼、宾礼、嘉礼。吉礼是指祭祀鬼神的祭祀之礼；凶礼是指遇有凶恶之事而进行的哀吊之礼；军礼是指用以统一诸侯邦国的镇之以威的礼仪；宾礼是指诸侯见天子，天子以宾客之礼相待的礼仪；嘉礼是指古代为喜庆相欢之事而举行的礼仪。"五典"即父子有亲、君臣有义、夫妇有别、长幼有序、朋友有信。这说明此时的礼仪已经较为系统规范了。

（二）我国古代礼仪的形成阶段

大约在奴隶社会的夏商周三代，我国传统礼仪进入了飞速发展乃至成熟时期。尤其到周代以后，人们由对自然神的崇拜扩展到对人自身的崇拜，统治阶级为了统治权力的法定化、神圣化，制定了一整套礼教制度。西周时期，我国历史上的第一部记载"礼"的书籍——《周礼》产生，以及随后《仪礼》、《礼记》的出现，标志着我国古代礼仪进入了成熟阶段。《周礼》偏重政治制度，《仪礼》偏重礼仪规范，《礼记》偏重对礼的各个分支做出符合统治者需要的理论说明。当时，统治者以"三礼"为依托，十分重视对贵族及其子弟的礼仪教化。当时的"国学"以"六艺"为基本的教学内容。"六艺"就是礼（礼节仪式）、乐（音乐舞蹈）、射（箭术）、御（驾车）、书（写信）、数（算法），其中礼仪教育列于首位。这种教育不仅要使学生懂得制礼的精神，而且还要让学生"演礼"，使他们的一举一动都符合礼仪规范的要求。

《周礼》、《仪礼》、《礼记》这三部礼仪著作作为我国礼仪发展史上的里程碑，对人的正确行为和社会公德的形成具有极为重要的作用，对人际交往产生不可估量的影响。

（三）我国古代礼仪的发展、变革阶段

西周末期，王室衰微，诸侯纷争，"礼乐崩坏"，奴隶社会向封建社会过渡。此时，相继出现的孔子、孟子、荀子等重要思想家，发展和变革了我国的古代礼仪。

春秋时期的孔子是儒家学派的创始人，可以算是我国历史上的第一位礼仪专家，他主张恢复周礼，"克己复礼为仁"，把"礼"看成治国安邦的策略。他认为，"不学礼，无以立"，并且告诫人们"非礼勿视，非礼勿听，非礼勿言，非礼勿动"。要求人们用道德规范约束自己的行为，做"文质彬彬"的君子。总之，孔子较系统地阐述了礼及礼仪的本质与功能，把礼仪理论提到一个新的高度。

孟子继承和发展了孔子的"仁学"思想，主张"民贵君轻"、"以德服人"，他认为要达到"礼"的标准，要讲究"修身"，培养"浩然正气"。

荀子则主张"隆法"、"重礼"，提出理法并用，他说："礼之于国家，如权衡之与轻重也，如绳墨之于曲直也。故人无礼则不生，事无礼则不成，国无礼则不宁。"他认为"礼"的目的就是区分每个人的长幼、贵贱和贫富。

孔孟等儒家的礼仪思想，构成了中国传统礼仪文化的基本精神，对中国礼仪文化产生了深远的影响，奠定了中国礼仪文化的基础。

（四）我国古代礼仪的强化、衰落阶段

秦朝统一"六国"以后，实行中央集权制，推行"书同文"、"车同轨"、"行同伦"，奠定了封建体制的基础。

西汉时期董仲舒在孔孟思想的基础上，把封建专制制度的理论系统化，提出"唯天子受命于天，天下受命于天子"的"天人感应说"，他把儒家礼仪具体概括为"三纲五常"。"三纲"即"君为臣纲，父为子纲，夫为妻纲"，"五常"即仁、义、礼、智、信。后来汉武帝采纳了董仲舒的"罢黜百家，独尊儒术"的主张，儒家礼教成为两千多年来中国的封建定制。

盛唐时期，《礼记》由"记"上升为"经"，成为"礼经"三书之一。

宋代程朱理学占统治地位，家庭礼仪教育研究成果突出，这是宋代礼仪发展的一个特点。此时出现了司马光的《家范》、朱熹的《朱子家礼》等礼仪著作，这些著作秉承传统家庭礼仪教育的精神，强调父母的言传身教，注重礼仪教育与启蒙知识的结合、礼仪教育同日常生活行为的结合。至此，我国古代礼仪进一步发展，变得更加严密、完善。

元、清时期，北方少数民族入主中原，给古老的中华传统礼仪带来了冲击，但少数民族礼仪始终没能占统治地位，反而被根深蒂固的封建礼仪所同化。清末，洋人的枪炮打开了中国的大门，西方礼仪文化也随之涌入，长期占据统治地位的封建礼仪根基渐渐松动。1911年辛亥革命使封建王朝迅速土崩瓦解，以孙中山为首的革命派除旧布新，翻开了现代中国礼仪的崭新一页。

（五）我国现代礼仪阶段

辛亥革命以后，科学、民主、自由、平等、博爱的观念逐渐深入人心，反帝、反封建的新文化运动更是对传统礼教制度进行了疾风暴雨式的摧毁。这些为我国现代礼仪的产生和普遍被社会认可做了充分的酝酿，打下了扎实的基础。

新中国成立后，人民当家作主，确立了新型的人际关系，我国的礼仪建设进入了一个崭新的历史阶段。从新中国成立到现在，当代礼仪的发展可以分为三个阶段。一是礼仪的革新阶段，指的是1949年新中国成立到1965年"文化大革命"前夕。此间，许多落后的传统礼仪被淘汰，比如，"神权天命"、"愚忠愚孝"以及严重束缚妇女的"三从四德"等封建礼教。一些优秀的传统礼仪继续保存下来，并得以发扬光大，比如精忠报国、尊老爱幼、讲究信义等。此时新型的人际关系也确立起来，人与人之间是平等的，是一种同志式的合作互助关系。二是礼仪的退化阶段。1966年到1976年的十年"文化大革命"时期，传统礼仪和现代礼仪受到严重的摧残，许多人不懂或者根本不遵守起码的礼仪规范，打倒一切、怀疑一切，不敬父母、不敬师长，毫无秩序。许多传统的礼仪精华也被当作"封资修"（封建主义、资本主义、修正主义）打入冷宫。三是礼仪的复兴阶段。1978年党的十一届三中全会以来，改革开放的春风吹遍了祖国大地，我国的礼仪建设进入了新的全面复兴阶段。各行各业的礼仪规范纷纷出台，礼仪教育、岗位培训日趋红火。《公共关系报》、《现代交际》等一大批有关礼仪的报纸刊物不断涌现。随着我国对外开放的进一步扩大和深化，我国现代礼仪增添了许多新的内容，学习礼仪、懂得礼仪、运用礼仪蔚然成风。

二、西方礼仪的起源与发展概况

我国现代礼仪明显受西方礼仪的影响，那么西方礼仪的产生和发展情况又如何呢？了解这点，对于我们正确掌握现代礼仪，促进国际交往有着重要的意义。

西方礼仪的形成和发展经历了更为复杂的历史过程。

（一）古希腊罗马时期的礼仪

西方礼仪发展到今天已经糅进了各种文明的因素，但是古代希腊可以说是西方文明的发源地。古代希腊文明以雅典文化为代表。在当时的社会里，人们不仅遵从法律，而且也讲究礼仪。特别对贵族来说，有无礼仪修养不是一件小事。早在荷马时代，贵族们就把"作战英勇，能言善辩，谦恭有礼，高度负责，甚至对战败者的宽宏大量和对自己的高度责任感"看作是贵族不可缺少的高贵品质（见卡扎米亚斯的《教育的传统与变革》）。作为一名贵族，"不许说谎，必须恪守信用，不准损人利己；在买卖交易中，宁可自己吃亏，不能诈骗他人的一分一厘"（见伊迪丝·汉密尔顿的《希腊方式——通向西方文明的源流》）。古希腊这些礼仪的具体形式为西方文明奠定了基础。

公元前146年，古罗马开始统治西欧。古罗马在继承古希腊文化遗产的基础上，发展和创造了自己的文明样式。古罗马教育理论家昆体良在这方面做出了突出的贡献，他写了《雄辩术原理》一书。书中论及罗马帝国的教育情况，认为一个人的道德、礼仪应从幼儿期开始。在孩子的幼儿时期，要选择品质优秀、"言行合礼"的人来充当保姆，因为此时保姆跟幼儿接触最多，对幼儿影响最大。到了一定的年龄后就应该送到学校学习，以提高他们的交际能力。

总之，在古希腊罗马时期，交际礼仪的一些问题已经引起了人们的重视，一些思想家已对其中的一些问题进行了初步的探讨，但还比较零碎，且往往蕴涵在伦理道德的理论当中。

（二）中世纪时期的礼仪

在公元 12 至 17 世纪的欧洲社会，统治者极力宣传世界万物都是上帝创造的，社会上的一切制度和关系也都是上帝安排的，"上等人统治，下等人服从统治"是天经地义的。在这种理论指导下的封建等级制度以土地关系为纽带，通过层层分封在人与人之间形成上尊下卑的等级差别。国王是最高的"封主"，其下有各级爵位的贵族，骑士属于封建统治中最低的等级。与这种封建等级制度相适应，在贵族之中形成封建社会所特有的严格而烦琐的贵族礼仪、宫廷礼仪。贵族还必须接受一种所谓的"骑士教育"，内容包括打猎、角力、骑马、跳舞、唱歌、一般礼仪与和蔼行为及少量的文学知识。这种"骑士教育"强调培养骑士对贵族妇女的特殊感情，养成一种为她们献身的精神，由此而产生出一种所谓的"骑士风度"，即在交际生活中给予贵妇人种种礼遇：出入门请她们先走，在她们面前鞠躬低头，吻她们的手，聚会时请她们入上座等。这种对待贵妇人的礼仪，后来随着文艺复兴、宗教改革和启蒙运动的到来，逐步扩大了它的范围，最后成为今天西方普遍遵从的"女士优先"的礼仪。但在中世纪时期平民劳动妇女并不享有跟贵族妇女同等的待遇，她们受着各种封建礼仪规范的束缚，当时为了驯服妇女，还出现过《训女手册》之类的书籍。

（三）近现代时期的礼仪

公元 14 至 16 世纪欧洲出现了资本主义萌芽，接着而来的是文艺复兴。新兴的资产阶级高举"人文主义"的旗帜，主张一切以人为本，一切为了人的利益。提倡人性，反对神性；提倡人权，反对神权；提倡个性解放，反对宗教神学；提倡理性，反对蒙昧主义和神秘主义。随着资本主义的确立和发展，带有封建等级色彩的礼仪退出了历史舞台，资产阶级在改造封建社会礼仪形式的基础上建立起了一整套反映资产阶级利益和思想原则的礼仪规范。这一时期的许多思想家政治家纷纷提出了许多有关礼仪、礼仪教育的理论。

英国资产阶级教育思想家约翰·洛克写了《教育漫话》，深入、系统地论述了礼仪的地位、作用以及礼仪教育的意义和方法。书中他主张吸收封建社会中一切与资本主义文明相适应的礼仪形式，培养出既有封建贵族派头，又有资产阶级精神风貌的"绅士"。要造就这样的人最重要的是德行的教育，而在德行的教育当中，又要特别注意礼貌品质的养成和礼仪知识的灌输。

1716 年，德国学者缅南杰斯出版了礼仪专著《论接待权贵和女士的礼仪，兼论女士如何对男士保持雍容的态度》，对具体交际场合的礼仪作了详尽地阐述。英国政治家切斯特菲尔德勋爵在其名著《教子书》中指出："世界最低微、最贫穷的人都期待从一个绅士身上看到良好的教养，因为他们在本性上是和你相等的，并不因为教育和财富的缘故而比你低劣。同他们说话时，要非常谦逊、温和，否则，他们会以为你骄傲而憎恨你。"说明了人际交往中对礼仪要求的普遍性。

随着生产力的提高、教育的普及、文化的发展、发达，现代社交生活已不是少数阶层专有的特权，各种具有现代文明特色的交际礼仪已广泛渗透到社会生活的方方面面，这对人们的文明教养水平提出了更高要求。很多有关这方面的论著随之出现。其中比较著名的有：法国学者让·塞尔著的《西方礼节与习俗》，英国学者埃尔西·伯奇·唐纳德编的《现代西方礼仪》，德国作家卡尔·斯莫卡尔著的《请注意您的风度》，美国礼仪专家伊丽莎白·波斯特编的《西方礼仪集萃》，以及美国教育家卡耐基编的《成功之路丛书》，等等。

三、我国传统礼仪与西方现代礼仪的差异

随着我国改革开放步伐的加快，越来越多的中国人走出去，越来越多的外国人走进来，在这来与去的交往当中，人们首先感受到的是中西礼仪文化的迥然不同。这种差异反映了不同的价值认识、道德规范和情感态度。中西礼仪的差异主要表现在如下四个方面：

（一）家族本位与个人本位

中国人向来有很强的家族观念。在古代中国社会，人们以家族为本位，每个人作为家族中的一员，视家族的利益为根本，认为家是国的基本组成单位，国则是家的放大，比如，所谓的"家天下"。所有的人际关系都可以最终归结到家族关系。由家族观念衍生的人伦亲情直接催生中国的许多道德伦理规范，比如，忠于国家，孝敬长辈，看重人情、亲情。日常生活中，"你吃饭了吗？""最近身体还好吧？""你去哪里？"，这种十分贴近交往对象的问候方式实际是重人情关系的外化形式。

在西方社会，个人本位的观念则占据着主导地位。他们信奉每个人都是独立的，不依靠任何人而存在，强调个人至上、个性自由，反对损害个人尊严，要求尊重个人隐私，维护人格自尊。就算是最为亲密的夫妻关系，也只不过是男女双方订立契约的结果，当事人双方各自为个体，保持着独立的活动，双方都不干涉对方的社交自由。

（二）重视身份与追求平等

中国的礼仪历来就强调一个"份"字（即身份）。"贵贱有等，长幼有序，贫富轻重皆有称"（《荀子礼论》）是中国古人追求的一种理想的社会境界。现代的"官本位"意识就是这种思想的后遗症。另外，在家庭生活中，男主外，女主内，"男女有尊卑之序，夫妇有唱随之礼"（男尊女卑，夫唱妇随），妇女处在一种从属的地位。当今社会，妇女的地位大大地提升了，女性的尊严得到了很大的维护，但歧视妇女、虐待妇女的事情还时有发生。

西方社会阶级、阶层的差别是存在的，不同身份的人有不同的社交圈子。但是，在日常生活中，每个人都很重视自己的尊严，不喜欢打听对方的身份，一些带有浓重等级色彩的礼仪形式已越来越不受欢迎。相反，像自助餐、鸡尾酒会这样一些不讲等级身份差别的交际形式十分受欢迎。西方人追求平等不仅突出地表现在强调一切交际场合要讲究男女平等，反对性别歧视，更要讲究尊重妇女、关心妇女、体谅妇女、帮助妇女、保护妇女，就是常说的女士优先。

（三）谦恭自制与情感外露

中国人一向视谦虚为美德，"满招损，谦受益"是千年古训。因此，在交际中，他们很少夸夸其谈，自吹自擂。同时，很善于控制自己的情感，"动于心，发于情，止于礼"被视为有良好道德修养的表现。在交际生活中，中国的夫妻、情人一般不会在他人面前表

现出过分亲昵的举动。即使是老朋友相见，也很少有狂呼猛抱的举动。

西方人则与此相反，他们不喜欢过分的谦虚，也不提倡过分客套，不认同自谦、自贬，更反对自轻、自贱。他们往往性格豪爽，感情炽热，有一说一，锋芒外露，亲吻礼、拥抱礼正是这种民族性格在礼节上的表现。例如，我们中国人宴请客人，在动筷之前往往谦和地说："没有什么好菜，请随便吃。"如果客人来自西方国家，对中国习俗还不太了解，他们肯定会感到困惑，明明摆着满桌的菜，怎么说没菜呢？相反，西方人宴请，一般没有多少个菜，他们却自豪地说："这是我的拿手好菜。"或者说："这是我太太特地精心为你做的。"如果桌上的菜吃得干干净净，我们中国主人会觉得面子上很不好过，因为这表明菜不够吃，显得太寒碜；而西方国家主人则欢欣鼓舞，因为这说明客人肯定自己的烹饪技术，饭、菜做得好吃。

（四）崇尚礼仪与法律至上

在中国的历史上，礼仪的政治作用被提到了无以复加的高度。儒家的德主刑辅、先德后刑的礼治主义长期受到统治阶级的青睐。因此，礼仪往往被摆在法律之上，或者说礼仪已经包含了法的成分。

西方人也重视礼仪的社会功能，但更强调法律的作用，特别是资产阶级在其革命时期就把建立法治社会作为自己政治活动的目标。所谓的法律至上，就是说在一国范围内，居于最高地位的、享有最高权威的、具有最高效力的是法律，任何社会主体都应该遵守法律，依法办事。在西方国家，法制观念较礼仪观念更深入人心，"法庭上见"是西方人常挂在嘴边的话。在与他们的交往中，以法律为底线、不触犯法律是交际成功的重要前提。

第二节　现代礼仪的含义、要素和类别

一、礼仪的含义

（一）礼仪的基本含义

要真正了解礼仪，首先要了解礼仪的基本含义。不同历史时期礼仪的基本含义不完全相同。

1. 我国古代礼仪的含义

在古汉语中，"礼"有三种意思。一是我国奴隶社会和封建社会的等级制度，以及与之相适应的一整套礼节仪式。《礼记·曲礼上》说"礼不下庶人，刑不上大夫"，说明"礼"有严格的阶级区分。二是表示尊敬和礼貌。《左传·襄公二十二年》中记载"执事不礼于寡君"，意思是说晋国国君不尊重郑国国君。三是表示赠送的物品。《晋书·陆纳传》谈到"及受礼，唯酒斗，鹿肉一"。

"仪"有两种意思。一是指容貌和外表，《晋书·温峤传》中有"风仪秀整，美于谈论"。二是指表示礼节和仪式，《晋书·谢安传》中有"诏府中备凶仪"（凶仪指丧事仪式）。

《诗经》中较早出现"礼仪"一词，书中说"礼仪卒度，笑语卒获"，意思为祭祀礼仪尽合乎法度，笑语尽得其节制。

古代许多有名的思想家都对"礼"做出过不同的解释。孔子曾这样论述"礼"："礼者何？即事之治也。君子有其事，必有其治。"又说："礼者，人道之极也。"荀子说："礼者，节之准也。"管子也说："礼者，因人之情，象义之理，而为之节乐者也。"

我国古代对礼仪含义的理解尽管多种多样，但归结起来主要有以下两种解释：一是由官方专门规定并要求人们遵守执行的涉及政治、经济、文化、军事等制度在内的典章制度；二是社会公众在长期的社会交往过程中自发形成的做人的道德、行为准则以及各种正式的仪式。

2. 现代的礼仪含义

礼仪的含义不是一成不变的，而是随着社会的发展变化而变化，尤其是现代社会中礼仪直接为统治阶级服务的主要功能逐渐弱化，促进人际交往的功能逐步增强，礼仪的内涵也随之发生变化。根据礼仪的发展规律及其本身的作用，礼仪成为人类在社会人际交往、沟通中约定俗成的律己、敬人的一种行为规范与准则。

3. 礼仪含义面面观

事实上，站在不同的角度对礼仪进行研究，对礼仪的概念可以有不同的理解。

从个人修养的角度来看，礼仪可以说是一个人的内在修养和素质的外在表现。也就是说，礼仪即教养、素质在一个人行为举止中的体现。

从道德的角度来看，"道德仁义，非礼不成"。礼仪可以被界定为为人处世的行为规范。因此，在 2001 年 9 月 20 日中共中央发布的《公民道德建设实施纲要》中，把"明礼"列为我国公民的基本道德规范之一。

从交际的角度看，礼仪是人际交往中的一种实用艺术，也可以说是一种交际沟通方式或交际沟通方法。

从民俗学的角度看，礼仪既是人际交往中必须遵行的律己敬人的习惯形式，也可以说是在人际交往中约定俗成的对人以尊重、友好的习惯做法，是待人接物的一种惯例。

从传播学的角度来看，礼仪是一种在人际交往中进行相互沟通的技巧。

从审美学的角度来看，礼仪是一种形式美。它是人的心灵美的必然外化。

全面了解礼仪的内涵，有利于我们更好地认识和运用礼仪。

（二）礼仪与礼貌、礼节、仪式、仪表

谈到礼仪，必然不能回避与之密切相关的礼貌、礼节、仪式、仪表，从内涵上看它们之间既有联系又有区别。

1. 礼貌

礼貌一般是指在人际交往中通过语言、动作向交往对象表示谦虚和恭敬的行为规范。礼貌侧重于内在修养，表现一个人的品质与修养，属于社会公德的范畴。孟子说："辞让之心，礼之端也"（《孟子·公孙丑上》），"迎之致敬以有礼，则就之；礼貌衰，则去之"（《孟子·告子下》）。在孟子看来，礼貌就是恭敬辞让之心这种道德情感在人的神态体貌上的自然表露，就是和颜悦色地与人相处。宋代司马光也有过关于礼貌的论述，他说："凡待人无贵贱贤愚，礼貌当如一。"这就是说在社会交往中，无论对什么人都要一视同仁，讲究以礼相待，要求人际交往时要做到诚恳、谦虚、和善、有分寸，待人"诚于中而形于外"。礼貌主要内容包括：在家庭生活中，尊老爱幼，夫爱妻敬；在单位工作中，敬重领导、善待同事、礼贤下士；在服务行业中，热情待客、耐心周到；在公共生活中，遵守秩序、互谅互让、讲究卫生、言必有信、仪表端庄等。总之，礼仪的核心内容就是要求人们在交际过程中具有一种尊重他人的态度。

2. 礼节

礼节通常是指人们在交际场合，相互表示尊重、友好的惯用形式。礼节是礼仪具体的、外在的表现形式，是内在美的一种外化。从内容上看，礼节包括接人待物的行为规则，反映对人的尊重和友善。没有礼节就无所谓礼貌，有了礼貌就必然需要具体的礼节。比如，为了表示对外宾的友好，讲究迎宾的礼仪规格；为了体现对死者的悼念，讲究参加追悼会的着装等。需要注意的是，礼节强调"分寸"，通常认为，一个人能在接人待物之中把握分寸，不卑不亢便是礼节。由于人们的社会关系是复杂多样的，每个人总是以一定的身份参与交际活动，并且每一种交际活动都是在一定的时间、地点中进行的，因此礼节的形式也是各种各样的。每个人只有熟悉交际活动中的各种惯用形式，才可以把握分寸，恰到好处地表达自己的情感，否则就会出现失礼现象。

3. 仪式

仪式是交际活动中按礼宾要求，围绕一定的主题，按照某种特定的程序进行的集体性的礼仪过程。仪式是在讲究礼貌、尊重对方的前提条件下进行的，所以，它包含有仪表和礼节的因素，它对参加仪式活动的每一个人都有着仪表和礼节方面的要求，但它又不是仪表和礼节的简单叠加，它具有集体性、主题性和程序性的特点。集体性指的是仪式通常是以聚会、集会、宴会等形式出现，参加的人数多，需要一定的活动场所，是一种集体性的交际活动，是礼仪活动中比较外在的、隆重的部分。比如，开业仪式、庆典仪式、剪彩仪式，等等。主题性指的是举行任何一种仪式都有一定的目的，例如，签字仪式是以郑重的形式对某一协议、条约或公约予以正式的承认；结婚仪式是以喜庆的形式向世人宣布一对男女结为夫妇，等等。程序性指的是仪式中进行的活动都有先后次序的安排，这种次序有限定性，不能随意变更。

4. 仪表

仪表是礼仪在个人外在形象方面的体现，包括容貌、服饰、姿态、表情、谈吐等方面。仪表可以表现人的精神状态和文明程度，是其交际形象的重要组成部分。交际形象就是一个人在交际活动中表现出来的整体风貌，它是多层次的复合体。从大的方面看，交际形象可分为外在形象和内在形象。外在形象就是仪表，例如，一个人的容貌就是他的"天然"形象，穿戴就是他的外饰形象，姿态就是他的动作形象，等等。内在形象包括一个人的心理形象、知识形象、智能形象等精神方面的形象。一个人只有把内在形象的美和外在形象的美统一起来，才能达到一种完美境界。仪表是交际礼仪中必不可少的因素，它在交际活动中会给人留下难忘的第一印象，如果这种印象是美好的，就会为今后成功的交际打下基础，反之就可能影响今后交际活动的顺利进行。这种现象在心理学上称之为"晕轮效应"。

从以上的分析中可以看出，礼貌、礼节、仪式、仪表的划分只具有相对的意义。它们之间存在着既相互渗透，又互相区别的关系。礼貌是礼仪的基础，是礼仪的外在表现形式之一。礼节则是礼仪的基本组成部分，在礼节中也包含有对仪表的要求，它更突出地表现了一种人际交往时的动态关系。仪式是礼仪程序化的形式，它把礼仪看成是一种集体性交际活动的形式。仪表是礼仪在个体身上的外在表现，主要是从一个人的外表给人留下的印象来说的，这种印象的形成显然也离不开礼节的要素。可见，礼仪是总称，既包括内在的内容，也包括外在的形式，在层次上要高于礼貌、礼节、仪式、仪表，它的内涵更深、更广，是一个表示礼貌的完整的、系统的过程，而不仅是一次行为、一种做法。从本质上看，礼仪、礼貌、礼节、仪式、仪表都体现对人的尊敬。

二、礼仪的基本要素

礼仪涉及的社会生活面十分广泛，但不管是哪种礼仪，都包含四个基本要素，即礼仪主体、礼仪客体、礼仪媒介、礼仪环境。

（一）礼仪主体

礼仪主体是指礼仪活动的实施者和操作者。具体操作、实施礼仪活动的通常是个人或组织，据此可以将礼仪主体划分为个人主体和组织主体。

1. 个人主体

当礼仪活动由个人来操作、实施时，礼仪主体就是个人主体。这种礼仪活动一般规模较小，程序比较简单。比如，参加朋友婚礼、举办生日宴会，参加者、举办者的言谈举止、仪容仪表完全由个人具体应用，代表的是个人。

2. 组织主体

当礼仪活动规模较大、程序较为复杂时，礼仪活动通常是一种组织行为，此时，礼仪的主体就是组织主体。例如，某高校经济管理系学生会干部参观百色起义纪念馆，这项活动中礼仪的主体是该系学生会这个组织。

当然，个人主体与组织主体并不是绝对的、一成不变的，在一定的条件下是会发生变化的。例如，某机电进出口公司的总裁张某将参加在澳大利亚悉尼召开的国际经贸洽谈会，他就不仅代表他个人，还代表了他所在的公司，代表国内同行业，甚至代表了国家的形象。

此外，礼仪主体还有一种特殊情况，即礼仪主体的代表人。礼仪主体的代表人是指代表礼仪主体进行礼仪操作和实施的人。对于组织类型的礼仪主体来说，其礼仪行为必须由具体的人代表组织进行具体操作和实施。对于个人类型的礼仪主体来说，礼仪应由个人来完成，但在某些特殊情况下，如外出不在或其他原因，可以委派代表者实施礼仪活动。例如，某地某超市举行一周年店庆活动，发柬邀请另一超市的总经理参加，如果总经理不在，可以让副总经理代表前去。要注意的是选派的代表要能够真正代表礼仪主体，为礼仪对象所认可。

（二）礼仪客体

礼仪客体又称礼仪的对象，指礼仪活动的指向者和承受者。它的外延十分广泛，可以是人也可以是物，可以是物质的也可以是精神的，可以是有形的也可以是无形的，可以是圣洁的也可以是污秽的。例如，佛教的舍利子，意大利都灵大教堂中陈列的耶稣遇难时的裹尸布，藏族的哈达等都可以作为礼仪的客体。

礼仪的主体与客体之间的关系也不是绝对的，主客体的转化是由礼仪主体决定的。我国传统主张礼尚往来，孔子说："有来无往非礼也"，在你来我往中，礼仪的主客体就发生了转变。为了促进双方之间关系的巩固和发展，主客体之间都应该自觉地促成这种转换。例如，中国青年代表团访问日本，日本青年代表团应邀回访中国。

（三）礼仪媒介

礼仪媒介是指进行礼仪活动所要依托的媒体。任何礼仪都必须使用礼仪媒介，不使用礼仪媒介就无法传达礼仪信息。礼仪媒介种类繁多，可划分为口头语言礼仪媒介、书面语言礼仪媒介、形体礼仪媒介、界域语言礼仪媒介、物体礼仪媒介、事体礼仪媒介等。

1. 口头语言礼仪媒介，是指通过口头语言来传达礼仪信息的媒介。如，电话、交谈等。

2. 书面语言礼仪媒介，是指通过书面文字来传达礼仪信息的媒介。如，贺信、邀请函、请柬等。

3. 形体礼仪媒介，指通过表情、动作来传达礼仪信息的媒介。如，微笑、鞠躬、挥手致意等。

4. 界域语言礼仪媒介，指通过礼仪主客体之间的相互关系位置来传达礼仪信息的媒介。如，礼宾次序。

5. 物体礼仪媒介，指通过物体来传达礼仪信息的媒介。如，互送礼物、纪念品等。

6. 事体礼仪媒介，指通过相关事体来传达礼仪信息的媒介。如，签字仪式、宴请等。

（四）礼仪环境

礼仪环境指礼仪活动得以实施的具体时空条件，分为自然环境和社会环境，比如季节气候、历史时代等。礼仪环境对礼仪活动有严格的制约作用。"到什么山唱什么歌"，采用什么样的礼仪受具体环境的限制，如何实施礼仪也由具体环境决定。例如，吻手礼，一般流行于西方上流社会，在东方的中国、日本、韩国、越南一般不流行；再如，女士坐姿中的"双腿斜放式"，双腿斜向左侧还是斜向右侧，视交谈对象的位置而定。

在礼仪实施的过程中，上述四个基本要素是缺一不可的。没有礼仪主体，礼仪活动就无法进行；没有礼仪客体，礼仪就缺乏指向，礼仪也就不成为礼仪；不借助礼仪媒介，礼仪信息无法传达；不考虑礼仪操作的实际环境要求，礼仪效果将适得其反，失去应有的作用。

三、礼仪的类别

（一）礼仪的分类

1. 根据礼仪的适用范围分类

根据礼仪的适用范围，可以将礼仪分为政务礼仪、商务礼仪、服务礼仪、社交礼仪、国际礼仪等。

政务礼仪，也称国家公务员礼仪。它所指的是国家公务员在执行公务时所应当遵守的礼仪。

商务礼仪，指的主要是公司、企业的从业人员以及其他一切从事经济活动的人士，在经济往来中所应当遵守的礼仪。

服务礼仪，指的主要是各类服务行业的从业人员，在自己的工作岗位上所应当遵守的礼仪。这种礼仪应用广泛，涉及餐饮、旅游、酒店服务等各类服务行业。

社交礼仪，也称交际礼仪，指的是社会各界人士在一般性的交际应酬之中所应当遵守的礼仪。

国际礼仪，指的是人们在国际交往中，在同外国人打交道时所应当遵守的礼仪，又称涉外礼仪。

在上述的五个主要礼仪分支中，政务礼仪、商务礼仪、服务礼仪等主要是按照行业划分的，并且是人们在工作岗位上所应遵守的，所以也可以称之为行业礼仪或职业礼仪。而社交礼仪、国际礼仪的划分，则主要以交往范围为依据，二者均可称为交往礼仪。

2. 根据礼仪的操作主体分类

根据礼仪的操作主体不同，可以划分为公关礼仪、秘书礼仪、护士礼仪、交警礼仪、教师礼仪、学生礼仪等。

3. 根据礼仪的表达方式分类

根据礼仪的表达方式，可以划分为仪表礼仪、言语礼仪、服饰礼仪、行为礼仪。

（二）礼仪与相关学科的交叉关系

礼仪是一门专门研究人的交际行为规范的科学，这是它有别于其他学科的标志。同时礼仪又是一门综合性学科，因为人的交际行为本身就是复杂的，涉及心理、伦理、民俗等多方面，礼仪广泛吸收了这些学科的研究成果，不断丰富自己的内涵。

1. 礼仪与民俗学的关系

民俗学研究的是流行于民间的风俗习惯。礼仪与民俗学之间的关系是："礼出于俗，俗化为礼"。二者之间相互联系、相互影响，相互转化。所以，礼仪在民间常称为礼俗。了解民俗，有助于掌握礼仪，学习礼仪又将使人们深入地理解民俗。

2. 礼仪与传播学的关系

传播学所研究的是信息传播的规律，运用传播学的观点看待交际活动，实际上是一种人际传播。传播学与礼仪的关系是：礼仪活动通常与传播有关，传播学则是礼仪规范的一个重要的理论基础。交际即信息传播，传播制约着交际，二者密不可分，互相依存。

3. 礼仪与伦理学的关系

伦理学所研究的是道德问题，礼仪则是对伦理学研究成果的具体运用，反映着社会的道德关系，体现社会的道德标准。二者之间的关系是：伦理学是礼仪的基础，而礼仪则是对伦理学所提出的道德要求的具体表现形式。

4. 礼仪与心理学的关系

心理学研究的是人的心理活动及其一般规律。礼仪与心理学的关系是：心理学是礼仪活动的一个基础。人是交际活动的主角，只有掌握人的心理活动，才能更好地理解人、尊重人，才能更好地运用礼仪。

5. 礼仪与社会学的关系

社会学研究的是社会生活和社会行为。礼仪与社会学之间的关系是：交际活动是社会学的重要研究对象之一，而研究社会生活、社会行为的社会学所提供的一系列成果，则又必然有助于礼仪所关注交际活动的成功。

6. 礼仪与公共关系学的关系

公共关系学研究的是组织所面对的公众关系。礼仪与公共关系学的关系是：公共关系是交际活动中的每一位成功者所必须妥善处理的，而礼仪则又是处理公共关系的一种重要的技术手段；公共关系重在塑造组织形象，礼仪则意在维护个人形象，在公共礼仪中，个人形象作为组织形象的一部分存在，其最终的目的是塑造组织形象。

7. 礼仪与美学的关系

美学所要研究的是美的一般规律，社会美是其研究的一个重要方面，而社会美又往往表现在人的交际活动中。礼仪与美学的关系是："有礼则雅"。符合礼仪的做法必然是美的，而美又是衡量礼仪是否完善的重要标尺。从某种意义上说，礼仪实际是交际活动的一种形式美。

第三节　现代礼仪的特性和原则

一、礼仪的特性

礼仪虽然与各门学科有着这样那样的联系，但它作为人的行为规范，有它自身的特性。主要表现在以下几个方面。

(一) 规范性

礼仪本身就是一种规范，它在人们长期的交往实践当中形成，并以风俗、习惯和传统的相对固定方式保存下来，约束着人们的行为举止，是人们普遍遵循的行为准则。是否遵循这种行为准则，不仅影响个人交际的成败，而且反映一个人的道德水准。总之，礼仪是约定俗成的律己、敬人的惯常行为模式。因此，任何人要想在交际场合表现得彬彬有礼，都必须遵守人际交往的惯例，"独家创造"的礼仪规范是不能令交往对象接受的。当然，人们的行为举止是否符合人际交往的惯例，要视具体的交际情境而定，也就是说，礼仪的规范性是受礼仪环境制约的，不能一概而论。比如在中国广西的某些地方，逢年过节，杀鸡宰鸭，把鸡鸭屁股奉给老人是儿孙孝顺的一种表现；如果家有老人，不明礼者把它吃了，就会受到舆论的谴责。

（二）多样性

礼仪具有多样性，这是因为：首先礼仪涉及社会生活的方方面面，而社会生活的内容是纷繁复杂的，社会生活的多样性决定了礼仪的多样性；再者，不同的个人在其学习、生活、工作等的特定领域，由于其社会角色的不同又有不同的礼仪要求。比如，一个成年女子可能扮演以下这些角色：在家庭中她可能是母亲、妻子、女儿，在单位里她可能是职员、领导，出行坐车她又可能是乘客、游客，来到餐馆她又成为顾客——每一种角色，在每一个场合都有相应的礼仪。从前面的礼仪分类中，我们也可见礼仪种类的繁多。总之，不管在内容上，还是形式上，礼仪都是丰富多彩的。

（三）继承性

任何国家、任何民族的礼仪文化都是在本民族固有文化的基础上继承、发展而来的，都是这个国家、这个民族传统文化的重要组成部分，离开了对本民族传统礼仪的传承、扬弃，就不可能形成适应社会发展、又独具本民族特色的礼仪文化和礼仪规范。各民族的礼仪作为自己民族文化的积淀，不会因历史的变迁、社会制度的变革而消亡。对于传统的礼仪文化遗产，正确的态度是不应当食古不化，不加选择，全盘照用，也不能全盘否定，而应当是有扬弃，有继承。

（四）差异性

由于各民族的文化传统、宗教信仰、民情风俗等存在差异，导致礼仪的差异，这种差异主要体现在礼仪的民族性和地域性上。所谓"十里不同风，百里不同俗"正是这个道理。礼仪作为一种行为准则和规范是约定俗成的，这是民族礼仪文化的共性，但是对于礼仪的运用，则会因现实条件的不同而使其意义出现差异性。具体体现在同一礼仪形式常常会因为时间、地点的不同而使其意义出现差异，比如，点头，在大多数国家都表示赞许、肯定等意义，但在尼泊尔这个国家则表示否定，而摇头的意义则刚好相反，正是"点头不算，摇头算"。礼仪的差异性还表现在同一礼仪形式，在不同的场合，针对不同的对象，会有差别，例如握手，男女之间力度就不一样，新老朋友之间也不一样。再者，同样意义的礼仪在不同的民族、不同的地区，可能有不同的表现形式，比如，同样表示欢迎和友好，有的用拥抱，有的用握手，有的用亲吻。

（五）社会性

礼仪这种文化形态，有着广泛的社会性，它贯穿于人类社会的始终，遍及社会的各个领域，渗透到各种社会关系之中，只要有人和人的关系存在，就会有作为人的行为准则和规范的礼仪存在。再者，礼仪也会随着社会的发展、历史的进步而与时俱进，特别是在现代社会，世界经济国际化、一体化日趋明显，各个国家、各个地区、各个民族之间的交往日益密切，礼仪也随着这种社会的变化而不断被赋予新的内容。

二、礼仪的原则

（一）尊敬原则

这是礼仪的核心与重心，正如孔子所说："礼者，敬人也"。在对待他人的诸多做法当中最要紧的就是敬人之心长存，处处不可失敬于人，不可伤害他人的尊严，更不能侮辱对方的人格、国格。与他人交往，要互谦互让，互尊互敬，友好相待，和睦相处，更要把对交往对象的重视、恭敬、友好放在第一位。所谓"敬人者，人恒敬之"，"人敬我一尺，我敬人一丈"，要获得他人的尊敬，促进交际的成功，必须要敬人为先。

（二）自律原则

礼仪规范由对待自己的要求和对待他人的方法两部分组成。对待自己的要求，是个人培养礼仪修养的基础和出发点，学习、应用礼仪最重要的是自我约束、自我反省、自我对照。孔子就很重视检点自己，他要求自己"日三省吾身"。孔子还说："己所不欲，勿施于人。"若是没有对自己的首先要求，人前人后不一样，待己宽，律人严，讲究礼仪则无从谈起，更不用说自尊与尊人。

（三）平等原则

礼仪的核心是尊重交往对象，这要求对待任何交往对象都要一视同仁，给予同等的礼遇，不能因为交往对象之间的职位、财富、文化、种族等的不同而厚此薄彼。尤其在涉外交往中，国家不分大小、贫富、强弱，一律平等，违反了这点，会破坏两国关系，甚至会产生国际争端，影响世界和平。当然，在人际交往中，我们承认人的身份与地位的差异，也主张根据不同的交往对象采用不同的方法。比如，握手，先长辈后晚辈，先职位高者后职位低者，这是人人都可以接受的操作方法；但如果在一行人当中，你同甲、乙、丙握手，惟独没有与丁握手，那是不好的。

（四）适度原则

战国时候宋玉曾在《登徒子好色赋》里谈到女子的美，东家之子"增之一分则太长，减之一分则太短；著粉则太白，施朱则太赤"，他认为东家之子的美恰到好处，是最理想不过的了。这种适度美的思想，也同样可以应用在交际礼仪中。适度的原则，就是要求应用礼仪时，为了保证取得成效，必须要注意技巧，合乎规范，特别要注意做到把握分寸，认真得体。这是因为凡事过犹不及，运用礼仪时，假如做过了头，或者做得不到位，都不能正确地表达自己的自律、敬人之意。在人际交往中，该行则行，该止则止，如果连话都不敢说，就未免过于拘谨，不能形成宽松融洽的氛围；相反，我行我素，目中无人，高谈阔论，全不顾他人的感受，也会走向另一个极端。

（五）宽容原则

在人与人的社会交往中，由于立场、观点、思想方法及其他方面的原因，会出现这样那样的不尽如人意的事情，人际交往如果不讲究宽容，会造成心胸狭隘、嫉妒心强、猜疑心重的恶劣心态。宽容是一种高尚的情操，是克服这种不健康心态的良药，它容许别人有行动和判断的自由，对不同于自己的见解有耐心公正的容忍态度，多体谅他人，多理解他人，不要求全责备，斤斤计较，过分苛刻。我们强调在交际中尊重他人，实际上就是尊重他人的个人选择。对不同于自己、不同于众人的行为耐心容忍，不必要求其他人处处效法自身，与自己保持一致，实际上也是尊重对方的一个主要表现。

（六）真诚原则

真诚指的是真心诚意的友善表现，实事求是的客观态度。礼仪运用的真诚原则要求人们在交往中做到诚心诚意待人，相信对方，正确认识对方，给对方机会。真诚就要讲信用。从今天来看，讲信用是任何组织或个人生存和发展的必要条件，它关系到组织或个人的形象，影响到组织的市场竞争力或个人的亲和力。中国传统道德主张"言必信，行必果"，就是强调做人要真诚，要有信用。只有如此，才能表达对交往对象的尊敬和友好，才能赢得对方的好感与信赖，最终获得交际的成功。如果有人把运用礼仪当成一种道具和伪装，在具体操作礼仪时口是心非，表里不一，人前一个样，人后另一个样，则是有悖礼仪的宗旨，是不受欢迎的。

（七）从俗原则

在上述谈到礼仪的特征时，我们知道由于国情、地区、民族、文化背景的不同使得礼仪呈现种类繁多，五花八门的局面，对这一客观事实我们应有正确的认识，不要自高自大，惟我独尊，简单地否定他人不同于己的做法，少见多怪，妄加非议。费利克斯·德·格朗·孔布说："最坏的举止是以为本国的举止皆好，外国的举止皆坏。"（见让·塞尔的《西方礼仪与习俗》）各种礼仪都有自己的适用范围，有些礼仪形式在旁人看来不可思议，但每种礼仪形式都有它存在的必要性与合理性，而没有优劣、对错之别，都应当坚持无条件地加以尊重，所谓"入境而问禁，入国而问俗，入门而问讳"就是这个道理。只有尊重对方特有的习俗，才能增进双方之间的理解和沟通，才能更好地表达我方的真诚和善意。在交际过程中，犯了对方的"禁"，往往是因为对交际对象所特有的风俗习惯不了解，运用从俗原则，前提条件是充分地了解对方的衣、食、住、行等多方面的风俗习惯。

第四节　现代礼仪的功能和作用

一、现代礼仪的功能

（一）塑造形象功能

现代社会是一个快节奏的社会。在社会组织如云、激烈竞争的时代，人们处理事情、了解事物，往往缺乏必要的耐心和时间，因而，组织的外在形象尤为重要。组织在开张、开业时举办隆重而热烈的庆典，公关人员在外事交往中大方得体的举止、在社交场合款款而行的风度，都能给人以最直观、最鲜明的印象。

（二）人际交往功能

在现代社会，"让人喜欢你"是一条重要的人际交往准则。形象佳者容易被人们所接纳并喜欢；形象不佳者则常常遭到冷遇。形象佳者每每能化险为夷，拥有机遇；形象不佳者则往往举步维艰，困难重重。成功者要想保持优势，需注意良好形象的巩固；失意者要想摆脱困境，也往往要从调整心态、重塑形象着手。

文明的礼貌交往，表现了社会组织与公众相互间的尊敬和友善，反映了现代社会人们之间的依存关系。当我们用"礼"规范自己的言行时，一方面，体现了说话人的谦虚和美德；另一方面，也激发了对方尊重他人的意识，从而共同营造出一个文明友好的氛围。

（三）增强组织凝聚力功能

通过庆贺组织开张、开业的庆典仪式或揭幕、揭牌仪式来鼓舞员工的士气，激发员工对本组织的热爱；通过表彰组织内先进员工的颁奖仪式，来形成组织的良好风尚和行为楷模，激发员工的责任心和进取心。我国的一些企业，在激烈的市场竞争中，为了更好地树立自己企业独特的形象，纷纷进行企业形象设计，其中包括精心制作企业制服、企业商品标识，编写企业歌曲、企业口号等，明确地体现出企业精神、经营意识和产品属性，并以此教育员工，培养员工的价值观念，形成企业凝聚力，为企业的发展打下坚实的基础。

（四）提高文明水准功能

从社会教育的角度来看，社交礼仪是人的社会化的重要内容之一，对它的学习与培养，能促进人类文化的延续和文明水准的提高。一个具有良好文明素养的民族，必定是一个讲礼仪、懂礼貌的民族。现代社会，无论是政治的竞争、经济的竞争、军事的竞争，还是科学技术的竞争，归根到底是人的素质的竞争。人的文明素养程度与民族的未来发展密切相关。一些看似微不足道的"小节"，往往是一个人文明修养水平的直观反映。有人因注意小节而获得成功，也有人因不拘小节而导致失败。

（五）传递信息功能

现代社会是一个开放竞争的社会。由于它的开放性，人们活动的范围日益广阔；由于它的竞争性，便有了一个如何在广阔的竞争场合中脱颖而出、占领一席之地的问题。为此，有识之士想出了"制造新闻"的战术，通过精心策划，在新闻真实性的原则下，争取本组织成为新闻报道的中心，来提高组织的知名度和美誉度。于是在日常的社会生活中，经常可以看到各种揭牌、剪彩、庆典、签字仪式等活动，报纸、广播、电视上也纷纷予以报道，给人们留下了深刻的印象，这是公关礼仪在现代社会中又一特殊的传递信息的功能。2008年在北京举办的第29届奥运会，北京奥组委经过精心挑选和培训的奥运会礼仪小姐，以其美丽的外表，优雅的举止，靓丽的服装，赢得了全世界奥运观众的赞赏，其影响程度不亚于北京奥运会赛事，成为向全世界展示和宣传中国文化的一面镜子。

（六）沟通功能

人们在社会交往过程中发生各种关系，主要有经济关系、政治关系和道德关系，这三者构成了人们的社会关系。在人际交往中，不论体现的是何种关系，只要双方都能自觉地执行礼仪规范，就会容易沟通双方之间的感情，从而使人们之间的交往得以成功，进而有助于所从事的各种事业得到发展。

（七）协调功能

在一定意义上说，礼仪是人际关系和谐发展的调节器。人们在交往时按礼仪规范去做，有助于加强人们之间互相尊重、友好合作的新型关系，可缓和或避免某些不必要的情感对立与障碍。

（八）维护功能

礼仪是整个社会文明发展程度的反映和标志，同时礼仪也反作用于社会，对社会的精神文明产生广泛、持久和深刻地影响。

二、现代礼仪的作用

（一）尊重作用。人际交往中尊重是相互的，当你向对方表示尊敬和敬意时，对方也会还之以礼，即"礼尚往来"。

（二）约束作用。礼仪作为行为规范，对人们的社会行为具有很强的约束力。礼仪一经制定和推行，便成为社会的行为规范和习俗，人们都应遵守和服从，都将自觉或不自觉地受到约束。

（三）教育作用。礼仪作为一种道德习俗，对全社会的每一个人都在施行教育。礼仪一经形成和巩固，就会成为社会传统文化的重要组成部分，世代相继，世代相传。

（四）调节作用。人际关系是人类社会生活中极为重要的关系。一个人如果没有良好的人际关系，就无法满足个人的归属感、受尊重感，就会怅然若失甚至惶惶不安、行为怪异。

思考·练习·实训

一、简答题

1. 什么是礼仪？礼仪与礼貌、礼节、仪式、仪表有什么区别和联系？
2. 礼仪有哪些基本构成要素？礼仪的特征是什么？礼仪有哪些重要原则？
3. 试述中西方礼仪文化的主要差异。
4. 试述礼仪的主要功能。
5. 我们应该怎样学习礼仪？

二、单项选择题

1. （   ）是人们在社会交往中以建立和谐关系为目的的各种约定俗成的行为准则与规范。

A、礼貌　　　　　　B、礼节　　　　　　C、礼仪　　　　　　D、仪式

2. 在传统民俗礼仪中，（　　）十二点，全家人围在一起吃饺子，并有"一夜连双岁，五更分二年"之说。

A、中秋夜　　　　　B、元旦夜　　　　　C、除夕夜　　　　　D、国庆夜

3. （　　）就是人们在相互交往中表示敬重和友好的行为，它的本意就是体贴别人。

A、礼　　　　　　　B、礼节　　　　　　C、礼貌　　　　　　D、礼仪

4. 礼仪修养的特点是（　　）。

A、尊重性　　　　　B、排他性　　　　　C、无为性　　　　　D、独特性

5. （　　）是礼仪的中心内容。

A、宽容　　　　　　B、敬人　　　　　　C、自律　　　　　　D、尊重人、关心人

6. "不学礼，无以立"的古训是（　　）提出的。

A、孟子　　　　　　B、荀子　　　　　　C、孔子　　　　　　D、墨子

7. 咀嚼过的口香糖正确的处理方式是（　　）

A、随处乱丢　　　　　　　　　　　B、丢在墙角

C、包在纸里扔进垃圾箱　　　　　　D、吞进肚子里

8. 如需吐痰，应（　　）。

A、把痰吐在垃圾桶上层的碎石里　　B、把痰吐入纸巾再投入垃圾桶

C、把痰吐在草地上　　　　　　　　D、随便吐

9. （　　）曾说过："人无礼则不立，事无礼则不成，国无礼则不宁。"

A、荀子　　　　　　B、孔子　　　　　　C、老子　　　　　　D、孟子

10. 中央文明委确定每年的（　　）为"公民道德宣传日"。

A、9 月 19 日　　　B、9 月 18 日　　　C、9 月 20 日　　　D、9 月 21 日

三、多项选择题

1. 饲养宠物狗应注意（　　）

A、避免宠物狗随地排便

B、主人应当将宠物狗的排便用塑料袋或纸袋收集后投入垃圾箱

C、在城市禁止养大型犬

2. 保护自然环境，不滥杀野生动物，不乱砍滥伐森林，是符合（　　）的良好行为。

A、社会公德　　　　B、职业道德　　　　C、家庭美德　　　　D、礼仪修养

3. 以下哪种行为方式不符合环保要求？（　　）

A、拒绝豪华包装　　　　　　　　　B、吃不了，兜着走

C、多用一次性筷子、餐盒、尿布等　D、穿羊绒衫

E、用红木家具　　　　　　　　　　F、以步当车或乘公交车

4. 爱护公物，做到（　　）

A、要爱护国家财产，如工厂、矿山、银行、车站、铁路、公路、机场等

B、要爱护国家的自然资源和自然环境

C、要爱护文物、古迹

D、不乱倒垃圾，乱堆物品，保持环境整洁

5. 为人诚实守信，（　　　）

A、就是人际交往讲信用，朋友之间讲义气

B、要靠自我养成，从一点一滴小事做起

C、只要答应别人的事，无论如何都要做到

D、要有遵纪守法观念

6. 下面对学习礼仪现实意义的概括，正确的是：（　　　）

A、学习礼仪是国际化交流和竞争的需要

B、讲究礼仪是弘扬我国礼仪传统的需要

C、实践礼仪是社会主义精神文明建设的需要

D、落实礼仪是各项成功的需要

四、判断题

1. 礼貌待人有利于构建和谐社会。　　　　　　　　　　　　　（　　　）

2. 在社会中要想增强竞争力，不但要掌握一定的专业技能，还要有良好的礼仪修养。

（　　　）

3. 现代社会中的一般交际活动要遵守：女士优先、守时惜时以及在公共场合不妨碍他人三大准则。　　　　　　　　　　　　　　　　　　　　　　　（　　　）

4. 国际社会公认的"第一礼仪"是宽容原则。　　　　　　　　　（　　　）

五、实训安排

实训项目（一）

日常礼仪行为养成		
实训目的	了解礼仪基本知识和规范，遵循礼仪基本原则，并在日常生活、学习、工作中培养良好的礼仪习惯	
实训所需教具	记录本	
实训场地	教室、宿舍、食堂、图书馆、社交、生活等公共场所	实训课时	从开学第一周到第十五周的课外时间，第十六周全班总结介绍，2 课时
实训内容及要求		
（一）内容 1、学习礼仪修养基本知识；		

2、学习礼仪修养基本规范；

3、从第一节课后起，每天在教室、宿舍、食堂、图书馆等公共场所，把课堂中所学礼仪知识在实践中进行运用，培养良好的行为习惯。

（二）要求

1、把礼仪修养知识与规范融入日常生活、学习、工作及社交实践中；

2、记录你每实施其中一条原则和规范的心得体会，每人不得少于十条；

3、第十六周每位同学上讲台向老师和同学们介绍一下你已掌握了哪些人际交往、礼貌修养的基本原则和规范，哪些是你认为较困难做到的？有什么感想？今后打算怎样应用这些礼貌基本原则和规范？

4、上交记录本。

实训程序
1、通过课堂老师讲授礼貌修养的基本知识和规范； 2、课后阅读书本或上网自学礼仪知识； 3、在实践中学习、运用、总结提高； 4、用本子记录心得体会； 5、课堂上介绍、交流和总结；

评分标准（满分10分）
1、课堂上介绍交流（6分） 2、记录本的成绩（4分）

实训项目（二）

同理心训练			
实训目的	同理心是一个重要的心理学概念。它的意思是说，你要想真正了解别人，就要学会站在别人的角度来看问题。同理心是同情、关心与利他主义的基础，具有同理心的人能从细微处体察到他人的需求。通过小组交流，明白他人的重要性，有必要了解他人、尊重他人，进而产生信任。		
实训所需教具	凳子、麦克风		
实训场地	教室或室外	实训课时	2课时
实训内容及要求			

1、以两人为一组，分成若干组，两人一组面对面坐下，以互相交谈方式，先由一人介绍自己及家庭状况、兴趣及五"最"——最喜欢的事、最得意的事、最难忘的事、最害怕的事、最脸红的事。

2、当一人说完后，换另一人来介绍自己，以彼此了解对方的个性，双方介绍以10分钟为限。

3、在进行小组介绍后，则大家围成一圆圈，依序对大家介绍自己的伙伴，若不充分时，被介绍者自行补充。轮流介绍至全部轮完为止。

4、最后进行"回馈"活动，请参与的每一个人轮流发表对这项活动的感想、心得。

5、讨论：（1）在双方有误解（沟通不良）时，自己是否能多替别人着想。（2）在此活动进行完毕后，自己是否会站在别人的立场替别人着想？是否更能宽恕别人。（先小组讨论，然后小组长向全班总结汇报）

6、人员以10-12为宜，采取任意分组方式，活动进行时，老师也可以参与其中一组，以增加对他人的了解。

7、地点在室内、室外皆可，只要团体成员舒适即可，但尽量以安静的地点为优先选择。

实训程序

1、学生分组练习
2、每个同学在全班同学面前谈感想和体会
3、学生分组讨论
4、组长分别在全班同学面前总结汇报
5、教师总结
6、学生填写实训报告

评分标准（满分10分）

1、只要认真，全班同学都可得10分
2、小组长加2分

附学生实训报告：

学生实训报告

实训项目			
实训目的			
实训指导老师		实训课时	
实训时间		实训场地	
实训过程	专业班级		

（空白区域）

实训结果（学生自评）
签名：
小组长评定
签名：
老师评定
签名：

第二章　个人礼仪

【案例传真】

　　日本的著名企业家松下幸之助从前不修边幅，企业也不注重形象，因此企业发展缓慢。一天，理发时，理发师不客气地批评他不注重仪表，说："你是公司的代表，却这样不注重衣冠，别人会怎么想，连人都这样邋遢，他的公司会好吗？"从此松下幸之助一改过去的习惯，开始注意自己在公众面前的仪表仪态，生意也随之兴旺起来。现在，松下电器的产品享誉天下，这与松下幸之助长期率先垂范，要求员工注重形象、懂礼貌、讲礼节是分不开的。

第一节　个人的仪容礼仪

一、仪容美

　　仪容美通常是指一个人的容貌和形体美。仪容美和内在美在一般情况下没有必然的联系，仪容美的人不一定内在美，内在美的人也不一定具有完美的仪容，这是因为仪容有先天的一面。现代的审美观，要求我们按照社会发展的规律来塑造自己的礼仪形象。

　　人体美是通过人体的自然因素表现出来的，主要是身材、相貌的美，带有很大的天赋成分，虽然通过后天的锻炼和科技、美容等手段能得到部分改观，但仍然属于自然美的范畴。苏联诗人马雅可夫斯基说："世界上没有更美丽的衣裳像结实的肌肉和新鲜的皮肤一样。"当然，人不仅是自然的人，同时也是社会的人，因此人体美不免要打上历史和时代的印记。在社会历史发展中，不同的阶级有不同的审美标准。例如，中国封建统治者曾经以女人缠小脚、束细腰为美，欣赏"三寸金莲"，认为女性美的标准是"身如柳，腰如蜂，肤如玉，指如葱"。这些病态的审美观害苦了中国古代妇女。在社会不断进步的今天，自然、健康的体魄能显示出生命的活力，给人以美感，因此成为人体美的基础。苏联教育家加里宁说过："没有结实健康的身体，就不可能有人体之美。"

　　马克思在谈到人体艺术时曾说："它，具有永恒的魅力。"古代雕塑家塑造了《维纳斯》如图（2-1）和《掷铁饼者》如图（2-2），体现了人们对人体美的不懈追求。人们都认定维纳斯是女性美的化身，因为她的美不仅表现在形体的匀称、协调上，而且还集中体现了对称、均衡、比例适度、和谐等外在美的基本属性。米隆的《掷铁饼者》为健美之神，是男性美的化身，他粗壮结实的脊骨使人感到筋骨美、强壮美，他投掷铁饼的瞬间姿势使人感到力的协调美。

图 2 - 1 　《维纳斯》　　　　　　　　图 2 - 2 　《掷铁饼者》

协调和比例适度是人体美的主要因素。形体美具有迷人的魅力，是一种无与伦比的协调美。一般来说，一个人四肢匀称，横向对称，纵向合乎比例，五官端正，肌肉富于弹性，皮肤有光泽，即可称为形体美。其中"匀称"的基本原则是"人体正方形"，即两手侧平举长度等于身高。世界上不同人种、民族，因生活条件和遗传因素的不同，各有自己的人体美标准；而且不同性别也有不同的人体美标准。一般认为，人的身体各个部分器官的大小、形状、位置、颜色等，都以本民族、本地区同性别的平均值为最美。爱美是人的天性和本能，现代人对美更有执著的追求。现代社会赋予形体美新的标准是：健康、力度、美感。

二、仪容修饰

（一）仪容修饰的意义

仪容在个人整体形象中居于显著地位。仪容传达出最直接、最生动的第一信息，反映着个人的精神面貌。个人仪容受两方面因素的影响：一是个人的先天条件，自然形成；二是后天的修饰和保养。正像法国启蒙思想家孟德斯鸠所说："一个人只有一种方式是美丽的，但他可以通过十万种方式使自己变得可爱。"个人容貌是父母给予的，相对定型，但通过保养、修饰、装扮可以焕然一新，这就需要懂得一些美容常识，充分发挥自己的优势，以有效地弥补自身的缺陷和不足。

仪容修饰是人体装饰艺术的重要组成部分，也是礼仪交往中不可缺少的物质条件。人们的化妆意识，从宗教信仰、标志群体特色到显示等级差异，最后发展成为日常生活中的装饰，历经了漫长的发展过程。

据考证，中国历史上最早的仪容化妆出现在公元前 11 世纪的商纣时期。那时人们已经懂得使用"燕支"，据《古今注》记载："燕支草似蒯花，出西域，土人以染，名为燕支，中国人谓之红蓝粉。"此后随着历史的推移，美容美发新材料、新技术不断出现，仪容化妆也有了巨大的发展，并已进入到现代生活。随着社会文明程度的提高，仪容化妆真切地反映出社会道德、审美情趣及身心健康等方面内容。端正的仪容可以给人以信任感，而恰当自然的修饰又可以给人以愉悦感。

【资料小链接】

美国总统林肯，出身于一个拓荒者的家庭。他在竞选总统时是一名律师，名气并不是很大。在竞选过程中，林肯收到一个小姑娘的来信，信中说："您的相貌太平常了，您的下巴又光秃秃的，不够威严，不像男子汉，如果您蓄上一撮大胡子，那么我们全家都会投您的票。"林肯采纳了小姑娘的意见，蓄上了一大撮胡子，果然使他的形象增添了几分光彩，赢得了许多选民的好感。

在上面例子中，林肯正是通过一定的修饰，使自己原来的形象得到了改善，变得更完美，更具有魅力，因而获得成功。一个人在社会中生活，就要扮演各种不同的角色，当一个人以某种特定角色出现时，在仪表方面就应符合社会对这个角色所期望的要求。大学生也不例外，应在仪容方面符合社会和时代对大学生的要求。具有清新、端正的仪容和恰当自然的修饰是对大学生仪容的基本要求。大学生的仪容要求整洁，不浓妆艳抹，只做适当修饰。

（二）仪容修饰的基本常识与技巧

1. 仪容的中心——头发

仪容整洁最基本的要求是拥有整洁干净的头发。在今天，头发的功能不仅仅是表现人的性别，更重要的是反映一个人的道德修养、审美水平、知识层次以及行为规范。人们常常可以通过一个人的发型判断出其职业、身份、受教育程度、生活状况及卫生习惯，也可感受出其对工作、生活的态度。

"完美形象——从头开始。"在了解自己的头发发质后，要做的就是对头发的护理和保养。日常的护理主要包括正确洗发、适时护发、梳理头发及适度按摩。要塑造出有魅力的发型，还可借助摩丝、发胶、电吹风等给头发造型。选择得体的发型可以表现出一个人的良好仪容。

头发造型发型修饰要与脸型、体型、年龄、气质和谐统一，一般应考虑以下几个因素：

（1）发型与脸型协调。发型对人的容貌有极强的修饰作用，甚至可以"改变"人的容貌。不同的脸型适合不同的发型，所以要根据自己的脸型选择发型，这是发型修饰的关键。例如，圆脸型适宜将头顶部头发梳高，两侧头发适当遮住两颊，要避免头发遮挡额头，以使脸部视觉拉长；长脸型适宜选用刘海遮住额头，加大两侧头发的厚度，以使脸部丰满起来。

（2）发型与体型协调。发型的选择得当与否，会对体型的整体美产生极大的影响。比如，脖颈粗短的人，适宜选择高而短的发型；脖颈细长者，宜选择齐颈搭肩、舒展或外翘的发型。体型瘦高的人，适宜留长发；体型矮胖者，适宜选择有层次的短发。

（3）发型与年龄、职业相协调。发型是一个人文化修养、社会地位、精神状态的集中反映。通常年长者最适宜的发型是大花型短发或盘发，以给人精神、温和可亲的印象。而年轻人则适合活泼、简单、富有青春活力的发型。

（4）发型与服饰协调。头发为人体之冠，为体现服饰的整体美，发型必须根据服饰的变化而改变。如穿着礼服或制服时，女性可选择盘发或短发，以显得端庄、秀丽、文雅；穿着轻便服装时，可选择各式适合自己脸型的轻盈发式。

大学生应该选择适合自己年龄和个性的发型，即自然清新、文雅端庄、朴素利落。女生以选择齐耳短发、自然式束发、运动式短发为主；男生以板寸、平发、分头等为主。

2. 仪容的重点——美容化妆

化妆是一门技术，也是一门艺术，恰当、得体的妆容可以展现个人风采，在礼仪文化中起着重要作用。人们在政务、商务及社交生活中装扮自己，一方面表示对他人的尊重，另一方面也展示自己的风貌。学校虽然不主张大学生化妆，但了解这方面的知识，相信对以后的工作和生活会大有帮助。

（1）护肤。护肤是美容的基础。做好护肤是化妆的先行条件，我们重视皮肤的护理，仪容化妆才能更好地发挥改善作用。选择正确的肌肤保养品之后就可以进行基本的护理了。首先选用对皮肤刺激性小的卸妆用品，从眼部与唇部开始去除脸部化妆品；再用洗面乳进行脸部清洁，去除新陈代谢产生出的老化物质、空气污染等残留物质。通过卸妆及洗面去除污垢后，要用化妆水、乳液或面霜及时补充水分及营养，使肌肤回复原来的状态。肌肤的特殊护理主要是通过按摩、敷面及保养来促进新陈代谢、加强血液循环，以保证皮肤的健康。

大学生大多处于青春期，一部分同学脸部生有暗疮，这主要是因为青春期体内荷尔蒙分泌加大，产生过量油脂，使毛孔堵塞所致。另外，工作学习压力大、遗传、爱吃油量大的食物、吸烟、饮酒也是暗疮生成的原因。

【小贴士】

脸部生有暗疮并不可怕，但要重视。在清除暗疮时要非常小心，如果暗疮未冒出前发现小红点，可涂些抗菌药膏。如果暗疮已有白色脓头出现，应该先用毛巾热敷，然后轻轻抹掉脓头。这个工作最好在晚间做，好让伤口有时间充分愈合。不过，对于爱生暗疮的人，最好的办法是"防患于未然"。平常不要经常洗脸，因为皮肤表面的油脂如果被清除得过于干净，会产生反作用，刺激皮肤产生过多的油脂；洗脸后等一会儿，待皮肤自己平衡分泌后，再涂上润肤霜，只涂在干燥部位；涂抹暗疮膏时，不要只涂在暗疮上，暗疮周围的皮肤也要涂抹，并要经常做此项工作；化妆时，应首选不含油份、粉状的化妆品。

正如每个人都有自己的生物钟一样，每个人的皮肤也有其遵循的作息时刻表。肌肤的保养如果能与肌肤自然作息时刻相配合，就可以发挥它的最大功效。

（2）化妆。面部化妆以突出五官中最美的部分并掩盖或矫正缺陷为目的。通过恰当的淡妆修饰来展现自然、清新、大方的美，适宜于上班或家居使用；如果参加特殊的晚宴、演出等场合则可通过浓妆塑造出庄重、高贵的形象。

首先，要选择质量好、接近肤色的粉底，用海绵块从额头开始向下涂抹，以改善肌肤的颜色与光泽。

眉毛和眼睛是修饰化妆的重点。修饰眉毛可衬托眼睛，改善脸型的宽窄、长短；眼部化妆则可使眼睛变大、加长，以显出精、气、神。眉毛的标准位置是眉头在鼻翼与内眼角的延长线上；眉峰在鼻翼与眼珠的正中的延长线上，大约在眉头的2/3处；眉尾在鼻翼与外眼角的延长线上；眉头与眉毛在水平线上。修饰眉毛时，应握住眉笔顺着眉毛的自然形状一根根描画，从眉峰画眉尾时稍向下倾斜描绘。不同的脸型要配以不同的眉型，如长脸型，描绘出一字眉较合适；圆脸型宜选择眉峰高或上扬眉型，以使脸部拉长；宽脸型宜拉近眉头间距离；窄脸型要适当拉开眉头间距离（见图2-3）。

图2-3　眉的修饰

眼睛的标准位置是，眼尾应位于发际至嘴角的中间，两眼间距离应恰好等于眼睛的长度。如果眼睛过高，应强调下眼线；如果眼睛过低，应强调上眼线及眼尾部分；两眼间距离过宽，用眉笔加画眉头，眼头处应用深色眼影加以修饰；两眼间距离过窄，眉头处眉毛可拔一些，并用眼影强调眼尾；下垂的眼睛应强调上眼尾，眼线向上画，并加强眼影；上扬的眼睛要使用色调温和适度的眼影，强调下眼尾，使之平衡（见图2-4）。

图2-4　涂眼影

口红总是能为女性增添无穷的魅力。东方人皮肤偏黄，宜选用暖色系列口红（即正红色、红色、紫色和粉红色等），这样能衬托出皮肤的粉嫩感。选择口红还应与服饰颜色相搭配。完美的唇状首先要有清晰、漂亮的唇形，所以第一步须勾画唇线。唇线的勾画可以用唇刷，也可以用唇线笔。唇部修饰的具体步骤如下：先画上嘴唇的轮廓，由嘴唇中央往上以弧线画出唇峰，再向嘴角延伸，要一气呵成，左右两边的唇线必须对称；接着画下嘴唇唇线，应该由左右两侧向中间描画；然后张开嘴画嘴角轮廓，上下嘴唇的连接应自然、清晰；最后用唇刷蘸取唇膏或直接用唇膏均匀地涂满整个嘴唇，注意不能越出唇线（见图2-5）。

图2-5　唇的修饰

在化妆时，还需要学会正确判断自己的腮红位置。在微笑时，双颊上升，一般刷腮红应由上向下呈斜角刷在最突起的区域，看上去会觉得自然、柔和。不同的肤色应选择相应颜色的腮红，脸颊旁放一张白纸，在正常光线下对着镜子，反射在纸上的颜色如果是淡白色，应选择桃红或粉红色的腮红；如果是微黄略带苍白，就要选择浅杏、玫瑰粉色的腮红；如果是淡红色，适宜选用红、褐色腮红；如果是黑色则应选用古铜色腮红以突出活力与健美。

经常生暗疮的人，应选用不含羊毛脂、可可脂、矿物油或凡士林的润肤霜；不用油份过高的遮瑕膏，最好使用遮瑕霜或修正粉底液；用水质或不含油份的粉底；避免用有防晒功能的粉底，因其会刺激暗疮恶化；用透明的碎粉最能控制油脂分泌，防止油光泛出；切勿用胭脂膏，应用粉状胭脂。

对于额头偏窄而面颊饱满的梨型脸来说，化妆的秘诀是：额头发际处及面部内轮廓用亮色粉底来扩展额头的宽度；面部外轮廓用深色粉底遮盖，由外向内逐层涂抹，接近面颊时，与亮色粉底过渡衔接。这种打底方法，可使脸型消瘦而立体感明显。细巧的眼线在眼尾处微扬，与上扬的眉形相协调。上下眼睫毛用黑色睫毛膏反复涂刷，使睫毛浓密；加上银白色眼影粉的应用，使眼睛看起来神采飞扬。唇色为自然色加亮金色唇彩。这样素洁的妆容，既符合其自然条件，又贴近简约的流行时尚。

总之，对自己的仪容进行适度的修饰，懂得肌肤护理的方法，掌握美容化妆的要领显得格外重要。

三、大学生的仪容要求

现今的时代是一个张扬个性时代，同时又是一个讲究团队精神的时代。大学生的仪容应以所在群体为标准，以显示出优秀年轻人的朝气蓬勃、积极奋进的精神风貌。

应该注意的是大学生在日常学习、生活中，以不化妆为宜。作为学生，干净朴素的仪容仪表一直是被大力提倡的，健康的、阳光的青年学生带给人们的感觉是蓬勃和希望，那些并不适合青年学生们的所谓时尚，并不能让年轻人显得更为优秀和健康，反而会在某些程度上显得不伦不类。在社交娱乐活动中，大学生适当进行修饰也应以自然、清淡为主，切忌人工痕迹过重，否则会丧失年轻人自然的美感。

首先，化妆应以自身面部客观条件为基础，适当强化和美化，切不可失真。要妆而不露，化而不觉，从而达到"清水出芙蓉，天然去雕饰"的效果。

其次，化妆应与服饰相协调。穿着不同，妆容的浓淡和体现的格调就要有所不同。化妆品的色彩应与服饰色彩一致或具有一定的反差；化妆与服饰的格调也要一致。化妆还要突出重点，"以点带面"。化妆的目的就是要突出和强化美点，这个美点，或是眉，或是眼，或是唇，或是肤，只要我们能正确评价自己，总会找出这个值得突出强化和令人羡慕的美点，也只有在这个时候，你才会是真正的美的自己。

第二节　个人的仪态礼仪

一、基本举止仪态

举止是指人的姿态、动作和风度，包括人的站姿、坐姿、走姿、面部表情等，在不同的场合举止应有相应的规范。培根说："相貌的美高于色泽的美，而优雅合适的动作的美又高于相貌的美。"这是因为姿态比相貌更能表现出人的精神气质。我国古代行为礼仪就有"立如松、坐如钟、行如风、卧如弓"的格言，要求人们应有正确的站姿、坐姿、走姿、卧姿。所以，优雅得体的举止不仅能体现一个人的良好修养，而且在多种活动中容易得到别人的尊重和信任。

（一）站姿——挺直如松

在中华民族的礼仪要求中，"站有站相"是对一个人礼仪修养的最基本要求。因为站姿是我们日常生活中正式或非正式场合中第一个引人注视的姿势。良好的站姿能衬托出美好的气质和风度。

正确站姿的基本姿势是：从正面看，其身形应当正、直，头、颈、身躯和双腿应与地面垂直，两肩相平，两臂和手在身体两侧自然下垂；侧视，其下颚应微收，眼平视前方，胸部稍挺，小腹收拢，整个形体显得庄重、平稳，两脚间的距离以不超过一脚为宜。按这些要素构成的站姿，能从整体上形成一种优雅挺拔、精神饱满的体态。同时，男士站立时，要体现刚毅洒脱，双脚可微微张开，但不能超过肩宽；女士站立时，应隽雅优美，膝和脚后跟应靠紧，脚成"V"型，身体重心应尽量提高。当然，在站立时为避呆板之嫌，可作灵活变动，如男士在必要时可单手或双手背于背后，站立时间较长较累时，可以以一腿支撑，另一脚稍稍弯曲。

在站立时，应当避免下列站姿：东倒西歪、耸肩勾背或倚靠在墙上或椅子上，因这给人一种无精打采、懒洋洋的形象；身体抖动或晃动，这给人以漫不经心或没有教养的感觉；两腿交叉站立，这给人以不严肃的感觉。尤其是手，不宜作叉腰（含有进犯之意）、交叉抱在胸前（有消极之嫌）、插入衣服或裤袋（显得拘谨小气）、玩弄小物品（如打火机、香烟盒、衣角等），因为上述姿势都有失仪表的庄重，进而破坏自己的形象。

（二）坐姿——文雅端庄

坐姿和站姿一样，都属于静态造型。坐姿文雅、坐得端庄，不仅给人以稳重、冷静的感觉，而且也是展现自己气质与风度的重要形式。

坐姿的基本要点是：

入座时，应轻、缓、紧，即入座时落座声音轻，动作要协调柔和，神态从容自如，腰部、腿部肌肉要稍有紧张感，一般应从椅子左边入坐（起身时也应从椅子左边站立），如要挪动椅子的位置，应当先把椅子移至欲就坐处，然后坐下去。女士入坐时尤要娴雅、文静、柔美，若穿裙子则应将裙子后片向前拢一下，以显得端庄娴雅。

落座后，注意人体重心垂直向下，挺胸收腹，保持上身的正直，头部平正，双肩平正放松，眼睛平视，两手自然放于双膝上或椅子扶手上，至于双膝，男士可采取或并拢、或微微分开的姿式，双脚可并齐靠拢，也可斜放或微微张开。在可能时，也可交叠双腿。作为女士特别要注意的是：入坐后双脚必须靠拢，脚跟也靠紧，穿裙子时，侧坐比正坐姿势要优美，但在答礼时必须正坐。

在社交场合，应当避免的坐姿有：不能随意地把头向后仰靠，因为这样会显得很懒散的样子；不要猛起猛坐，弄得椅子乱响；也不要上体不直，左右晃动；更不要把两腿分得很开，伸得很远或摇晃两腿及脚尖，这样会让人觉得不雅观和没教养。还要注意不要用脚勾住椅腿，这会显得小气，欠大方。

（三）走姿——从容稳健

走姿是站姿的延续动作。正确、优雅而有节奏的走姿能体现一种动态美。无论在日常生活中，还是在公共场合，走路都是"有目共睹"的肢体语言。往往最能表现一个人的风度、风采和韵味，有良好走姿的人，会更显得具有青春活力和魅力。

走姿的基本要点是：从容、平稳。身体直立，收腹直腰，两眼平视前方，双肩放松在身体两侧自然摆动，脚尖微向外或向正前方伸出，跨步均匀，两脚之间相距一只脚到一只半脚，步伐稳健，步履自然，要有节奏感。起步时，身体微向前倾，身体重量落于前脚掌，行走中身体的重心要随着移动的脚步不断向前过渡，而不要让重心停留在后脚，并注意在前脚着地和后脚离地时伸直膝部。

除上述要求外，还要注意男女步态风格有别。男步稍大，步伐应矫健、有力、潇洒、豪迈，展示阳刚之美。女步略小，步伐应轻捷、娴雅、飘逸，体现阴柔之美。

在日常生活中，应当避免的走姿是：走路时身体前俯、后仰或两个脚尖同时向里侧或外侧呈八字形走步，步子太大或太小，这都给人一种不雅观的感觉；双手反背于背后，这会给人以傲慢、呆板之感；身体乱晃乱摆，这会让人觉得轻佻，缺少教养。

（四）雅观的身体动作

说到举止，可以说是无时无处不在体现，所谓仪态万千即是说此。在社交场合，除上述基本动作外，还应该注意我们身体动作的雅观。

拾起地上的东西或拿起低处的东西时，不要弯身体，利用膝部的弹性即可，站在要捡的东西旁，脚稍分开，慢慢地腰部低下，弯膝去捡，不要低头，也不要弯背，捡到东西后，慢慢地把腿伸直。

上下汽车（这里指上下小汽车）时，上车时要侧身而入，绝不要头先进去。下车时应侧身下，将身体移动在靠近车门的地方，然后才伸脚出去踏在地面上，眼睛看前方，并移动另一脚，头部自然伸出，起身的同时迈出另一只脚，身体站稳后再缓缓离开。

人体是一个整体，各部位的体态是互相配合的，从而从整体上反映一个人的举止修养。在这种修养中，男人要力求使自己的举止具有"阳刚之美"，女子则要做到举止优雅得体。

二、体态语言

体态语言即通过人体及姿态发出的无声信息，包括人们的动作、姿态等。心理学家认为，无声语言所显示的意义要比有声语言深刻得多。美国学者伯德惠斯特尔以研究体态语言而闻名，他认为，两人交往时，有65%的感情表达是用非语言符号传递的。体态语言的应用，在传递信息过程中发挥着重要的作用。

表情是内心情感在面部上的表现，是体态语言的一种。表情是人际交往中，相互交流的重要形式之一。美国心理学家艾伯特·梅拉比安通过实验把人的感情表达效果总结了一个公式：传递信息的总效果即感情的表达 = 7% 的语言 + 38% 的声音 + 55% 的表情，这个公式是否科学我们不去深究，但它说明了表情在人际间感情沟通中占有相当重要的地位。

体态语言具有形象性，以生动直观的形象告诉别人所要表达的意思。形体动作使人们的交往更富有表达性和渲染性。体态语言还具有约定性，即形体被赋予了他人所能理解的意义，也有约定俗成的意思。比如，"摇头不算点头算"，在许多国家和地区能被使用不同语言的人所理解。体态语言本身不是表达的主要手段，但它可以起到辅助的作用，能使表达更充分、更富有感情色彩、更有感染力。

（一）目光

眼睛被人们称为心灵的窗户。这是因为心灵深处的奥秘常常会自然而然地从眼神中流露出来。印度诗人泰戈尔说："一旦学会了眼睛的语言，表情的变化将是无穷无尽的。"这说明，眼睛语言的表现力是极强的，是其他行为举止无法比拟的。一双炯炯有神的眼睛，给人以感情充沛、生机勃发的感觉；而目光呆滞、表情麻木，则给人疲惫、厌倦的印象。

在人与人之间进行交流时，目光的交流总是处于最重要的地位。信息的交流要以目光的交流为起点。交流过程中，要不断地使用目光表达自己的意愿、情感，还要适当观察对方的目光。交流结束时，也要用目光作为一个圆满的结尾。在各种礼仪形式中，目光具有重要的作用，目光运用得当与否，直接影响礼仪的质量。与人交谈时视线接触对方脸部的时间应占全部谈话时间的 30% ~ 60%。在与多人交谈时，要不时地用目光与不同角度的听众进行沟通，不要只顾与一两个人交谈，而冷落其他人。目光注视的范围。公共场合的注视范围应该是两眼为底线、额头为上限，这种注视显得比较严肃郑重；社交场合注视的位置是以两眼为上限，以唇部为底线，构成一个倒三角，这种目光表示亲切友好。

（二）微笑

"微笑是全人类最美好的共同语言。"有一位朋友到加拿大探亲时，在他的一封信中发出这样的感慨："这次我到加拿大探亲，虽然我不会英语，但是我受到了国外所有陌生人的微笑接待，我深深地感受到，微笑是全人类最美好的共同语言，微笑能架起陌生人之间友好的桥梁。"微笑是一门学问，又是一门艺术。微笑是友善、和蔼、谦恭、融洽、真诚等美好感情的表现。微笑能沟通心灵，给人以温和亲切之感，可以消除陌生人初次见面时的拘束感。微笑语指用不出声的笑来传递信息的表情语，是公关活动中最具魅力的表情语。在大千世界中，人是最美的，在人们千姿百态的言行举止中，微笑是最美的。绝大多数人都喜欢在生活中看到笑脸，与人交往时，微笑是最难以抗拒的。微笑是社交场合的"通行证"，但是，并非每个笑脸都令人高兴。在使用微笑时要注意真诚、得体，不可表现强作欢颜即所谓的"皮笑肉不笑"，以免给人以虚伪之感。特别要注意不可微笑的情形，如进入庄严场所时、公众对象出现满脸哀愁时、面对具有先天性生理缺陷者时、某人出了洋相正感尴尬时，此时微笑的效果会适得其反。所以，在各种活动中一定要善于用真诚的微笑表达对他人的尊重与理解。

【资料小链接】

美国希尔顿酒店的创始人康纳·希尔顿 50 多年里，不断地到设在世界各地的希尔顿酒店视察，视察中他经常问员工的一句话是："你今天对客人微笑了没有?"他确信，微笑将有助于希尔顿酒店在世界范围内的发展。他要求员工记住一个信条："无论酒店本身遭到困难如何，希尔顿酒店服务员脸上的微笑永远是属于顾客的阳光。"

（三）手势

手势即表示某种意思时所做的姿势，也是较有表现力的一种体态语言。有语言专家统计，用手势表现的词汇可达二百多个。恰当地运用手势，不仅可以有助于语言的表达，而且在贸易洽谈中常能起到特殊的作用。由于各国各地区习俗迥异，手势所表达的意思也往往会有出入，而且有的大相径庭，因此，使用时要注意意思表达同交往对象的习俗相吻合。

1. OK 手势

表示没问题，准备妥当一切就绪，也有我很好、没事、谢谢你的关心之意。但是在法国南部地区 OK 手势则表示零之意，表示某件事情不值一提，表示自己的不赞成。在中东以及北非地区，如此手势则象征了孔或洞，有明显同性恋的意涵，如果在酒吧等公共场所，有人向你示此手势，大概就是同志之间寻找伴侣的手势了，千万不要回以竖大姆指的手势，也不要以为他向你比 OK，你也礼貌性的回以 OK。OK 手势在美国表"同意，了不起，顺利"，在日本、缅甸、韩国表示金钱，在巴西、希腊、独联体各国表示对人的咒骂和侮辱，尤其是在巴西。

2. 跷大拇指手势

在英国、澳大利亚、新西兰等国，跷大拇指代表搭车，但如果大拇指急剧上跷，则是侮辱人的信号。在表示数字时，他们用大拇指表示 5。在中国，跷大拇指是积极的信号，通常是指高度的赞扬。

3. "V"形手势

第二次世界大战期间，英国首相丘吉尔推广了这个手势，用来表示胜利。非洲大多数国家也使用这一手势来表示胜利。但如果手心向内，在澳大利亚、新西兰、英国则是一种侮辱人的信号。在欧洲各地也可以用这一手势表示数字"2"。

4. 伸出食指手势

在我国以及亚洲一些国家表示"一"、"一个"、"一次"等；在法国、缅甸等国家则表示"请求"、"拜托"之意。在使用这一手势时，一定要注意不要用手指指人，更不能在面对面时用手指着对方的面部和鼻子，这是一种不礼貌的动作，容易激怒对方。

5. 背手

英国皇家的几位重要人物以走路时昂首挺胸、手背身后的习惯而著称于世。显然这是一种拥有至高无上的权威、自信或狂妄态度的人体信号。将手背在身后还可起到一定的"镇定"作用，使人感到坦然自若，还会赋予使用者一种胆量和权威。

第三节 个人的服饰着装

一、着装礼仪

古今中外,着装从来都体现一种社会文化,体现一个人的文化修养和审美情趣,是一个人身份、气质、内在素质的无言的介绍信。从某种意义上说,服饰是一门艺术,服饰所能传达的情感与意蕴甚至不能用语言来替代。正确得体的着装,不仅能体现个人较高的精神面貌和文化修养,给人留下良好印象,而且还能够提高与人交往的能力。总的来说,着装需要时间、地点、场合、身份以及色彩的相互协调。

国际社交场合对服装的总体要求是朴素、大方、整洁、得体。衣服要熨平整,裤子熨出裤线。衣领、袖口要干净,皮鞋要上油擦亮。要将长袖衬衣的前后摆塞在裤内,不要卷起袖口和裤管。任何情形下都不应该穿短裤参加涉外活动。

无论参加什么活动,进入室内场所都要摘帽,脱掉大衣、风雨衣以及套鞋。男士任何时候在室内都不得戴帽子、手套,而允许妇女在室内穿戴纱手套、纱面罩、帽子、手套。

整洁、美观、得体是职场人员着装的基本礼仪规范,具体来说,即衣着色彩相和谐,穿着搭配相和谐。此外,着装还要与自身形象相和谐,与出入场所相和谐。

一般来说,着装应遵循以下基本原则:

(一)TOP 原则

TOP 是三个英语单词的缩写,它们分别代表时间(time)、场合(occasion)和地点(place),即着装应该与当时的时间、所处的场合和地点相协调。

1. 时间原则

不同时段的着装规则对女士尤其重要。男士有一套质地上乘的深色西装或中山装足以打天下,而女士的着装则要随时间而变换。白天工作时,女士应穿着正式套装,以体现专业性;晚上出席鸡尾酒会就须多加一些修饰,如换一双高跟鞋,戴上有光泽的佩饰,围一条漂亮的丝巾等。服装的选择还要适合季节气候特点,保持与潮流大致同步。

2. 场合原则

在喜庆的场合不能穿得太古板,悲伤的场合不要太花哨,庄重的场合不要太随意,休闲的场合不要太隆重。总之,衣着要与场合协调。与顾客会谈、参加正式会议等,衣着应庄重考究;听音乐会或看芭蕾舞,则应按惯例着正装;出席正式宴会时,女性应穿中国的传统旗袍或西方的长裙晚礼服;而在朋友聚会、郊游等场合,着装应轻便舒适。试想一下,如果大家都穿便装,你却穿礼服,就有欠轻松;同样的,如果以便装出席正式宴会,不但是对宴会主人的不尊重,自己也会颇觉尴尬。

3. 地点原则

在自己家里或饭店接待临时来访的客人,可以穿着舒适但整洁的休闲服,不要赤脚,不能只穿内衣、睡衣、短裤接待客人；如果是去公司或单位拜访，穿职业套装会显得职业；外出时要顾及当地的传统和风俗习惯，如去教堂或寺庙等场所，不能穿过露或过短的服装。

（二）色彩搭配原则

一般来说，黑、白、灰是服装搭配时最常用的三种颜色，它们最容易与其他颜色的服装搭配并取得很好的效果。如果你对配色不是很在行，你可以大胆地使用这三种颜色。

除此之外，服装色彩的搭配要遵循上深下浅或上浅下深的原则，可采取同类型配色或衬托配色的方式，例如，绿色配黄色、浅蓝色配粉红色、深蓝色配红色等。

不同颜色的服装穿在不同的人身上也会产生不同的效果。深色的衣服给人以收缩感，胖人穿着会显得苗条；反之，浅色的衣服给人以扩张感，适宜瘦人穿着。

（三）协调性原则

1. 着装应与自身条件相协调

选择服装首先应该与自己的年龄、身份、体型、肤色、性格和谐统一。年长者，身份、地位高者，选择服装款式不宜太新潮，款式简单而面料质地则应讲究些才与身份年龄相吻合。青少年着装则着重体现青春气息，朴素、整洁为宜，清新、活泼最好，"青春自有三分俏"，若以过分的服饰破坏青春朝气实在得不偿失。形体条件对服装款式的选择也有很大影响。身材矮胖、颈粗圆脸型者，宜穿深色低"V"字型领、大"U"型领套装，浅色高领服装则不适合。而身材瘦长、颈细长、长脸型者宜穿浅色、高领或圆型领服装。方脸型者则宜穿小圆领或双翻领服装。身材匀称、形体条件好、肤色也好的人，着装范围则较广，可谓"淡妆浓抹总相宜"。

2. 着装应与从事的职业相协调

人的穿着打扮在某种程度上体现出其职业特点，因此穿着要与职业相协调。例如，医院的医生、护士就不能穿得过于鲜艳，打扮得花枝招展不仅会影响病人和家属的心情，也不利于病人的治疗和休养。

【资料小链接】

有位女职员是个财税专家，有着很好的学历背景，在公司里的表现一直很出色。但是当她到客户的公司提供服务时，对方往往不采纳她的建议或者采用建议时会很犹豫，因此她在外面发挥才能的机会不大。一位礼仪专家帮助她分析这个问题时，发现这位财税专家在着装方面有着明显的缺憾：她26岁，身高147cm，体重43kg，看起来机敏可爱，喜穿童装，像个16岁的小女孩，其外表与她从事的工作相距甚远，所以她的客户对于她提出的建议缺乏安全感、信赖感，使她难以实现自己的创意。这位礼仪专家建议她用服装来强调自己学者专家的气势，用深色的套装，对比色的上衣、丝巾、镶边的帽子来搭配，甚至带上重黑边的眼镜，女财税专家照办了，结果，客户的态度果然有了很大的转变。

二、西装礼仪

（一）西装的选择

要挑选一套正规场合穿着的西装，大抵需要关注其面料、色彩、图案、款式等四个方面的细节。

1. 面料

鉴于西装在商务活动中往往充当正装或礼服，故其面料的选择应力求高档。毛料一般为西装首选的面料，以高档毛料制作的西装大都具有轻、薄、软、挺的特点。具体而言，纯毛、纯羊绒的面料以及高比例含毛的毛涤混纺面料，皆可作西装的面料。而不透气、不散热、发光发亮的各类化纤面料，则尽量不要用以制作西装。

注意面料的一致性。虽然西服套装具有变通性能，可以灵活穿用、随时选配成套装，但它是有一定的规律的，在服饰面料方面也具有协调性。例如，全毛西装配上粗平纹布衬衫，就给人不协调的感觉。特别是在出席各种公众场合的宴会、谈判、舞会时，要注意高级西装应选配高级衬衫、高级领带，以免有失礼仪。

2. 色彩

男士在穿西装时，往往将其视作自己在社交活动中所穿的制服。因此，它的具体色彩必须显得庄重、正统，而不能过于轻浮和随便。据此要求，适合男士在商务交往中所穿的西装的色彩，理当首推藏蓝色。在世界各地，藏蓝色的西装往往是每一位商界男士首先必备的。

除此之外，还可以选择灰色或棕色的西装。黑色的西装亦可予以考虑，不过它更适于在庄严而肃穆的礼仪性活动中穿着。

西装的配色很讲究，尤其是领口区和衬衫、领带的配色，是否优美恰当，是否讲究艺术性等，直接关系到西服的穿着效果，因此要注意花型的组合。例如，暗条深藏蓝色的西服套装，里面穿白色大尖领衬衫，系上紫红色或藏蓝色斜条领带，十分优雅大方。假设三件服饰都有条状花型，则容易给人一种杂乱的印象。

越是正规的场合，越讲究穿单色的西装，因而带有两种以上色彩的"杂色"西装，在大多数情况下是与职场男士无缘的。按照惯例，男士在正式场合不宜穿色彩过于鲜艳或发光发亮的西装，通常也不宜选择朦胧色、过渡色的西装。

3. 图案

男士所推崇的是成熟、稳重，所以其西装一般以无图案为好。

通常，上乘西装的特征之一，便是没有任何图案。唯一的例外是，男士可选择以"牙签呢"缝制的竖条纹的西装。竖条纹的西装，以条纹细密者为佳，以条纹粗阔者为劣。在着装异常考究的欧洲国家里，男士最体面的西装，往往就是深灰色、条纹细密的竖条纹西装。

用"格子呢"缝制的西装，一般是难登大雅之堂的。只有在非正式场合里，男士才可以穿它。

4. 款式

与其他任何服装一样，西装也有自己的不同款式。区别西装的具体款式，主要有以下两种最常见的方法：

（1）按照西装的件数来划分

根据此项标准，西装有单件与套装之分。依照惯例，单件西装，即一件与裤子不配套的西装上衣，仅适用于非正式场合。男士在正式社交场所中所穿的西装，必须是西装套装。所谓西装套装，指的是上衣与裤子成套，其面料、色彩、款式一致，风格上相互呼应的多件西装。通常，西装套装又有两件套与三件套之分。两件套西装套装包括一衣和一裤。三件套西装套装则包括一衣、一裤和一件背心。按照人们的传统看法，三件套西装比起两件套西装来，要显得更加正规一些。上面所说的最正宗、最经典的商务套装，自然也非它莫属。因此，男士在参与高层次的商务活动时，以穿三件套的西装套装为好。

套装如作正式交际场合的礼服用，色调应比较深，最好用毛料制作。在半正式交际场合，如在办公室参加一般性的会见，可穿色调比较浅一些的西装。在非正式场合，如外出游玩、购物等，如穿西装，最好是穿单件的上装，配以其他色调和面料的裤子。

（2）按款式来划分

款式方面，男士西装有单排扣、双排扣、两边开衩、单边双口袋等样式的变化。现在男士常穿的西装有两大类，一类是平驳领、圆角下摆的单排扣西装；另一类是枪驳领、方角下摆的双排扣西装。

（二）西装的搭配技巧

男士穿着西装时，要注意衬衫、领带、鞋袜和公文包与之进行组合搭配的基本常识和技巧。

1. 衬衫

与西装为伍的衬衫，应当是正装衬衫。其特征如下：

（1）面料以高级精纺的纯棉、纯毛制品为主。不宜选择用真丝、纯麻做成的衬衫。

（2）必须为单一色彩。在正规的商务应酬中，白色衬衫可谓唯一选择。除此之外，蓝色、灰色、棕色、黑色，有时亦可加以考虑。

（3）大体上以无任何图案为佳。唯一的例外是，较细的竖条衬衫在一般性的商务活动中可以穿着。但是，必须禁止同时穿着竖条纹的西装。

（4）领型多为方领、短领和长领。具体进行选择时，须兼顾本人的脸型、颈长以及所打的领带结的大小，千万不要使它们相互之间反差过大。扣领的衬衫，有时亦可选用。

（5）必须为长袖衬衫，因为短袖衬衫具有休闲性质。以其袖口而论，衬衫又有单层袖口与双层袖口之别。后者又称法国式衬衫，主要的作用是可以佩戴装饰性袖扣。装饰性袖扣又称链扣或袖链。使用时如恰到好处，可为自己平添高贵而优雅的风度。

（6）衣袋只有装饰的作用，实用性不强。

穿着正装衬衫与西装相配套，有下述四点注意事项：

①衣扣要系上。

②袖长要适度。衬衫袖应比西装袖长出 1cm 左右。

③下摆要放好。穿长袖衬衫时，不论是否穿外衣，均须将其下摆均匀而认真地掖进裤腰之内。

④大小要合身。除休闲衬衫之外，衬衫不宜过于短小紧身，也不应当过分地宽松肥大。特别要注意：其衣领或胸围要松紧适度，其下摆不宜过短。衬衫领应高出西装领 1cm

左右。若不系领带，衬衫的领口应敞开。在正式交际场合，衬衫的颜色最好是白色的。

此外，还应注意：在自己的办公室里，男士可以暂不穿西装上衣，直接穿着长袖衬衫、打着领带。但若去参加正式活动，这样是不合乎礼仪规范的。

2. 领带

领带是男士穿西装时最重要的饰物。在欧美各国，领带则与手表和装饰性袖扣并列，称为"成年男子的三大饰品"。

挑选领带要重视如下几点：

（1）面料。最好的领带，应当是用真丝或者羊毛制作而成的。以涤丝制成的领带售价较低，有时也可以选用。

（2）色彩。在正式场合中，切勿使自己佩戴的领带多于三种颜色。同时，也尽量少打浅色或艳色领带。它们与三种色彩以上的领带一样，仅适用于社交或休闲活动之中。

（3）图案。正式活动之中佩戴的领带，主要是单色无图案的领带，或者是以条纹、圆点、方格等规则的几何形状为主要图案的领带。

领带款式的特点：①领带有箭头与平头之分，一般认为，下端为箭头的领带，显得比较传统、正规；下端为平头的领带，则显得时髦、随意一些。②领带有宽窄之别，除了要尽量与流行保持同步以外，根据常规，领带的宽窄最好与本人胸围与西装上衣的衣领形成正比。③简易式的领带，如"一拉得"领带、"一挂得"领带，均不适合在正式的商务活动中使用。④领结宜与礼服、翼领衬衫搭配，并且主要在社交场所使用。

3. 西装与鞋袜

穿西装时不要穿布鞋、凉鞋或旅游鞋。庄重的西装要配深褐色或黑色的皮鞋。袜子应选择深色棉袜，花色要尽可能朴素大方，不穿白色袜子或尼龙丝袜。不经意间露出的袜子，是西服搭配中的一个关键。

根据西装礼仪的基本要求，穿西装要特别注意以下七个方面：

（1）要拆除衣袖上的商标和纯羊毛标志。

（2）要熨烫平整。

（3）要扣好纽扣。

一般而言，站立之时，特别是在大庭广众之前起身而立之后，西装上衣的纽扣应当系上，以示郑重其事。就座之后，西装上衣的纽扣大都需要解开，以防其"扭曲"走样。唯独在内穿背心或羊毛衫，外穿单排扣上衣时，才允许站立之际不系上衣的纽扣。

通常，系单排两粒扣式的西装上衣的纽扣时，讲究"扣上不扣下"，即只系上边那粒纽扣。系单排三粒扣式的西装上衣的纽扣时，正确的做法则有二：要么只系中间那粒纽扣；要么系上面那两粒纽扣。而双排扣式西装上衣，则所有纽扣一律都要系上。

西装背心要系纽扣。它一般只可与单排扣西装上衣配套。据西装的着装惯例，单排扣式西装背心的最下面的那粒纽扣应当不系，而双排式西装背心的全部纽扣则必须统统系上。

（4）要不卷不挽。

在公共场所，千万不要当众随心所欲地脱下西装上衣，更不能把它当做披风一样披在肩上。不可将西装衣袖挽起来。一般情况下，随意卷起西裤的裤管，也是不合礼仪的表现。

（5）要慎穿毛衫。

要将一套西装穿得有"型"有"款"，除了衬衫与背心之外，在西装上衣之内，最好就不要再穿其他任何衣物。否则会使西装鼓胀不堪，变形走样。

（6）要巧配内衣。

西装的衬衫之内一般不穿棉纺或毛织的背心、内衣。而以 T 恤衫直接与西装配套的穿法，则更是不符合规范的。因特殊原因，需要在衬衫内再穿背心、内衣时，要注意：数量上以一件为限，色彩上宜与衬衫的色彩相仿，款式上应短于衬衫。穿在衬衫之内的背心或内衣，其领型以"U"领或"V"领为宜。

（7）要少装东西。

为保证西装不走样，就应当在西装的口袋里少装或不装东西。

西装上衣左侧的外胸袋除可以插入一块用以装饰的真丝手帕，不应再放其他任何东西，尤其不应当别钢笔、挂眼镜；内侧的胸袋，可用来别钢笔、放钱夹或名片夹，但要避免过大过厚；外侧下方的两个口袋，原则上以不放任何东西为佳。

最后要注意西装的搭配。熟知西装着装规范的人，大都听说过一句行话："西装的韵味不是单靠西装本身穿出来的，而是西装与其他衣饰一道精心组合搭配出来的。"由此可见，西装与其他衣饰的搭配，对于成功地穿着西装，是何等重要！

三、套裙礼仪

套裙是职业女性的首选，可分两种基本类型：一种是用女式西装上衣和随便的一条裙子进行自由搭配组合成的"随意型"；另一种是女式西装上衣和裙子成套设计、制作而成的"成套型"或"标准型"。

（一）套裙的选择

在正式场合穿着的套裙，应由高档面料缝制，上衣和裙子要采用同一质地、同一色彩的素色面料，在造型上讲究为着装者扬长避短，所以提倡量体裁衣、做工讲究。上衣注重平整、挺括、贴身，较少使用饰物和花边进行点缀。裙子要以窄裙为主，并且裙长要到膝或者过膝。色彩方面以冷色调为主。

穿着同色的套裙，可以采用不同色的衬衫、领花、丝巾、胸针、围巾等衣饰来加以点缀，显得生动、活跃。另外，还可以采用不同色彩的面料，来制作套裙的衣领、兜盖、前襟、下摆，以使套裙看起来比较活跃。一套套裙的全部色彩不应超过三种。

正式场合穿的套裙，可以不带任何图案，要讲究朴素而简洁。

除特别正式、特别隆重的场合穿礼服外，在一般社交场合，女士多穿裙装。在日常生活中，不少美国女士的下装爱穿长裤，欧洲女士则穿裙子较多。但在社交礼仪场合，一般都要穿裙子，而且这种裙子至少要长过膝盖，穿长裤被认为是过于随便。

我国女士在国外，可以穿着旗袍去参加正式的社交活动。在特别隆重的正式场合，以穿着到脚背的长旗袍为好。

在一般社交场合，我国女士可以和外国人一样穿连衣裙或穿中式上衣配长裙。也可以穿女装西服。夏季可穿长、短袖衫配长裙或过膝裙。在我国国内，女士穿中式上衣或夏季穿长、短袖衫时，可以配穿长裤，但在国外，正式宴请等场合，一般要配穿裙子，而不配长裤。超短裙、牛仔裤不应在社交场合穿着。

（二）套裙的穿法

套裙具体穿着有以下六大讲究。

第一，整洁平整。

第二，色彩合适，大小恰当。色彩要与肤色相配，要避免过大或过小、过肥或过瘦的套裙。

第三，穿着到位。注意：上衣的领子要完全翻好，衣袋的盖子要拉出来盖住衣袋；不允许将上衣披在身上，或者搭在身上；裙子要穿得端端正正，上下对齐之处务必对齐。除主体衣服外，还要注意鞋、袜、手套的搭配。

第四，考虑场合。在各种正式的社会交往之中，一般以穿着套裙为好。在涉外商务活动之中，则务必这样做。除此之外，大都没有必要非穿套裙不可。

女士在出席宴会、舞会、音乐会时，可酌情选择与此类场面相协调的礼服或时装。

第五，协调妆饰。高层次的穿着打扮，讲究的是着装、化妆与佩饰风格统一，相辅相成。

就化妆而言，女士在穿套裙时的基本守则是：既不可以不化妆，也不可以化浓妆。

就佩饰而言，女士在穿套裙时的主要要求是：以少为宜，合乎身份。如果要佩戴首饰的话，则至多不应当超过三种，每种也不宜多于两件。不仅如此，穿套裙的商界女士在佩戴首饰时，还必须兼顾自己职业女性这一身份。按照惯例，不允许佩戴与个人身份有关的珠宝首饰，也不允许佩戴有可能过度地张扬自己"女人味"的耳环、手镯、脚链等首饰。

第六，兼顾举止。着套裙举止要端庄、稳重。

（三）套裙鞋袜的选择

用来和套裙配套的鞋子，应该是皮鞋，并且以黑色为好，和套裙色彩一致的皮鞋也可以选择。鞋子最好是高跟、半高跟的船式皮鞋或盖式皮鞋，系带式皮鞋、丁字式皮鞋、皮靴、皮凉鞋等，都不宜采用。

袜子，可以是尼龙丝袜或羊毛袜，可用肉色、黑色、浅灰、浅棕等几种常规选择，最好是单色，要完好无损，且不能暴露袜口，穿开衩裙时更要注意。高统袜和连裤袜，是和套裙的标准搭配。中统袜、低统袜，绝对不要和套裙同时穿着，不要同时穿两双袜子，也不可将九分裤、健美裤等当成袜子穿。有些女士喜欢有空便脱下鞋子，或是处于半脱鞋状态，还有个别人经常将袜子撸下去一半，甚至当着外人的面脱去袜子，这些都是不礼貌的习惯。

穿套裙的时候，要有意识地注意鞋、袜、裙之间的颜色是否协调。鞋、裙的色彩必须深于或略同于袜子的色彩。如果一位女士在穿白色套裙、白色皮鞋时穿上一双黑袜子，就只会给人以长着一双"乌鸦腿"的感觉。不论是鞋子还是袜子，都不宜有图案和装饰。一些加了网眼、镂空、珠饰、吊带、链扣或印有时尚图案的鞋袜，只能给人肤浅的感觉。

四、制服礼仪

在穿着制服上班时，必须注意以下四个方面的问题。

1. 忌脏

穿着制服，必须努力使之保持干净而清爽的状态。上班所穿的制服难免会被弄脏，这一点并不值得大惊小怪。重要的是对制服的清洁与否，一定要时刻留意。一旦发觉它被弄脏，就应当马上换洗。换言之，对于制服定期或者不定期地进行换洗，应当成为每位上班族用以维护自我形象的自觉而主动的行为。不仅如此，除制服外，与之同时配套穿着的内衣、衬衫、鞋袜，亦应定期进行换洗，而绝不可让其长期"值班"。

无异味、无异物、无异色、无异迹，是制服着装的原则。

2. 忌皱

穿着制服，另外一个重要的要求就是要整整齐齐、外观完好。由于制服所用的面料千差万别，并非所有的制服都能够做到悬垂挺括、线条笔直，但是不使其皱皱巴巴、折痕遍布，却是每一个人均应做到的。

为了防止制服产生折皱，必须采取一些必要的措施。例如，脱下来的制服应当挂好或叠好，切勿信手乱扔。洗涤之后的制服，要加以熨烫，或是上浆。穿制服时，不要乱倚、乱靠、乱坐等。最重要的是，要在思想上认识到，满是折皱的制服是丑的，而不是美的。

3. 忌破

在工作之中，制服可能会在一定程度上形成破损。除了"工伤"这一因素之外，制服穿着的时间久了，也会自然发生"老化"，例如开线、磨毛、磨破、纽扣丢失等。

发现制服"挂彩"之后，应采取必要的补救措施，并且根据其具体情况区别对待。在一般情况下，制服一旦在外观上发生明显的破损，如掉扣、开线或破洞等，就不宜在工作岗位上继续穿着。在办公室里，特别是在某些"窗口"部门工作的职场人士，或是担负领导职务的职场人士，更要注意这一点。千万不可视而不见，听之任之。

对破残的制服，应分别进行处理。若其为劳动服，则经过认真修补后，仍然可以再穿。若其为礼宾服或办公服，破残之处经过修补后痕迹明显者，如需要打补丁或换上式样不配套的纽扣之类，则不宜再度在正式场合穿着。

4. 忌乱

如果单位里规定全体员工着制服上班，每名工作人员都必须认真遵守此项规定。不仅如此，商务人员还须注意，欲使制服真正发挥功效，穿着者还必须认真地依照着装规范行事。

在穿制服的单位里，最忌讳一个"乱"字。它主要反映在如下两个方面：

一方面是有人不按照规定穿制服。在某些要求穿制服的单位里，总有个别人以"忘记了"、"不舒服"、"不合身"、"不喜欢"为由，拒绝穿制服。

另一方面则是有人穿制服时不守规矩。在有些单位里，一些人虽然按规定穿了制服，但是却自行其是、随便乱穿。比如说，敞胸露怀、不系领扣、高卷袖管、挽起裤腿、乱配鞋袜、不打领带、衬衫下摆不束起来，等等。如此种种做法，亦有损制服的整体造型。

五、饰物礼仪

饰物指与服装搭配对服装起修饰作用的其他物品，主要有胸针、围巾、丝巾、首饰、领带夹、领带等。饰物在着装中起着画龙点睛、协调整体的作用。

（一）胸针

胸针适合女性一年四季佩戴，佩戴胸针应因季节、服装的不同而变化。胸针应戴在第一第二粒纽扣之间的平行位置上。胸针的搭配应从两个角度考虑，但无论是哪种材质，胸针的质地、颜色、位置一定要考虑同服装的配套与和谐。

1. 胸针的佩戴技巧

（1）穿西装时，可以选择大一些的胸针，材料也要好一些的，色彩要纯正。

（2）穿衬衫或薄羊毛衫时，可以佩戴款式新颖别致、小巧玲珑的胸针。

（3）服装线条不对称、不规则的服装上，如果将胸针别在正中部位，在视觉上可起到平衡的作用。

（4）如果你的服装色彩较简单，可以佩戴有花饰的胸针，这样照样能够让你在高贵与端庄中显出独特的风采。

（5）如果你的上衣是多色彩的，下身是较为深色的裙或裤，那么就要在多色彩的上衣上佩戴同下身一样颜色的胸针。

（6）胸针除了别在胸前的一边外，还可以扣在樽领的一边，这样看起来既优雅又浪漫。

（7）若扣在胸前的话，可以尝试把几个小型胸针不规则地扣在一起，创造活泼跳动的感觉。

（8）将胸针别在围巾上，也是一种很好的创意。你可以试着将胸针扣在围巾两端交接的位置，这样既能点缀纯净的围巾，还能起到固定围巾的作用。

（9）若在衣服的口袋上也别上一个小小的胸针，或是在牛仔裤一边的口袋上扣上胸针，甚至是一簇小巧的胸针，同样能让你使人眼前一亮。

（10）一个别致的胸针扣在帽子上，也能营造鲜明的效果，让你更显优雅高贵，不落俗套。

无论哪种佩戴方式，只要胸针能令你的服饰出奇制胜，给自己增添几分美丽，达到你所希望的效果，那么，胸针的流行与功用就达到了设计师的真正目的了。

2. 佩戴胸针的几点禁忌

（1）身着高级面料的礼服时，则不宜用塑料、玻璃、陶瓷为材料制成的胸针。因为这种胸针与高雅华丽的服装极不协调，只会给人一种不够有品味的感觉。

（2）而年轻的少女在选择胸针时，最好以别致型、趣味型为佳。在材料上就没必要追求高档的金银珠宝。

（二）丝巾

巧用丝巾，特别是女士佩戴丝巾，会收到非常好的装饰效果。在稍有凉意、季节交替的时分，戴上丝巾，不管是把小丝巾藏于衣领还是用大气的围巾、披肩裹于肩上，都别有一番风味。或许丝巾不如其他服饰配件那样具有潮流指南性，但其搭配的实用性，以及在个人风格上画龙点睛的巧妙性，却是其他配件无法企及的。

1. 丝巾的作用

（1）功能性

作为配饰，丝巾具有极强的功能性，所以善用丝巾，可以一举数得。长时间的商务旅行会使衣箱成为沉重的负担。多带几条丝巾，搭配不同的套装，设计搭配方案，会收到不同的效果。

（2）方便性

在抽屉里藏一些丝巾也不失为一个方便工作生活的好办法，遇上来不及准备的活动，巧妙的丝巾搭配能让你的着装风格瞬间变换，当然，灵感来源于你的大胆创新。比如，把大号方形丝巾的一端系在颈间，另一端系于腰部，就是一件华美的胸衣，出席晚宴和娱乐场合绝对没问题。

（3）修饰性

女性的烦恼之一就是尽管衣橱里塞得满满的，还是觉得衣服不够穿，丝巾无疑又是一个解决方案。挑选多种规格、色调协调的丝巾，配合不同的系法，会使服装永不落伍，常穿常新。用丝巾做披肩，呈现在眼前的你可能是一个古典美女；围在脖颈一圈又可能感觉很休闲，富有青春气息；在脖颈上打个秀气的结，转眼又变成一个文静的少女；将丝巾裹在头后并打个结，让人感觉你是一个前卫的时尚女子。

（三）首饰

首饰主要指耳环、项链、戒指、手镯、手链等。佩戴首饰应与脸型、服装协调。首饰不易同时戴多件，比如戒指，一只手最好只戴一枚，手镯、手链一只手也不能戴两个以上，多戴则不雅而显得庸俗。

总之，饰物的选用也应遵循 TOP 原则，重要的是以"和谐"为美。

（四）领带夹

应在穿西服时使用，也就是说仅仅单穿长袖衬衫时没必要使用领带夹，更不要在穿夹克时使用领带夹。穿西服时使用领带夹，应将其别在特定的位置，即从上往下数，在衬衫的第四与第五粒纽扣之间，将领带夹别上，然后扣上西服上衣的扣子，从外面一般应当看不见领带夹。因为领带夹这种饰物的主要用途是固定领带，稍许外露还说得过去，如果把它别得太靠上，甚至直逼衬衫领扣，就显得过分张扬。

（五）领带

参见西装礼仪。

【小贴士】

1. 矮小身材者必备的服饰中一定不能缺少高跟鞋, 色彩上尽量选择明亮干净的色彩, 穿大花的裙子是大忌。

2. 在正式场合, 女士着装一定忌短、忌露、忌透。

3. 男士饰物一定不宜太多, 太多则会少了阳刚之气和潇洒之美。通常是一条领带, 一枚领带夹, 某些特殊场合, 在西服上衣胸前口袋上配一块装饰手帕就够了。

4. 饰物最多不超过 3 件, 要与服装、体貌、环境和谐一致, 饰物间也要相配。

5. 西装十忌:

(1) 忌西裤短, 标准的西裤长度为裤管盖住皮鞋。

(2) 忌衬衫放在西裤外。

(3) 忌衬衫领子太大, 领脖间存在空隙。

(4) 忌穿白色袜子。

(5) 忌领带太短, 一般领带长度应是领带尖盖住皮带扣。

(6) 忌不扣衬衫扣时佩戴领带。

(7) 忌西服上衣袖子过长, 应比衬衫袖短 1cm。

(8) 忌西服的上衣、裤子袋内鼓鼓囊囊。

(9) 忌西服配运动鞋。

(10) 忌袖口商标不拆。

第四节 个人的语言谈吐

语言是人际交往沟通中使用最频繁、最重要的不可或缺的工具。成功有效的语言沟通, 能使交流双方心理认同、心心相悦、达到心灵相近的目的。在人际交流沟通中, 应以语言之"美"来吸引人, 以语言之"礼"来说服人。

在人际言谈交流中, 除了应注意通常要求使用的文明礼貌用语外, 还应注意一些基本的礼节和技巧。

一、神情专注

在与对方说话的时候, 眼睛注视对方, 目光在对方脸庞上游移, 注意倾听、琢磨对方语言的言辞含义。适时应和对方, 如表示"您说得在理"、"是的"、"原来这样"等, 尽量使交谈顺利进行。

二、不随便插话

在对方说话的过程中, 一般不宜打断对方而自己插话。随便打断别人说话, 让人觉得你很不礼貌。如果必须插话, 可在对方说完一句话时, 先客气地表示歉意后再插话。如

"请等一下，我想提个问题"等。如果是自己在说话，应注意给对方留出说话的机会。

三、注意选择话题内容

在进行商务洽谈时，所有的谈话不一定拘泥于业务内容。但应注意把握好话题内容。例如：①当大家的言谈远离洽谈的主题时，应把话题拉回主题；②当谈话内容使大家或是其中的参与者感到尴尬时，应迅速转移话题；③切忌谈论对方的生理缺陷及对方私生活方面的事情；④不要谈论敏感的政治话题；⑤对方用语不当时，不要奚落对方；⑥尽量寻找对方感兴趣的话题以使交谈顺利进行。

四、机智幽默

幽默是交谈的"润滑剂"，恰当地使用幽默语言，常能打破僵局，调节气氛，增加谈兴。例如，有一次，一家外企的外籍老总将咖啡碰翻在办公室的地毯上，他异常恼火，让中方秘书立即清理干净，并不停地唠叨说蟑螂部队准会因此大规模地袭击他的办公室。秘书想了想，微笑着说："绝对不会发生这种事，因为中国蟑螂只爱吃中餐。"这位外籍老板的脸色顿时放晴，露出灿烂的微笑。

五、礼貌地拒绝

在日常交往中，有时会遇到对方向你提出一些让你无法满足的要求，你既不想违心地承诺，又不想直接顶撞对方，这就要巧妙地使用拒绝语言。以下几种拒绝技巧可以借鉴：①借用名言、古训来暗示，使自己说出来的话更具权威性，使对方不得不"认同"。②以亲情作为"挡箭牌"。例如，以必顺照顾父母或妻儿为由，婉拒对方的邀请。③以目前的工作或学习繁忙为由进行婉拒，要说明工作或学习内容繁多的程度，以致安排不出时间来。④先认同后婉拒。对对方的邀请先表示赞许或同情，然后再说明自身的难处，请求对方谅解。

六、掌握时间

除非是按双方预订好的时间进行洽谈，要不然应见机行事，把握好与对方交谈的时间。例如，在对方的休息时间，应尽量少谈有关业务的事情；对方工作忙时，应尽量长话短说，及时告退。

七、把握距离

例如，进行商务洽谈时，应把握好双方的心理距离和空间距离。在心理上，要注意"亲而不狎"；在空间上要把握远近有度。怎么交谈，谈话的深浅怎样、如何保证交谈能够促进商务公关目标的实现等问题，都应该把握好分寸，在交谈中过于随便、过于紧张、过于热情，都是不合适的。

思考·练习·实训

一、简答题

1. 个人礼仪形象的构成要素主要有哪些?

2. 请说明穿着西装的礼仪要求。

3. 请结合个人实际,谈谈服饰搭配的技巧与经验。

4. 对照个人举止行为规范,找出自己在这方面的缺点。

5. 人与人在进行言谈交流时,要注意哪些技巧?

二、单项选择题

1. 个人的基本礼仪主要包括仪表、仪容、(   )、言谈等几个方面。

A、容貌　　　　　　B、仪态　　　　　　C、体态　　　　　　D、形体

2. 服饰颜色搭配应注意一般不超过(   )颜色。

A、1 种　　　　　　B、2 种　　　　　　C、3 种　　　　　　D、4 种

3. 穿着西装时,衬衣衣袖的长度通常要长出西装衣袖约(   )。

A、1 厘米　　　　　B、1.5 厘米　　　　C、2 厘米　　　　　D、2.5 厘米

4. 戴首饰在数量上以少为佳,总量不宜超过(   )。

A、1 种　　　　　　B、2 种　　　　　　C、3 种　　　　　　D、4 种

5. 穿西装系领带时,领带夹一般夹在第(   )个纽扣之间。

A、2 – 3　　　　　　B、3 – 4　　　　　　C、4 – 5　　　　　　D、5 – 6

6. 进入他人房间应敲门,一般应间隔有序地敲(   )下,等待回音。

A、2　　　　　　　　B、3　　　　　　　　C、4　　　　　　　　D、5

7. 在国际商务活动中,涉外工作人员的服装应遵循 "TOP" 原则,即 time(时间)、occation(   )、place(地点)。

A、服装　　　　　　B、仪式　　　　　　C、场合　　　　　　D、鞋袜

8. 女士在比较正式的场合应穿(   )。

A、超短裙　　　　　B、长裤　　　　　　C、牛仔服　　　　　D、西装套裙

9. (   )被称为西装的灵魂,选择上应当下一番功夫。

A、衬衫　　　　　　B、领带　　　　　　C、皮带　　　　　　D、领带夹

10. 西装上衣为两粒扣子时,穿着可以把(   )系上。

A、上面那粒扣子　　B、下面那粒扣子　　C、2 粒扣子都　　　D、2 粒扣子都不

11. 戒指通常戴在左手上,戴在无名指表示(   )。

A、无偶而求爱　　　B、在恋爱中　　　　C、已订婚或结婚　　D、自己是独身者

12. 在介绍、引路、指示方向时都应(   ),上体稍前倾,以示敬重。

A、掌心向下　　　　B、掌心向上　　　　C、紧握拳头　　　　D、用手指来指

13. 在正式场合，女士不化妆会被认为是不礼貌的，要是活动时间长了，应适当补妆，通常要在（　　）补妆。

A、办公室　　　　　B、洗手间　　　　　C、公共场所　　　　D、随时

14. 在公共场所，女士着装时应注意（　　）不能外露，更不能外穿。

A、袜子　　　　　　B、短裙　　　　　　C、内衣　　　　　　D、衬衣

15. 当你会见长者时，最适宜的坐姿是（　　）。

A、坐满椅子，身体紧贴椅背　　　　　　B、只坐椅子的 2/3，身体靠到椅背上

C、只坐椅子的 2/3，身体稍向前倾　　　D、随便坐

16. 在各种社交宴会中，要注意从座椅的（　　）入座，动作应轻而缓，轻松自然。

A、前侧　　　　　　B、左侧　　　　　　C、右侧　　　　　　D、随便

三、多项选择题

1. 发型修饰应注意与自己的特征相协调，做到（　　）。

A、发型与脸型相协调　　　　　　　　　B、发型与体型相协商

C、发型与服饰相协调　　　　　　　　　D、发型与体重相协商

2. 与人交往中，不恰当的举止有（　　）。

A、旁若无人地吸烟　　　　　　　　　　B、微笑致意

C、食指点对方　　　　　　　　　　　　D、斜视对方

3. 上下楼梯的礼仪有（　　）。

A、为人带路上下楼梯时，应走在前面

B、不应站在楼梯转角外进行深谈，以免妨碍他人通过

C、若是男性，与长者、异性一起下楼梯时，应主动行走在前面，以防对方有闪失

D、上下楼梯时既要注意楼梯，又要注意与身前、身后之人保持一定距离，以防碰撞

E、上下楼梯时，不应快速奔跑

4. 良好的站姿能显示出一个人的气质和风度，站立时应注意以下要领（　　）。

A、头正颈直　　　　B、两肩端平　　　　C、双手抱臂　　　　D、挺胸收腹

E、两腿挺直

5. 下列属于不文明的行为举止有（　　）。

A、如厕不冲水　　　　　　　　　　　　B、无视禁烟标志想吸就吸

C、在车厢、船舱、餐厅大声接打电话

6. 保持清洁卫生，是讲礼仪的基本要求，正常情况下，在人前不宜做的行为是指：（　　）

A、剔牙齿　　　　　B、挖耳朵　　　　　C、掏鼻子　　　　　D、修指甲

7. 男子仪容仪表的基本要求是（　　）。

A、化淡妆　　　　　B、整洁　　　　　　C、端正　　　　　　D、简约

8. 站立是人们日常交往中一种最基本的举止，正确的站姿要求是：（　　）

A、头正、双目平视、平和自然　　　　　B、躯干挺直、收腹、挺胸、立腰

C、双脚随意放置　　　　　　　　　　D、双臂放松，或曲可直

9. 行走之时有礼仪，与他人同行，不雅观的仪态包括：（　　　）

A、东跑西颠、方向巨测　　　　　　　B、驼背弯腰、缩脖摆膊

C、摇摇晃晃、东倒西歪　　　　　　　D、走路带响、震耳欲聋

10. 一般情况下，衣着服饰应注意（　　　）

A、穿中山装可以不扣领扣、领钩、裤扣

B、穿长袖衬衫要把前后摆放裤内，袖口不可卷起，袖口要扣上

C、女子穿裙子不可过短

D、男子不可穿短裤参加外事活动，长裤的裤脚不可卷上

四、判断题

1. 穿整套西装时不一定要穿正装皮鞋，可以穿布鞋、旅游鞋等。　　　　（　　　）

2. 着装应注意颜色搭配，白色代表着淡雅、圣洁、纯净，不仅适合于夏天，而且适合于各种肤色的人。　　　　（　　　）

3. 参加正式活动，不宜当众化妆。　　　　（　　　）

4. 仪表仪容在人际交往的第一印象中并不是重要的，语言才重要。　　　　（　　　）

5. 规范穿着职业服装的要求是整齐、清洁、挺括、大方。　　　　（　　　）

6. 着装时服装的各个部分要具有完整统一的视觉效果，形成和谐的美感形象，这充分体现出着装的个性美。　　　　（　　　）

7. 有人问路可以用手指指示方向。　　　　（　　　）

五、实训题

1. 组织开展服饰表演活动，培养学生的审美情趣。

2. 让学生根据自己特点设计服饰搭配，注意肤色、高矮、胖瘦、个人气质等。

3. 让学生表演打领带。

4. 化妆练习。假定不同的场景，请学生按照角色要求化妆，其他同学进行观摩评议。

5. 训练向客人递接物品、进出办公室、引领客人、指路与指方向的仪态举止。

6. 分组进行站姿、坐姿、走姿、蹲姿、表情、手势等内容的基本训练。

7. 练习讲话时脸上保持微笑。

六、实训安排

实训项目（三）

打领带		
实训目的	掌握打领带的一、两种方法	
实训所需教具	领带、衬衣、数码相机	
实训场地	形体实训室	实训课时	2课时

实训内容及要求
（一）内容 1、领带是男士服饰的灵魂 2、领带的颜色要和衬衣、西装相搭配 3、打领带的方法有多种 （二）要求： 1、要把领带打得端正、挺括，领结外观上呈倒三角形。 2、在收紧领带结时，可有意在其下压出一个窝或一条沟来，使其看起来时尚、美观、自然。 3、领带结的大小应大体上与同时所穿的衬衫领子的大小比例协调。 4、穿立领衬衫时不宜打领带，穿翼领衬衫时适合扎蝴蝶结。 5、领带的长度以到皮带扣处为合适。 6、领带夹的正确位置在衬衫从上朝下数的第三粒、第四粒纽扣之间。
实训程序
1、教师示范打领带的方法。 2、学生分组练习。教师指导，学生自我练习、互相检查、互相纠正，教师检查纠正。 3、学生穿上白衬衫，自己打好领带，教师用数码相机帮学生拍一张照片。
评分标准（满分10）
1、领结漂亮（3分） 2、长度合适（7分）

实训项目（四）

仪容与着装规范			
实训目的	能够把握正确的仪容修饰方法、掌握着装的 TOP 原则和塑造端庄大方、彬彬有礼、气质高雅的个人形象。		
实训所需教具	不同风格的服装（学生自己准备）、小饰物、化妆用品（自备）、包袋等个人用品。		
实训场地	教室或形体室	实训课时	2 课时

实训内容及要求
（一）内容 1、仪容指的是人的仪表、姿容，包括发式、面容、颈部、手部及总体的精神面貌。 2、服饰指人们的衣着、穿戴，包括服装、饰品。 3、职业服装要求：整洁、大方、和谐、雅致，具有实用性、审美性、象征性的特点。

4、女士的职业装以西装套裙或长裙为宜，以黑色、青色、蓝色、白色、灰色为最佳选择。如穿其他款式要注意颜色的柔和，款式要大方，忌装饰太多，大红大绿，花哨耀眼，忌过分暴露、裙子过短。一切以让别人注意你而不是你的打扮为标准。演示的是职业形象而非职业模特。

5、男士的职业装一般以单位的工作服或西装为宜，全套深色，质地优良。

6、女士的社交服饰可多种多样，整体要求是典雅端庄，气质高贵。女士参加社交场合还应配搭合适的饰物、包袋等，其风格要与服装搭配和谐，手袋讲究用真皮的、款式精美。

7、休闲服可由学生自由设计，总体要求是舒适、大方，避免低俗、怪异。

8、鞋袜的选择也要符合场合的需要。不能穿松糕鞋，或方头、大头等前卫的鞋子。

9、着装要考虑到人个的年龄、身高、职业、肤色等因素。

10、职业装的几种搭配方法（男、女）。

11、正确理解服装的 TOP 原则。根据不同的场合正确着装。

12、了解有关的服装面料、色彩搭配等知识。

13、注意化妆的禁忌，避免走进误区。

14、良好的精神面貌，提高审美能力。

（二）要求

1、学生分角色，选择自己认为最合适的工作服装、社交服装、休闲服装进行展示，并根据着装配戴合适的饰物、包袋。

2、每九人为一组，每个小组设组长一名，每 3 个扮演同一角色（工作、社交、休闲）。

3、学生根据自己的脸型，选择发型，与服装搭配；女同学根据服装色彩和具体环境的要求自己化妆。

4、每小组轮流上台表演，队员队形由小组自己排定，表演时间为 5 分钟。

5、最后共同评出"最佳职业形象设计"、"最佳社交形象设计"、"最佳休闲形象设计"若干名，并讨论各自的得失。

6、本实训以考查学生对工作服装、交际服装和休闲服装的理解和应用为主。训练后学生要明确三种服饰的区别，使学生在今后工作中能得体着装。

7、此次内容安排在个人礼仪的讲解之后，提前布置，让学生在课余做准备。

8、评分可由老师、学生共同参加，取平均分评出成绩。最佳奖的比例由教师自行确定，并在学生此门课程成绩中体现。

实训程序
1、教师讲解。
2、学生自我准备、练习。
3、学生表演。
4、教师与学生共评。

评分标准（满分10分）

评分参考表：

姓名	发型 (10)	面容 (5)	着装 (20)	饰物 (5)	鞋袜 (10)	表情 (10)	整体效果 (15)	协作精神 (15)	参与态度 (10)

实训项目（五）

仪态举止		
实训目的	培养良好的仪态修养，形成习惯，体现风度。	
实训所需教具	书本、凳子、镜子、多媒体	
实训场地	形体实训室	实训课时	2 课时
实训内容及要求		

（一）内容

1、站姿——站如松。身直、挺胸、收腹、立腰、头正、双目平视前方、双臂自然下垂。女子可双手垂放于腹前，右手叠放在左手的手背上，两脚呈"丁"字或两脚并拢。男子两脚叉开，相距不超过 15 厘米，双手交叉叠放在背后。站立时不扶不靠，双臂不抱于胸前、不插兜；不一肩高一肩低，重心放在双脚上。

2、坐姿——坐如钟。就座时上身挺直，坐在椅子的 2/3 处。女子要双膝靠拢，脚跟自然靠齐，也可侧坐；双手自然地放在双膝上，或放在椅子上。男子双腿可保持适当距离，叉开；双手自然放在双膝上，或双手叠放在腹前。坐在椅子上不可前俯后仰，跷二郎腿，摇腿抖脚。

3、走姿——行如风。行走时上身正直、双目平视前方、步伐要轻稳、步幅适度，两臂自然前后摆动。行走时不低头、低视或摇头、晃肩、勾肩搭背。男子走路以大步为佳，女子走路以碎步为美。

4、蹲姿——姿势要优雅。女子下蹲双腿要并拢；男子左脚全脚着地，小腿基本垂直于地面，右脚脚跟提起，脚掌着地。

5、手势——（1）引导手势：将左手或右手提至齐胸高度，五指伸直并拢，掌心向上，以肘部为轴，朝欲指示的方向伸出前臂。身体要侧向来宾，目光要兼顾来宾和所指的方向。（2.）"请坐"手势：左手或右手屈臂由前抬起，以肘关节为轴，前臂由上向下摆动，使手臂向下成一斜线，表示请来宾入座。（3）"介绍"手势：手心朝上，手背朝下，四指并拢，拇指张开，手掌基本上抬至肩的高底，并指向被介绍的一方，面带微笑。

（二）要求

掌握规范的站姿、坐姿、走姿、蹲姿、手势，能自纠错误。

实训程序

1、个别学生上台示范仪态举止。

2、教师点评，讲解示范标准的仪态举止。

3、放录像，让学生观摩正确的仪态举止。

4、学生练习：

（1）站姿

站姿的训练是体态中最基础的训练，站姿如何将直接影响人体姿态的整体美。

靠墙训练：让学生把身体背靠着墙站好，努力使后脑、肩、臂部及足跟均能与墙壁紧密接触，这说明学生的站立姿势是正确的，假若无法接触，说明你的站立姿势不正确。标准站立时，全身自然挺直，抬头挺胸收腹，站久了有点累。

顶书训练：把书本放在头顶中心，为使书不掉下来，头、躯体自然会保持平稳，否则书本将滑落下来。这种训练方法可以纠正低头、仰脸、头歪、头晃及左顾右盼的毛病。

背靠背训练：两人一组，背靠背站立，两人的头部、肩部、臂部、小腿、脚中紧靠，并在两人的肩部、小腿部相靠处各放一张卡片，不能让其滑动或掉下。这种训练方法可使学生的后脑、肩部、臂部、小腿、脚跟保持在一个水平面上，使之有一个比较完美的后身。

扩胸运动：让学生在音乐的背景下做几组扩胸运动，长时间的坚持，可以纠正含胸、驼背等不正确的姿势。

对镜训练：每人面对镜面，检查自己的站姿及整体形象，看是否歪头、斜肩、含胸、驼背、弯腿等，发现问题及时调整。

站姿训练每次应控制在 20－30 分钟，训练时最好配上轻松愉快的音乐，以调整心境，既可以防止训练的单调性，又可以减轻疲劳感。

（2）坐姿

落座后，最影响坐姿的是人们坐下后腿位和脚位，这是坐姿训练的主要内容。训练时要求上身挺直，腿姿优美。同时，还就进行落座、起身训练。

坐姿训练，最好是在形体训练房进行，坐在镜子前，对着镜子检查自己的坐姿。也可在教室内进行，同学之间互相指导纠正。训练时间每次可在 20 - 30 分钟。训练时最好配上音乐，轻松愉快。

（3）走姿

走姿训练属动态性训练，不良的走姿大都积习已久，加大了训练的难度。训练时，一定要掌握要领，严格按规定要求，按步骤正规训练，如此才会收到较好的效果。

双肩双臂左右摆动的毛病。

步位、步同训练。在地上划一条直线，行走时检查自己的步位和步同是否正确，纠正"外八"、"内八"及脚步过大、过小的毛病。

顶书训练。将书本置于头顶，保持行走头正、颈直、目不斜视，纠正走路摇头晃脑、东瞧西望的毛病。

步态综合训练。训练行走时各种动作的协调，最好配上节奏感较强的音乐，注意掌握好走路时的速度、节拍。保持身体平衡，双臂摆动对称，动作协调。

（4）蹲姿

让学生练习蹲下来捡拾地面上的物品。

（5）手势

通过情景模拟，让学生分组练习引导、请坐、介绍的手势。

（6）自我练习、自我修整、互相检查、互相纠正、老师检查纠正。

评分标准（满分 10 分）
1、站姿（2分）
2、坐姿（2分）
3、走姿（2分）
4、蹲姿（2分）
5、手势（2分）

实训项目（六）

微　笑			
实训目的		训练亲切友善的微笑，让别人感受你的友好和温暖	
实训所需教具		纸、小镜子	
实训场地	多媒体课室	实训课时	1/3 课时
实训内容及要求			

（一）内容

1、人们微笑时，首先表现在嘴角的两端要对称地向上翘，在练习时，为使双颊肌肉向上抬，口里可念着普通话"一"字。

2、笑的关键在于善于用眼睛来笑。如果一个人的嘴上翘时，眼睛仍是冷冰冰的，就会给人虚假的感觉。

眼睛的笑容的训练方法是，取厚纸一张，遮住眼睛下边部位，对着镜子，心里想着那些最使你高兴的事情，使笑肌抬升收缩，嘴巴两端做出微笑的口型。这时，你的双眼就会十分自然地呈现出微笑的表情了。随后放松面部肌肉，眼睛也随之恢复原形，但这时的目光仍然会反射出脉脉含笑的神采来。

3、在训练时讲究技巧，经常念到一些词、字，正好是微笑最佳的口型，如"钱"、"茄子"、英文字母"G"、"V"等。

（二）要求

1、每一位学生自带纸一张，小镜子一面。

2、心情愉快，不受不良情绪的影响。

3、发自内心地对人友好。

4、心地善良、乐于助人，对生活充满着热爱。

实训程序

1、教师示范，展示发自内心最美好的微笑。

2、教师念"一"示范口型，带领学生练口型，学生集体练口型，学生分组练口型。

3、学生拿纸训练眼睛的笑容。

4、学生对着小镜子自我训练微笑。

5、学生两人一组练习微笑，互相检查、互相纠正。

6、老师检查纠正。

评分标准（满分10分）

1、自然和谐（4分）

2、口型正确（3分）

3、甜美友善（3分）

第三章　学校礼仪

【案例传真】

　　某学校在举办高雅音乐欣赏会。在学生观众的头脑中似乎还没有丝毫的"观注礼仪"意识，他们有的把会场当成了休闲娱乐场所，时而乱走，时而使劲摇座椅；有的则带了零食和饮料进场，演出进行中，还不时听到各种器物碰撞摩擦的声响，时而还有喧哗声。演出结束后，工作人员花了大量时间清理满地的易拉罐、果皮、包装纸等。一些演奏家说，因为秩序混乱，他们在台上常常很难进入角色，演出水准不免要大打折扣。

第一节　学校礼仪概述

　　学校是培养、教育人的场所，是文明礼仪的发源地。朱熹说："古者小学，教人以洒扫、应时、进退之节，爱师、敬长、隆师、亲友之道，皆所以为修身、齐家、治国、平天下之本。"由此可见，校园生活的方方面面，个人的言行举止，都有礼仪之约束，都与个人事业的成败、家与国的兴衰密切相关。古人尚能把礼仪修养提到"修身、治国、平天下"的高度，我们作为21世纪的青年，更应该认识到讲究校园礼仪的重要性。学校礼仪是指学校师生、员工之间在校相处时待人接物的礼貌行为及仪表仪态的规范要求。

一、学校礼仪的特点

　　校内礼仪有其特定的对象，主要是指同学之间、师生之间以及与学校工作人员之间的礼仪。它有特定的应用范围，主要是学生在校内与教师相处、学生与学生之间日常交往时，个人仪容、仪表方面的规范要求。

　　大学生应当懂得掌握学校礼仪的重要性，同时应了解、掌握这些礼仪。这些礼仪要求不仅是一个学生应遵守的日常行为规范，而且是做人的基本要求。如同学之间要互相团结、友爱，学生对师长要有礼貌，衣着打扮要符合学生的身份，公共场所要注意社会公德，等等。

二、学校礼仪的作用

（一）学校礼仪有助于维护学生的形象

学生讲究礼貌，注意个人的仪表，衣着打扮得体、和谐，朝气蓬勃、积极向上，或活泼，或典雅秀气、朴素大方，塑造一个知书识礼的良好形象，会使学校这块教育圣地显得更加神圣。"一个人的礼貌是照出他的肖像的镜子"。学生在日常生活里注意学习礼仪，应用礼仪，使自己举止得体、表现不俗、温文尔雅，自然会塑造出自己的完美形象。

（二）学校礼仪有助于学生提高自身综合素质

"教养体现于细节，细节展现素质"。日常生活中的一言一行、一举一动都会使人们将其与他的个人素质联系起来。如果在社会生活中表现得体，往往会获得积极肯定的评价。所以学生要学习礼仪，将其用之于生活、用之于社会，塑造完美的自我。

（三）学校礼仪使学生更善于正确处理人际关系

人人都有友爱和受人尊重的需要，无论是在家庭关系还是在社会关系中，都是如此。你要别人尊重你，你必须先尊重别人。人们希望自己受到公正、平等的对待，而这种公正、平等是建立在互相尊重的基础上的。通过学校礼仪教育能使学生尊重他人，完善自己，促进素质的全面提高，形成良好的学校风尚。礼仪是一种有效的沟通技巧，"礼仪是所有规范中最小但却是最稳定的规范"。学生在学习与应用礼仪的时候要以自律为主，以敬人为先。

三、学校礼仪教育的基本要求

第一，礼仪教育的基本内容应符合学生身份的要求。学生处在求学阶段，原则上仪表和服饰应以朴素大方、整洁为好。做到：颈必净、衣必整、发必齐、纽必扣、头宜正、肩宜直。一个人的仪表打扮，应与本人的年龄、身份相适应。

第二，礼仪教育不是一般的礼貌教育，而是一种道德修养教育、健全人格的教育，有助于身心健康成长。礼仪教育注重自然美、心灵美。好的仪表既可反映一个人的文明素质，又可给人以美的享受，使人乐意与他交往。

第三，礼仪教育要遵循实效性的操作原则，做到教育与实际相结合，理论与实践相结合。要在丰富的社会实践中，体会文明礼仪带来的人际沟通的愉悦。

四、学校礼仪的基本原则

（一）尊重的原则

真诚是对人对事的一种实事求是的态度，是待人真心真意的友善表现。真诚和尊重首先表现为对人不说谎、不虚伪、不骗人、不侮辱人，所谓"骗人一次，终身无友"。其次表现为对他人的正确认识，相信他人，尊重他人，所谓"心底无私天地宽"，只有真诚的奉献，才有丰硕的收获，只有真诚尊重方能使双方心心相印，友谊地久天长。

（二）平等的原则

平等在交往中，表现为不骄狂，不我行我素，不自以为是，不厚此薄彼，不傲视一切、目空无人，不以貌取人，也不以职业、地位、权势压人，而是应该时时处处平等谦虚待人，唯有此；才能结交更多的朋友。在与人交往时，既要彬彬有礼，又不能低三下四；既要热情大方，又不能轻浮诡谲；要自尊不要自负，要坦诚但不能粗鲁，要信人但不要轻信，要活泼但不能轻浮。

（三）宽容的原则

宽容是一种较高的境界，容许别人有行动的自由，有表达自己看法的自由。要公正的看待不同于传统观点的见解，要容忍不同于自己的见解。站在对方的立场去考虑一切，是争取朋友的最好方法。

（四）自律的原则

培养遵守秩序的良好习惯，首先要从学校、家庭等公共空间开始。遵守公共秩序，讲求公德，并不是单指在家庭、校园之外的社会上，这是每一个人在任何一种环境下都应做到的。作为学生，学校就是我们的家，我们应当像爱护我们的家一样来爱护学校。秩序无时无刻不在我们的生活中存在，遵守校园秩序，是保证我们能顺利学习的大前提。

第二节　校园礼仪

校园生活丰富多彩，我们在参加升国旗仪式、开学典礼、散学典礼、毕业典礼、校庆、颁奖仪式、艺术节和体育节各种比赛时，在听讲座、观看电影、参观展览等集体活动中得到全面发展。在这些活动中我们都要做到自尊和尊敬他人，从而表现出自己的礼貌修养，集体观念，合作精神。

一、五星红旗高高飘扬在校园的上空

【资料小链接】

这是一则真实的故事：一位女中学生因其出色的才华而被邀请去参加一次国际活动。与会者都是来自各国的少年儿童，她是惟一的来自中国的代表。

活动的开幕式立刻就要举行了，这位来自中国的女孩在旗杆林立的升旗场地竟然没有见到五星红旗！她又找了一遍，还是没有！主持人已经走上主席台。女孩坚决地举起右手，用流利的英语礼貌而庄严地说："对不起！请等一下！我还没有找到中国国旗！您能告诉我它在哪里？"

活动主办者当然不能，因为他们根本就没有准备。他们说了一大堆的理由，说明他们无法找到中国国旗。女孩说，去我们中国大使馆。主办者说时间来不及了。女孩说："那就请您立刻送我回中国。我因贵方邀请，代表中国的少年儿童来参加活动，这里必须同时升起我们中华人民共和国的国旗，五星红旗！否则，我只能拒绝邀请！"

主办者被这位年仅15岁的中国女孩的尊严震住了！活动开幕仪式推迟了！

当五星红旗和其他国家的国旗一起冉冉升起的时候，女孩的眼里噙满了激动的泪水。因为这面五星红旗，所有的与会者都认识了这位中国女孩，所有的人都对她行注目礼。

是啊，国旗象征着祖国的尊严，作为中华人民共和国的公民，我们要爱护国旗。每当我们参加学校升国旗仪式时，在嘹亮的国歌声中，看着国旗徐徐上升，我们感到无比的激动，一次一次地受到爱国主义思想的熏陶，唤起我们强烈的民族自尊心，激发我们报效祖国的热情，树立以天下为己任的信念和为建设繁荣富强的祖国而奋斗终生的崇高理想。

（一）举行升旗仪式的程序

1. 出旗（旗手执旗，护旗在旗手两侧，齐步走向旗杆）。

2. 升旗（奏国歌，全体师生行注目礼）。

3. 唱国歌（由仪式主持人宣布开始与结束）。

4. 国旗下讲话（由校长或教师、劳模、先进人物、学生干部等作简短而有意义的讲话）。

（二）升国旗、唱国歌的礼仪

1. 参加仪式的师生要提前到达升国旗的地方。

2. 参加的师生要衣着整洁，保持安静，态度严肃，队列整齐，切记嬉谈和东张西望或走动。

3. 要用标准的姿势站立，面向旗杆的方向立正站好，表情庄重。

4. 当主持人宣布"升国旗、奏国歌"时，脱帽，行注目礼，高唱国歌，直到国旗升至杆顶，礼毕。

5. 唱国歌时要严肃，语调正确，歌词正确，声音洪亮。

注：负责升国旗的班级，要有专人负责每天早晨升旗，下午放学时降旗（降旗一般在每日傍晚时进行，由旗手和护旗手降旗，仪式不限），妥善存放国旗，保持国旗的清洁、鲜艳，切忌有污渍或破洞。

【资料小链接】

1949年10月1日的开国大典上，当毛主席庄严宣告："中华人民共和国、中央人民政府于本日成立了！"此刻，站在广场中心的联合军队总指挥罗浪将指挥旗一扬，军乐队奏响了威武雄壮的国歌。大会秘书长宣布："请毛主席升旗！"此时，毛主席神情庄重，两眼闪烁出光芒。他用力按动了电钮……新华广播电台现场播音员丁一岚激动地解说："中华人民共和国的国旗，现在正由毛主席亲手将它升起。参加大会的30万人都整齐肃立致敬，注视着人民祖国的庄严而美丽的五星红旗徐徐上升。"第一面五星红旗在天安门广场升起来了。

二、在丰富多彩的集体生活中

参加开学、散学、毕业典礼、庆典仪式等集会活动，应提前5分钟整队按秩序入场，仪式进行过程中要坐正立直保持会场肃静，不随意说话走动，不可迟到或早退。

听报告，参加讲座应尊重发言人，按时到达会场，自觉遵守会场秩序；坐正，注意力集中，并积极参与提问发言；要养成随时记听讲笔记的学习习惯；适时报以掌声以示感谢；应善始善终，不随便出入会场。

上台发言、领奖、表演时，走路要稳重，仪表仪容整洁端庄，从指定的台口入台。站在台上要站姿标准，接受奖品奖状时要用双手，并行鞠躬礼致谢，然后转过身来，面向台下，将奖状高举过头向大家展示后，双手拿好，贴放胸前。参加表演时，对观众给以的掌声应行鞠躬礼，微笑谢幕。最后从指定的台口退场。

观看校园艺术表演、体育比赛或看电影时，应尊重表演者、参赛者和其他观众。

请做到：一是要提前入场，万一迟到，应站在后边观看，等一个节目或一局结束后再进入座位。不能中途退场或随意走动。二是不能大声评议影响他人，也不能吃东西随地扔垃圾，室内不戴帽子。三是热情而又文明地鼓掌为演员喝彩，为运动员加油，但不要喝倒彩或吹口哨等。四是尊重演员、裁判、教练、运动员、评委的劳动，不得妄加评论、起哄闹事。

三、校园餐厅礼仪

（一）自觉排队

有秩序地进餐厅，不要冲、跑、挤。在食堂就餐应自觉排队，不要打闹或用筷子勺子敲打饭碗，养成良好的文明习惯。

（二）勤俭就餐

古人云："锄禾日当午，汗滴禾下土，谁知盘中餐，粒粒皆辛苦。"就餐时，应该爱惜粮食，不要铺张浪费、随便剩饭剩菜，实在有吃不完的饭菜，要倒进指定的泔水桶里，不要往洗碗池、洗手池里倒。

（三）文明就餐

吃饭时细嚼慢咽，不可狼吞虎咽。咀嚼食物时不可发出太大的声音。骨、刺以及无法吃的其他东西，不要随地乱吐，可以放在餐具的一角或者吐到自己准备的其他盛具里。不要当着他人的面剔牙，非剔不可时需用手或其他物品遮嘴，另一只手剔牙。此外进餐时不要大声喧哗或者肆意打闹，和师长、同学以及熟悉的人在一起吃饭，先吃完离开的时候要说"大家慢慢吃"。

（四）礼让座位

在就餐高峰时，食堂往往人满为患，找到空位子不容易。如果餐桌上已经有就餐的同学，还有一个空位时，后来者可以礼貌地问先到者："请问这里可以坐吗？"在得到肯定的答复后便入座。入座时，抽出椅子的动作要轻，还要注意与邻座保持距离，留出空道。先到的同学对于后来的同学要求同桌用餐，应该表示欢迎，同时不妨酌情移动一下座位，方便其入座。

四、校园中的迎宾和待客

"尊敬之心，礼也"。礼仪的一个基本原则就是尊敬原则，我们对来学校参观、开会、办事的来宾、领导、老师的态度和一言一行，都要让对方体会到我们的尊敬，使别人感到我们是彬彬有礼的学生。我们每一个同学都应当是接待员，在宾客眼中，你是学校的一分子，你的形象代表着学校的形象。

每当有重要的活动，当领导和来宾来到学校时，校门口列队站立着迎宾服务的同学服装整齐，精神饱满，笑容满面，在"早晨好"、"您好"、"下午好"、"欢迎光临"、"老师好"的亲切问候声中，你会感到心情愉快，温馨舒适，宾至如归。

校园迎宾待客礼节提示：

（一）主动称呼、问候、微笑。

（二）主动带路引路、让座、端茶送水。

（三）见到客人要立正鞠躬，表示欢迎。

（四）主动为宾客让路，不与宾客抢道或碰撞客人。

（五）回答客人提问要起立，要礼貌回答，主动介绍学校。

（六）客人离去时要说"再见"并挥手致意。

四、亲切的相遇和告别

进校第一次见到老师，要止步立定鞠躬问好。人多时，可点头问候。见到同学，可点头致意，招手问好。

当你和老师同学在校园里相遇时，要面带微笑，主动称呼问候，可说"您好"或"您早"。放学时，要和老师同学说"再见"、"明天见"并招手致意，分手时要和老师同学说"请你慢走，再见"。在进出门口、上下楼梯时和老师相遇，学生应当主动招呼，请老师先行。

第三节　课堂礼仪

一、学生课前的礼仪

学生应在上课的预备铃响之前进入教室，为上课做好准备，端坐恭候老师的到来。这是一种应有的礼貌，也是对老师的尊敬。教室里的肃静气氛，既能为老师取得良好的教学效果创造一个良好的环境，又能密切师生之间的关系。每位同学都做好上课准备，既是尊重别人，也是尊重集体的表现。如果预备铃已响，学生还是跑进跑出，教室里秩序杂乱，必然会影响老师的情绪，从而影响教学的效果。

二、学生上课时的礼仪

（一）不关手机最失礼

关手机是课堂上的基本礼仪，如果你实在"日理万机"，也请你把手机调成震动或静音状态，课后再回给对方。无论如何也不要在课堂上接听电话，即使你的手机铃声再好听、再个性化、再值得炫耀，也一定不要让它突然在课堂上响起。不要在课堂上频繁用手机发短信，或者用手机上网、看小说。

（二）迟到时的礼仪要求

学生如遇到特殊情况，不得已而在老师开始上课后才进入教室，应做到以下几点：

1. 到教室门口应先停下脚步，如果教室有两扇门，请从前门进入，在得到老师的允许之后，才能进入教室。

2. 在走向自己的座位时，速度要快，脚步要轻，动作幅度要小。走到座位前，在放书包和拿课本时，尽量不要发出太大的响声，更不能有任何滑稽可笑的举止。

3. 在坐下之后，应立即将注意力集中起来，端坐静听老师讲课。总之，迟到的学生要把由于自己迟到而对课堂秩序造成的影响减小到最低的限度。

（三）回答老师提问时的礼仪要求

老师在上课时间向学生提问，是老师检查教学效果的最迅速和最直接的方法。因此，每个学生都应懂得老师提问的积极意义，并要正确、礼貌地对待老师的提问。

1. 老师提问时，学生如果要回答问题，首先应该举手，当老师点自己名字时方可站起来答题，切不可坐在位子上就七嘴八舌地发言。当老师未点到自己名字时不要抢先回答。

2. 在起立回答问题时，态度应严肃认真，切不可搔首弄姿或故意做出滑稽的行为引人发笑。说话声音要清朗，音量不要过低，以免老师和同学听不清。

3. 对老师的提问自己回答不出来，但又被点到名，这时自己应该站起来，向老师实事求是地表明，这个问题自己回答不出来，或没有准备好。

4. 在别人回答老师提问时，不应随便插话。如别人回答错了，或者不能回答时，切不可在旁边讥笑嘲讽。当老师问"有哪个同学能回答这个问题"时，自己可以举手，在得到老师允许后，站起来回答。

（四）课堂其他礼仪

尽量不把食物带进教室，很多学生早上来不及吃早餐，最好在课间休息时吃，注意不要吃咀嚼起来声响过大或者味道刺鼻的食物。上课时不要嚼口香糖，自己觉得挺帅气，可是老师和其他同学看起来会觉得不舒服。另外，下课离开时要把饮料包装和其他垃圾随身带离。

课间休息时，主动为老师擦黑板，总能让人感觉生活的温馨和情谊。但别忘了主动擦黑板宜先征求老师意见。有位老师，谈起擦黑板的问题来说："有的板书还想留着下节课继续用，结果被擦掉了，这也比较没辙。"看来擦黑板还真的听老师的，否则礼貌就变成失礼了。

遵守课堂纪律也是一种基本的礼貌要求。学生课堂纪律很好，教师会感到自己的劳动得到了应有的尊重，会感到很欣慰，思路会越讲越顺，教学水平会发挥到最佳状态；反之，当课堂纪律不好，教师会感到自己的辛勤劳动未得到重视，于是内心会有一种沮丧、失落感，思路会被打乱，教学效果也受到很大影响。所以，每个学生都应遵守课堂纪律，这既是对教师辛勤劳动的尊重，也是一种基本礼貌。

第四节　师生礼仪

一、老师——太阳底下最高尚的人

尊师是我国传统的美德。老师像辛勤的园丁一样为学生"传道、授业、解惑"，被称为"人类灵魂的工程师"。因此，自古以来就流传着许多尊师的动人故事。例如，我国宋代有位学者名叫杨时，一天，他和另一位学者游酢冒着严寒同去向老师程颐求教。到了那里，见老师坐在堂上睡着了。为了不打扰老师，他们恭恭敬敬地站在门外等着。过了很久，老师醒来看见杨时、游酢正静悄悄地、毕恭毕敬地待立在外面，连忙说："你们二位有什么事？快请进来吧。"老师请他们，他们才进门。此时，门外漫天大雪，地上积雪已有一尺多厚，杨时、游酢全身都是雪了。从此，"程门立雪"就成为尊敬老师的一个故事而流传了下来。

尊敬老师除了前面谈到的尊重老师的劳动外，还表现在学校生活的其他方面。

二、进入老师办公室的礼貌

办公室是老师静心工作的地方，随便进出或打扰老师是不礼貌的行为。学生在进入教师办公室时，应有礼貌地在办公室门口先敲门，再轻声"报告"，待老师允许后，用标准规范的行姿进入办公室向老师问好。将要交的作业本、笔记本整齐堆放在老师的办公桌上，与老师说"再见"后离开办公室。如老师不在办公室，不可乱翻老师的东西，包括作业本、教科书、备课本、考试卷纸、工作笔记及老师私人物品。学生乱翻老师的东西，是对老师的不尊重、不礼貌，也是自身的思想品德不高的表现。在老师的办公室也不宜逗留很久，以免影响老师的工作。

三、学生与老师谈话的礼仪

（一）在和老师讲话时，学生应主动请老师坐。如老师不坐，学生应该和老师一起站着说话。若老师请学生坐，学生说"谢谢"后方可端坐。在和老师说话时，学生的姿态要端正，不可东张西望，要注意倾听老师的谈话。

（二）如果老师说的话，学生感到不理解，或有不同看法时，学生不必隐瞒，应谦虚而诚恳地向老师请教，直到弄明白为止。

（三）虚心接受老师的教导，诚恳地听取老师的批评，实事求是地表明自己的观点或说明事情的真相。切不可与老师直接顶撞，对老师的工作可以提出善意的、具有建设性的意见和建议。

（四）谈话结束时，学生应向老师微微鞠躬和道声"谢谢老师"、"再见"，然后离开。如谈话进行到一半，上课铃声已响，学生应与老师约定继续谈话的时间，并说："我可以走了吗?"在得到老师同意后方离开并说"再见"。

第五节　同窗礼仪

同学,多么亲切的称呼,一群有共同的目标和要求,共同的追求的人相聚、相识,一起学习、锻炼、劳动、活动,共同度过金色的年华。在学校,同学之间朝夕相处,情同手足。同学间的友情是人类的美好感情之一,学生时代建立的友谊是纯洁的、持久的。珍惜同学间的友情,处理好同学关系,在自己学习和成长过程中,甚至整个人生旅途中都会有很大益处。

一、真诚交友,互学互助

有人说"真诚是心与心之间架起的桥梁;真诚是冬天里温暖的火盆;真诚是久旱后的春雨"。与同学相处,态度要真诚,不可虚情假意,要讲真话不说谎,要坦率。要在学习上互帮互学,成为学友、挚友、诤友,而不是所谓的"哥们儿、姐们儿"。要以平等、理解、信赖、高尚作为交友的基础。

二、互相尊重、和睦相处

同学之间的友情是在互相尊重,互相以礼相待,互相帮助,互相关心爱护的基础上建立起来的,是在奉献中得到的。

同学之间经常交谈,与同学交谈,能使心灵得到交流,能使同学间增加了解,增进情意和相互增长知识。那么与同学说话应注意哪些礼仪呢?

与同学交谈的态度要诚恳、谦虚。对同学要一视同仁,不因家庭的好坏、家长的级别、个人的成绩优劣等轻视别人;与同学发生冲突,要谦让,要友善,切忌猜疑、嫉恨,在解决冲突中增进友谊;同学有对不住自己的地方要谅解人,宽容人。与同学交谈要语调平和,不可装腔作势,要有君子风度;谈话的内容要真诚实在,要实事求是地谈出自己对事物的看法。不说胡乱恭维别人的话,也不说使别人感到伤心、羞愧的事,更不能说不文明的语言秽语。

要问话得体,向同学询问事情,实际上是麻烦别人对自己进行帮助和指导,因此,要选择同学有空闲和方便的时候去询问,不可随意打扰别人。开始询问时,要先说:"××同学,对不起,我打扰一下,向你请教一个问题。"在被询问得到同意后,再询问,最后说声"谢谢",被询问的同学要热情耐心地解答问题。

三、以善良之心对待同学

"只要你付出爱,这世界将会充满温暖"。仁爱之心是学礼、行礼的基础。把我们每个人对亲人的那种爱推及到所有的人,这就是爱心。1997年联合国通过的章程中有这样一句话:"要培养具有温暖心灵的人。"一个具有温暖心灵的人,一个能把温暖传递给他人的人，必定是一个知礼懂礼、彬彬有礼的人。

当同学有困难或生病时，大家应安慰、探望和鼓励他，祝他早日战胜困难、恢复健康。同学之间，由于个人的兴趣、爱好、个性、生活习惯、为人处世等方面都有差异，因此，理解是化解差异、沟通与协调的润滑剂。要以善良之心、宽容之心去对待同学。不要嘲笑歧视同学的短处，特别不要讽刺同学的生理缺陷和乱取绰号。人的生理缺陷，无论是先天还是后天造成的，都是不得已的。有生理缺陷的同学本身精神上都很痛苦。凡是有修养、讲文明、懂礼貌的同学，一定会给予同情、关心、帮助和照顾的。如果对有生理缺陷的同学进行讽刺、取笑，甚至取绰号来取乐，都是不尊重同学的表现，是很不礼貌和很不道德的。也不要对同学的样貌衣着、体态评头论足。

另外，如果有人利用某种动物的名字，利用同学的某一缺点或弱点，利用同学犯过的某一错误，利用电影、电视、文学作品中的某一反面人物的形象来给同学取绰号，都是侮辱同学的人格，伤害同学的自尊心，属于低级趣味和庸俗的行为。

四、自尊自爱与绅士、淑女风度

男女同学在校园内共同学习，为了大家相处愉快，大方、得体的言谈举止是十分必要的。对待异性同学应该注意什么基本礼仪呢？

异性同学之间，应特别注意以礼相待，要相互有礼、相互尊重、相互帮助，男同学应彬彬有礼，女同学应文雅大方。异性同学之间的接触，要遵循公开的原则。异性同学交谈的内容要高雅，健康；谈话的距离要保持 1 米至 1.5 米的距离，相互不可靠得太近，也不能有过分亲昵的动作，如果言谈举止失去了规范，就可能导致某一方或双方想入非非，使双方的学习受到影响。男女同学相处中，不可对异性同学的衣着、身材、容貌评头论足；不可对异性同学中容貌俊秀的同学进行庸俗的赞美和恭维。到异性同学的家或住宿处串门，一定要注意时间，谈话的时间要短。

男女同学交往，男生对女生要尊重和照顾，处处体现出男子汉的心胸坦荡，气度宽宏的风格。遵循女士优先的绅士风度在学生时期就该努力培养。女同学注意交往中热情而不轻浮，大方而不拘谨，亲切而不亲密，处处自尊，以体现女性的温柔秀雅之美。

五、珍惜宝贵的大学生时代

《庄子·达生》篇中介绍了一位捉蝉的驼背老人，健全人捉蝉十捉九不得，而这位老人却能百捉百中。孔子向他请教，原来，他在捉蝉时专心致志，除了蝉的翅膀之外，对周围的一切都无感觉。捕蝉尚且需要心志专一，大学生要完成如此繁重而神圣的学习任务，怎么能过分分心呢？大学时代的男女同学，由于生理和心理的发育特点，对异性同学关注、欣赏、有好感、喜欢在一起活动是正常的，和喜欢的异性同学处于恋爱阶段也是一种美好的情愫。但是如果有个别同学处理得不理智，陷入恋爱的矛盾痛苦的状况，影响学习，甚至发生事端就浪费大学生的宝贵时间了。

思考·练习·实训

一、简答题

1. 大学生为什么要学习校园礼仪？

2. 大学生的修养包括哪些？

3. 如何尊敬老师和与同学相处？

4. 在校园路遇来宾或师长应该如何做到礼貌？

5. 校园环境应该包括哪些？如何营造一个和谐的校园？

二、单项选择题

1. 在颁奖典礼上，应（　　　）

A、受奖者先伸手　　　　B、颁奖者先伸手　　　　C、两者同时伸手

2. 当你在校园内看见正在升国旗，你应该（　　　）

A、装作没看见　　　　B、继续走动　　　　C、立即停止行动，行注目礼

3. 早晨进校见到老师，要行礼问早、问好，如遇地方狭窄，应（　　　）

A、学生给老师让路　　B、学生或老师让路都可以

C、老师给学生让路

4. 升国旗时应（　　　）

A、肃立、脱帽　　　　B、肃立、脱帽、行注目礼

C、肃立、脱帽、行注目礼、少先队员行队礼

5. 未经（　　　）同意不要随便动用他人物品，也不要随便翻阅别人的书籍、作业、日记。

A、老师　　　　　　　B、本人　　　　　　　C、家长

6. 教师节是（　　　）

A、9 月 10 日　　　　B、9 月 9 日　　　　C、5 月 12 日

7. 同学之间交往忌人格不平等、小团体主义及（　　　）

A、攀比　　　　　　　B、借东西　　　　　　C、说话随便

8. 在排队打饭时（　　　）

A、排在熟人的前面　　B、请人代打　　　　　C、按次序排队

9. 在网上交流要互相尊重，需要注重（　　　）

A、不发表污秽的言论　B、可以修改网络上的资讯

C、坦诚相见时，可以使用讽刺的语言

10. 日常饮食时不正确方法是：（　　　）

A、与同席者谈话，不宜高声　　　　　　　B、饭屑骨刺，可以抛掷地上

C、进食时，应细嚼缓咽，力避有声

11. 食堂就餐时，错误的做法是（　　　）

A、大声地叫喊喧哗　　　B、按秩序排队打菜　　　C、桌上不留剩菜剩饭

12. 给老师或长辈递物品时一般应该用（　　　）递上。

A、随手　　　　　　　　B、单手　　　　　　　　C、双手

13. 老师的批评若与事实有出入时，学生应该怎样做才合乎校园礼仪（　　　）

A、学生等老师讲过之后平心静气地加以解释

B、当场辩解与反驳

C、在课下散布对老师的不满情绪，发泄无礼的言辞

14. 对违反道德的人和事，要（　　　）

A、多一事不如少一事，少管闲事

B、事不关己，明哲保身

C、主动说理劝阻，不要视而不见

15. 不会回答老师的提问，正确的做法是（　　　）

A、低着头默不作声　　　B、告诉老师自己不会回答

C、胡乱回答

16. 在教室走廊或楼梯（　　　）

A、不准奔跑　　　　　　B、可以奔跑　　　　　　C、随便

17. 有人不小心踩了你一脚或不小心把菜汤洒在你身上，他向你道歉，你应该（　　　）

A、破口大骂　　　　　　B、说声"没关系"　　　C、很生气，不回答

18. 升国旗时应肃立站好，如旁边人与你交谈，你应该（　　　）

A、与他交谈　　　　　　B、及时制止　　　　　　C、不予理睬

三、多项选择题

1. 在学生尊师礼仪中，不正确的是：（　　　）

A、进入教师办公室，须经过允许

B、与老师说话可以东张西望、抓耳挠腮

C、教师进入教室，学生起立问好

D、下课铃响后就可离开教室

2. 在求学之际，处理好同学之间的相互关系应注意的是：（　　　）

A、和睦相处　　　　B、团结友爱　　　　C、热爱集体　　　　D、共同进步

3. 进入图书室、阅览室，不正确的做法是：（　　　）

A、衣着整洁，依次入座　　　　　　B、可以给熟悉的人占座

C、与熟人交谈　　　　　　　　　　D、自己喜欢的书可以多借阅

4. 对学生而言，在处理师生关系时，应注意的礼仪规范是：（　　　）

A、尊敬师长　　　　B、勤奋学习　　　　C、听从教诲　　　　D、经常汇报

5. 开学、毕业典礼的礼仪主要有（　　　）

A、事先通知　　　　B、布置会场　　　　C、穿着大方　　　　D、谈吐文明

6. 对于中华人民共和国国旗，正确的描述有（　　　　）

A、国旗的颜色为红色，象征革命

B、国旗面左上方大五角星代表中国共产党

C、国旗面左上方的四颗小五角星各有一个角尖对着大星的中心点

D、四颗小五角星象征中国共产党领导下全国各族人民的大团结和全国人民对党的衷心拥护

7. 对于升降国旗礼仪正确的描述有（　　　　）

A、行注目礼　　　　B、高唱国歌　　　　C、态度谦和　　　　D、可以来回走动

四、判断题

1. 老师和学生在人格上是平等的，应当相互尊重。　　　　　　　　　　（　　）

2. 进入老师的办公室，须经同意才能入座，但可以随意翻看桌上文件。（　　）

3. 与他人交谈时，要盯着他人的眼睛。　　　　　　　　　　　　　　　（　　）

4. 女学生站立时可以左右两脚开立。　　　　　　　　　　　　　　　　（　　）

5. 礼貌待人是领导、接待人员及家长的事，与我们学生无关。　　　　　（　　）

6. 与同学发生争执时应先冷静，理智面对。如果解决不了应及时找老师帮助或与同学之间协调。　　　　　　　　　　　　　　　　　　　　　　　　　　（　　）

7. 保护好学校的公共设施应该做到不在墙上乱写乱画，不在课桌椅上乱写乱画，不用脚踹门。　　　　　　　　　　　　　　　　　　　　　　　　　　　　（　　）

8. 无论什么场合，当升各国的国旗奏国歌时，都应肃立站好，双手不可插兜或接打电话、吃食物等。　　　　　　　　　　　　　　　　　　　　　　　　　（　　）

9. 在楼道或进出门、上下楼梯时与老师相遇应主动打招呼，但不必让其先行。　　　　　　　　　　　　　　　　　　　　　　　　　　　　　　　　　（　　）

10. 男女同学交往时，要相互尊重，有些场合男生要体现出应有的礼貌风度。（　　）

11. 进出门和上下车时男生不必谦让女生。　　　　　　　　　　　　　　（　　）

五、实训安排

实训项目（七）

校园礼仪模拟综合训练			
实训目的	通过情景模拟，角色扮演，加深对校园礼仪的了解		
实训所需教具	自备		
实训场地	教室	实训课时	2课时
实训内容及要求			
（一）内容 模拟学校生活，演示师生相处、学生相处、校园学习和生活的场景，展示校园礼仪规范，对白、场景自行设计，道具自备。			

二、要求

1、学生以自愿组合为主，4 - 6 人为一组。

2、自行设计模拟情景、对白。

3、道具自备。

4、提前两周上交计划书，计划书内容：

(1) 分组情况：组长、组员姓名、学号

(2) 明确模拟综合训练的目的。

(3) 制定模拟综合训练的计划。

(4) 模拟综合训练的基本内容（对白、场景、道具、练习所需大概时间）。

(5) 准备时间、计划上交时间、表演所需时间。

5、角色分工，分组排练。

6、表演顺序：每小组表演前抽签决定。

实训程序

1、分组表演

2、讨论，以小组为单位给分，派代表点评。

3、老师给分，当场点评。

4、学习委员计算成绩

评分标准（满分10分）

1、每小组同学打分（3分）（由小组成员协商后给出一个总分），不能自己给自己打分（去掉一个最高分，去掉一个最低分，其余是小组的平均分）

2、计划书内容（3分）

3、教师打分（4分）

4、三者的总分既为本次校园礼仪模拟综合训练的最后成绩

第四章　家庭礼仪

【案例传真】

这就是母爱

在土耳其旅游途中，巴士行经 1999 年大地震的地方，导游说了一个感人却也感伤的故事。故事发生在地震的第二天——地震后，许多房子都倒塌了，各国来的救援人员不断搜索着生还者。两天后，他们在缝隙中看到了一幕不可置信的画面——一位母亲，用手撑地，背上不知顶着有多重的石块；一看到救援人员便拼命哭喊着："快来救救我的女儿！我已经撑了两天，我快撑不下去了。"她七岁的小女儿，就躺在她用手撑起的安全空间里。救援人员大惊，用力搬移上面、周围的石块，想要尽快解救这对母女，但是石块太多、太重，怎么也无法快速到达她们身边。媒体到这儿拍下了画面，那些救援人员一边哭一边挖，辛苦的母亲苦撑着、等待着……透过电视、报纸等，土耳其人都心酸地掉下泪来。更多的人放下手边的工作投入救援行动。救援行动从白天到深夜，终于，一位救援人员可以够着那小姑娘了，将她拉了出来，但是……小姑娘已经没有了气息。母亲急切地问："我的女儿还活着吗？"以为女儿还活着，是她苦撑两天的惟一理由和希望。这位救援人员终于受不了，放声大哭："对，她还活着，我们现在要把她送到医院急救，然后也要把你送过去！"他知道，如果母亲听到女儿已死去，必定失去求生的意志，会松手让石块压死自己，所以骗了她。母亲疲惫地笑了，然后，她也被救出送到医院，她的双手一度僵直无法弯曲。隔天，土耳其报纸头条是一幅她用手撑地的照片，标题是《这就是母爱》。

长得壮硕的导游说："我是个不轻易动感情的人，但是看到这篇报道，我哭了。以后每次带团经过这里，我都会讲这个故事。"其实，讲完这个故事，不止导游哭了，车上的游客也都哭了。

第一节　家庭礼仪概述

家庭作为社会的一个基本单位，是在潜移默化中保存和传递社会文化的重要力量。社会的伦理道德、风俗习惯等，都是通过家庭才内化为社会成员的行为规范，从而发生社会效应。另外，家庭的形式本身，也发挥着维护社会秩序的重要功能。家庭通过其规范和内聚力的作用，有效地控制着家庭成员的行为。从历史上看，家庭如果大规模地分崩离析，必然引起社会的动乱。如农民家庭破产，被逼得卖儿卖女，妻离子散，往往会导致农民起义。因此，家庭自身的稳定是社会安定、发展的基础。现在，尽管国家和政府通过诸多的法律手段来对家庭进行协调和控制，但是，重视对家庭的建设与引导，保证其稳定、健康地发展，对维护社会秩序、促进精神文明建设仍有重要意义。《周易·家人》中说"正家而天下安矣"。《礼记·大学》中也明确提出"齐家、治国、平天下"。由此可见，中华民族自古以来就十分重视家庭的教育。

一、家庭礼仪的涵义

所谓家庭礼仪，指的就是人们在长期的家庭生活中，用以沟通思想、交流信息、联络感情而逐渐形成的约定俗成的行为准则和礼节、仪式的总称。"家和万事兴"，可见"和"是关键，这个"和"用现代的话来解释，就是相互尊重、亲善、谦恭有理的意思。家庭礼仪在现代社会生活中发挥着重要的作用。简单地说，家庭礼仪是维持家庭生存和实现幸福的基础，家庭礼仪能调节家庭成员之间达成和谐的关系，家庭礼仪也有助于社会的安定、国家的发展。

二、家庭礼仪的内容

根据家庭礼仪的特性，可以看出家庭礼仪的内容主要有以下几个方面：

（一）成员礼仪

家庭成员是家庭活动的主体，也是家庭礼仪的具体操作者，其地位相当重要，可以说，家庭礼仪在某种程度上即是成员礼仪。成员礼仪主要指成员之间的礼仪规范，如夫妻之间的礼仪、父母子女之间的礼仪、兄弟姐妹之间的礼仪等。

（二）称谓礼仪

一个人的姓名称谓其实是一种约定俗成、并得到大家公认的符号，所以称谓存在着很强的适应性和广泛性，它紧紧伴随着家庭成员之间的人际交往。对于称谓礼仪主要着重研究两点：一是礼貌性，二是规范性。

（三）仪式礼仪

家庭活动中离不开某些仪式，如婚礼、葬礼等，这些仪式都有各自不同的一套行为准则与活动规范，举办者与参加者由于所处的地位、立场不同，其行为都应遵从或符合一定的礼仪规范和要求，如庆贺和祝贺礼仪、馈赠礼仪等。

（四）待客与应酬礼仪

礼仪作为一种行为准则，不仅制约行动者一方，同时也要求另一方遵守规则和规范。在家庭礼仪中就涉及主人的待客与客人的应酬问题，这一问题从其内容来说，因为涉及的大多是家庭生活，故属于家庭礼仪的研究范畴；从其形式来看，它也是与个人礼仪、社交礼节密切相关的。

第二节　家庭称谓礼仪

一、一般称谓语

（一）尊称语

古代常以"尊、贵、大、台"等词构成尊称语，如"恭候尊驾光临"、"恭候大驾光临"、"贵体、贵府"、"台驾、台鉴"等。现在对长辈老者，以"老"字构成尊称语较多，如"老伯、老人家、老先生"等。又如对德高望重的老人，常于"老"前冠其姓氏以表敬重，如"钱老、赵老、吴老"等。

"同志、师傅"是我国除了亲属外的一种常用敬语，使用上不受年龄、地位、性别限制。但海外人士间宜以"先生、女士、小姐、夫人"相称，目前，在年轻人群及东南沿海发达地区，该称谓也广为使用。

（二）自谦语

使用自谦语是我国一种良好的交际传统，其目的也是对他人的尊重，就连古代帝王也用"孤、寡"自谦称呼。不过，大多自谦语还是以"愚、愚下、敝、敝人、不才、卑人、鄙夫、区区"等词构成。而古代以"奴、妾、老朽"等词构成的自谦语现已成为一种历史陈迹了。

（三）家庭成员的介绍

在向别人介绍自己的亲属时，应谦恭地先说对方的姓名，如："老李，这是家母。"客人有优先知情权，"大卫先生，我想请你认识一下我的妻子安娜"。

当然，在非正式场合，平辈之间或介绍晚辈时可直呼其名。不过，无论什么场合，都得注意采用适当的语调来介绍，因为不同的语调可以反映出不同的情感，或钟爱或冷漠。

在介绍丈夫或妻子的父母时，仅用"父亲、母亲"的形式易使对方混淆误会，不如用"小梁，这是我婆婆"或"黄磊，这是孙丽的母亲"来得简单准确。

在具体的交际活动中，人们为使自己的礼节更显庄重优雅，往往使用敬称、美称、自谦语，如"令、尊、贤、家、舍、敝"等词。因为像"令、尊、贤"这些敬称在语气上已包含了第二人称的意义，而"家、敝"这些自谦语在语气上已包含了第一人称的意义，所以在使用这些词的过程中不必在前冠人称代词，如"您令尊、我舍弟"的称谓可是要闹笑话的。

（四）职衔称谓

用职衔称呼对方为古今常见，这也是一种对对方表示尊敬的用语，但无亲切意味，同事亲友或关系密切的上下级之间往往很少采用。但有时在庄重场合，还得以职衔相称，如在某次董事大会上，作为总经理的儿子当着众多董事的面称呼作为董事长的父亲，就应该用职衔而非用家庭关系来称呼为宜。

第三节　家庭祝贺礼仪

祝贺是加强人际联系，增进友谊的重要方式。每逢他人在生活、事业、爱情等方面取得了成功，或者遇上喜庆节日、令人高兴的集会，对当事人说些赞美和祝贺的吉祥话语，可使这种喜悦更添色彩，被祝贺的人会感受到你的关注和支持，从而加深双方的友谊。在祝贺时，一般应遵循三条原则：即态度要诚挚，用语要准确，方式要恰当。以下着重介绍一些常用的祝贺礼仪。

一、出生庆贺

亲友生儿添孙，是人生家庭一大喜事，值得祝贺。一般来说，祝贺出生，要注意以下礼仪要求：第一，探望产妇和婴儿。如在外地，路途遥远，可写祝贺信，无论探望还是贺信，都应以关心产妇和婴儿健康为主要话题内容。第二，赠送礼物。礼物分给产妇和给婴儿的两类，给产妇的宜以适合产妇服用的滋补类食品或有关育儿的书籍，给婴儿的礼物可以是奶粉、衣服、鞋帽、尿布、玩具或具有永远性纪念意义的生育纪念章等。第三，祝贺用语要文雅准确。不能重男轻女，宜说吉利话，可称得子为"麟儿""公子"，得女为"千金""掌珠"等。

二、升学毕业庆贺

无论过去还是现在，亲友中有人升学深造或学成毕业都是一件令人高兴的大事，可喜可贺。一般来说，可采用适当的礼仪形式进行祝贺：第一，上门祝贺或写祝贺信。恭贺之情溢于言表，即使自己失意也不能有酸溜溜之感。第二，赠送礼品。一件学习用品、一本心爱之书或一件生活必需品，都会令对方铭刻在心、时时相伴。第三，题写留言，互叙友情，互勉共进。第四，合拍纪念照或以照片相赠，并题写贺词。

三、获奖、提升祝贺

事业有成、竞赛获胜、评比得奖、职务升迁，都是个人成绩的标志，亲友、恋人、同学、同事等都应及时向他们表示祝贺，共享喜悦之情，这不仅能够增进友情，对受贺者也是一种鼓励和鞭策。

祝贺形式有：第一，贺信或贺电，主要内容应肯定其成绩、回顾其经历、畅谈内心感受并表祝愿、提出中肯的建议或希望。第二，提供有关喜讯的大众信息，如报道事迹的剪报、良好的社会舆论等。第三，设家宴，邀请获奖或提升的亲友来家欢庆同贺。第四，登门祝贺，口头祝贺并赠送具有长期纪念意义的礼品，如贺匾等。

四、生日寿辰祝贺

年少者的生日典礼叫"过生日"，年长者的生日典礼叫"做寿"。

生日祝贺可随意些，一个电话、一封贺信、一张贺卡都能带去一番真诚的祝贺，一束鲜花、一件小礼物也能带来一片温馨的祝福。祝贺内容可以"身体健康、学习进步、工作称心、爱情美满"为主题。

而参加祝寿活动就要庄重得多了，这不同于一般性的走亲访友或赴宴。因为这是社交礼仪活动，需做好充分的准备：第一，备好寿礼。寿礼一般可选包装精美、做工精细，含有祝贺健康长寿、吉祥如意意义的食品或物品，农村习惯赠送糕团、寿面等，还应放上红纸或由红纸剪成的"寿"字、"福"字，或者寓意长寿和兴旺发达的饰花。第二，服饰宜选择色调明快，含有吉庆之意的红、黄等颜色，以表示整洁庄重，忌穿全黑、全白或黑白相间的服装。第三，语言要以祝贺、颂扬为主。常用祝寿语有：福如东海、寿比南山；寿星高照、松鹤遐龄；身心愉快、天地比寿；如松如柏、青春永驻；向××拜寿，祝福身体康泰，寿与天齐，大吉大昌等。第四，行礼要庄重。封建社会，祝寿要行稽首、磕头等跪拜大礼，这与现代风俗礼节要求有违，故而提倡抱拳打揖、鞠躬或握手等平等的礼节为宜。

常见的年寿代称语有：

（一）襁褓借指未满周岁的婴儿。

（二）孩提指二三岁的儿童。

（三）总角、垂髫指代幼年儿童。

（四）豆蔻、及笄、破瓜分别指代十三四岁、十五岁和十六岁的少女。

（五）弱冠指代男子二十岁，已成年。

（六）而立指代三十岁，常言"三十而立"。

（七）不惑、强仕指代四十岁，后者专指男子四十岁。

（八）知命、知天命、半百、知非之年指代五十岁。

（九）花甲、平头甲子、耆指代六十岁。

（十）古稀为七十岁，"人生七十古来稀"。

（十一）耄耋指代八九十岁的老年人。

（十二）期颐即百岁。

（十三）男孩诞生日称"弄璋"，女孩诞生日称"弄瓦"。

（十四）悬弧之辰指男子生日；华诞指代生日，男女通用。

五、结婚祝贺

接到亲朋好友举行婚礼的消息后，应考虑如何去祝贺，一般来说，准备参加婚礼祝贺的宾客应注意以下几点礼仪规范：

第一，收到邀请的请柬后要马上回复。一是礼貌，二为主人安排婚礼提供方便。如果是有小孩的，一般还是不携带为宜；如请柬上书有"全家"字样，已结婚的子女就不在其列；如你已有恋人而主人未邀请，可向主人提出是否能带上自己恋人的要求。

第二，结婚礼物以钱或实物为主。农村中还有嫁女送物、娶媳送钱的习俗，城镇上基本上以送钱为多。但目的一致，帮助新婚夫妇建立一个新家庭。送实物要讲究美观、实用，一般以家庭陈设品、床上用品、餐具茶具、厨房用品等礼品为典型，也可事前征求新婚夫妇的意见再采办。送钱如是直接送给新人的，应用红纸包好，并写上祝贺语、自己的名字等，以便新人登记清楚，如在婚礼场所有专人登记则可直接将钱交付。有时由于路远、时间紧或意外情况不能参加婚礼，但祝贺礼品不能少，或事前或事后，或书信或电报向新人祝贺。

第三，婚礼上宾客礼仪。一是服饰上要干净整洁庄重，颜色搭配除了黑白以外其他无妨。二是话题要紧紧围绕婚礼，千万不要谈你自己，不要谈你的感受怎样、昨天你干了些什么等。三是向新郎新娘介绍自己，不应计较新人与你相处、交谈时间的长短，因为在这兴奋的喜庆日子里，新人是很容易忘记熟人的姓名的，而且还有很多事情等着新郎新娘。四是若你想在婚礼上告退，尽管随时离席，除非新人刚好在旁边而且空着无事，一般不必向新人面辞。

纪念结婚周年，现已渐为人们所接受，但并非年年要举行仪式纪念。一般认为：1 年纸婚、5 年木婚、10 年锡婚、15 年水晶婚、25 年银婚、50 年金婚、60 年钻石婚时举行纪念仪式为多。参加结婚周年纪念活动较随意，可以不带礼品。

六、乔迁开张祝贺

祝贺新居落成或乔迁，有的地方较为讲究，通常的祝贺方式有：第一，写祝贺信。适用于路途遥远者。第二，馈赠礼物。以字画、镜屏或工艺品为多，也有送钱财的。第三，书写贺新居的幛句和联语。

【小贴士】
常用幛句有：凤翔高冈喜气满堂安仁之宅
常用联语有：
①深苑春光媚重门瑞气浓
②云间树色千重翠门外山光万叠青
③门前绿水声声笑屋后青山步步春

厂家店铺开张，必有开市之庆，业主为了扩大影响，提高知名度，造成喜庆吉利的气氛，往往要举行隆重的开张开业仪式。因此，受邀请客人可献花篮，送贺诗、贺联、贺幛，发贺信、贺电以示祝贺。

贺函贺电形式上与普通函电相仿，内容不外称颂吉庆之语，但不宜过于矫饰，切忌连篇累牍。要注意贺联、贺诗、贺幛要切合实际，将美好祝愿与经营特色融合一体，兼具礼仪和实用的特点，从而给店家的形象增添风雅气氛，给顾客带来美好的享受，亦借此作经营宣传和扩大影响。贺幛语言要求四字，具有个性化，富有表现力，贺诗可移用古人之作。

第四节　家庭应酬礼仪

【资料小链接】

家宴规距

旧时四川人十分讲究宴席上的礼节，即使在家宴上也是如此。当家里来了亲戚时，餐桌应当放在堂屋正中，城乡多不兴圆桌，用的多是方桌。八人为一桌，每方坐两人。入席时，长辈应该坐上方（正对房门的一方），其余的人坐两边。与长辈对坐的一般应该是长辈的平辈人，如果没有平辈人，应该让客人坐。如果只有六人入席，千万不能上坐一，下坐一，左右坐二；或者上下坐二，左右坐一，因为这样，就坐成了"乌龟"形。假如真的这样坐了，主人就会客气地说："啊，坐活了。"如果客人还不懂，主人就会帮你调整，让你坐成左一，右二，上一，下二，总之不能两人或一人对坐。

客人坐好后，便可以上菜了。上菜的顺序应该是先上下酒菜，不外乎凉拌鸡、干盘子（香肠、猪舌）之类，待酒吃完后再上下饭菜。汤应该上在最后，表示菜已上完。上菜时要特别小心，不能把汤洒在客人身上，同时还应该热情地介绍菜名，让客人便于品尝。酒具如果是杯子，则应该每人一个，先由主人斟满酒，说声"请喝"，大家才能喝。如果酒具是一只碗，就应该让长辈先喝，从左至右依次传递，待都喝了一遍之后，主人拿起筷子，说声"请菜"，大家才能动手。挟菜时千万不能在菜碗里乱翻，都挟靠自己一边的菜。第一次上门的新女婿，千万不能吃鸡头，因为鸡是凤，吃了凤头丈母娘会不高兴的。在给客人斟酒时，应该右手提酒壶，左手放在右手背上，表示是双手给客人斟酒。如果客人不会喝酒，应该站起来，用手按住酒杯，歉意地说："不会！不会！"主人应该劝酒，但是不能强行让客人喝。为了表示对主人的敬意，客人一般应该多少喝一点。酒过几巡，客人都表示不能再喝酒时，便可以开始吃饭。主人要热情地为客人舀饭。饭不能舀得太多，应该用双手递给客人，客人也要用双手去接。如果互相间隔得较远，双手递接不方便，主人要说一声"给我一个手"，客人则应该说"不讲意（意为没关系）"。饭舀齐后，主人对客人说"请饭"，大家才能动手吃饭。挟菜时一般也要由主人说"请菜"，大家才能去挟。有时为了让客人们随便一些，主人便说："没啥菜，大家随便挟。"这样，挟菜便可以不必拘礼了。吃饭时是不兴倒菜汤的，四川民谚说："贼怕拿赃，菜怕倒汤。"倒了汤菜就没有味道，同时说明主人的菜准备少了，有失体面，会使主人不高兴。但如果客人十分想喝菜汤，也是可以的，不过要先拿"言语"，说明喝汤。如果是长辈倒汤，先把筷子放在桌上，说："筷子一拌，惊动团转，恭喜发财，倒汤泡饭。"说后便可以倒汤，众人无可非议。如果是晚辈倒汤，筷子则放在碗上，站起来说："筷子一响，惊动四方，得罪各位，我要倒汤。"说完便倒，众人无可非议，主人也决不会说什么。吃饱下桌时，应该双手横拿筷子，对每个人分别说声"慢吃"。如果每一个人都一一喊到不方便，也可以说"大家慢慢吃"，还在吃饭的人则回答"我们吃得多"。这时主人便会来劝饭，说：

"不要嫌弃，再吃点。"客人则说："不，我吃得很快。"如果大家都下了桌，只剩一个人在吃，这个人就应该自我解嘲地说："哎呀，我背桌子了!"主人要说："哪里，还有我呢!"主人一定要吃得很慢，待所有的客人下桌后才能放筷散席。

日常生活中，人们都有邀请亲朋好友到家中做客的经历，还有被亲朋好友邀请做客的机会，因此，为了得体、礼貌地请客与应酬，应了解应酬的有关礼仪知识。

一、待客礼仪

（一）准备

当知道有客人来访时，应提前做好准备。主人的服饰要整洁大方，家庭布置要干净美观，孩子要妥善安排教育，水果、点心、饮料、烟酒、菜肴等要提前准备好。如果是正式宴请，如婚礼、寿诞等，还要预先分发请柬或电话邀请，确定宴请时间、场所，排好座次，遴选客人，落实宴请形式、规模、档次。

（二）迎接

客人在约定时间到达，应提前到门口迎接，不宜在房中静候，最好夫妇同往，女主人在前。如果有客人突然临门，要热情相待，若室内未清理，应致歉并适当收拾，但不宜立即打扫，因为打扫有逐客之意。

（三）问候寒暄

见到客人，应热情招呼，女主人应主动伸手相握。如果客人手提重物，应主动帮忙，对长者或体弱者可上前搀扶，进入室内应把最佳位置让给客人坐。如果客人是初次来访，应向其他家人或客人作介绍。主人的表情要面带微笑，步履轻松，不能有疲惫心烦之相。

（四）敬烟、递茶招待

一般情况下，来客是男士，一落座应马上敬烟。敬烟忌用手直接取烟，应打开烟盒弹出几支递到客人面前请客人自取；敬烟不能忘了敬火，点火一次不能超过两支烟，若主人也会吸烟，应先客后主。冲泡递茶时首先要清洁茶具，泡多杯茶时应一字儿排开来回冲，每杯茶应冲泡 2/3 为宜，"浅茶满酒"，递茶应双手捧上放在客人的右手上方，尊长者先敬。

（五）陪客交谈

客人坐下，奉敬烟茶糖果之后，应及时与之交谈，话题内容可因实际而定，一般来说应谈一些客人熟悉的事情。若无法奉陪客人交谈，可安排身份相当者代陪或提供报纸杂志、打开电视供客人消遣，切不可出现主人只管自己忙，把客人晾在一旁的现象。

（六）宴请

家庭常见的请客有正式宴会、便宴、家宴三种，前两种一般选择在酒店、餐厅举行，后者一般由女主人亲自下厨料理，家人共同招待，规模较小，自然、随便。家宴是指邀请友人到自己家里吃饭。请客通常是在节假日或其他喜庆日子里与亲朋好友欢聚，在端杯之间，共享快乐、庆祝喜悦，并借此交流感情，增进友谊，加强团结。请客是一种传统的礼节形式，也是开展社交活动的重要手段。家宴的东道主，总是希望把菜肴准备得丰富、阔气一些，表现出自己对客人的热情与敬重，博得客人的满意。在人们的习惯心理中，似乎菜肴越多，档次越高，效果越好。其实，家宴毕竟是家宴，不宜盲目追求奢华。家宴的饭菜准备，应因人而异、因事而异，还要量力而行。应当清楚，亲朋好友相聚，主要目的是"叙"，其次才是"吃"，对不太熟悉的客人或久别重逢的亲友，才适合准备得丰盛一些。家里请客，准备的重点要放在一个"情"字上。周到的礼节，热情的招待，比饭菜的质量更能取得客人的好感。

1. 时间选择

请客时间应当选择在大家休息的日子，在一日三餐中，我国一般以午餐为正餐，西方国家请客常在晚上。随着我国经济生活的变化，以晚餐请客的也日益增多。选择时间，应同主要客人当面商定或电话商定，其他客人可以当面、电话、书面约会或邀请。隆重的家宴可用请柬邀请，以示郑重。

2. 菜肴准备

家宴不必太丰盛，但是品种上应尽量照顾到，冷菜、热菜、大菜、汤类都要准备，饭前用酒的，冷菜要多些，会饮酒的人少或不用酒的，冷菜可少些。菜的档次要适当，不要一味追求高档，过分铺张。烧饭做菜是件繁重复杂的劳动，主人只顾忙于烧菜反会怠慢客人，影响与客人交谈。酒类及饮料是不可少的。饮酒的过程，是交谈、叙旧、增进感情的好时机，适时的敬酒，得体的酒令，会为家宴创造欢乐的气氛。所以，有句俗话叫"无酒不成席"。应根据客人的情况准备白酒、果酒、啤酒和饮料，以使客人尽兴。

宴请宾客还得安排座次，一般以向门一面为主宾席，主人背门而坐。

上菜应左首上右首下，上菜顺序一般为：冷盘——主菜——热菜——大菜——甜菜——点心——汤，上菜时机选择恰当，防止空盘又不宜堆积过多；上最后一道菜应暗示酒宴已近尾声。上菜中按我国传统习惯，应"鸡不献头，鸭不献尾，鱼不献脊"，即不应把鸡头、鸭尾、鱼脊朝向主宾；每上一道菜，主人可适当介绍并邀主宾先动手品尝或给客人分菜。酒水分白酒、葡萄酒和啤酒三大类，席间有男士不饮酒可以用饮料代替。有女性不饮酒，也可以饮料代替。斟酒顺序一般按顺时针方向依次从右首斟酒，注意酒杯不能离席，若有尊长者或远客、贵宾可先斟，以示敬重，劝酒可由主人、陪客或主人委托的"代东"、"酒官"劝；祝酒时，主人先举杯，杯口应与双目齐平，微笑点头示意。

（七）送客

当客人散席或准备告辞时，主人应婉言相留；客人要走，应等其起身后，主人再起身相送，家人也应微笑起立，亲切告别。若客人来时有礼物的，应再一次提及对礼物的感谢或回赠礼物，并不忘提醒客人是否有东西遗忘，或有什么事需要帮忙；送客应送到大门口或街巷村口，切忌跨在门槛上向客人告别或客人前脚走就"啪"地关门。如果是初次来客应主动指路或安排车辆接送，远方来客则应送至车站、机场或码头，并说祝愿话语或发出再来的邀请。

（八）招待小住宾客

有时客人来访可能要小住几天，这更应注意如何使客人满意而来、高兴而归，要做好心理准备、物质准备，了解客人情况、陪同游览购物等，并注意客人小住期间的家庭小节，以免客人他想，尤其不能当着客人面谈论近期家庭开支等经济问题。

二、做客礼仪

（一）预约或应约

到别人家做客，一种是自己主动前往，另一种是受别人邀请。若是前者应事先电话或书信约好时间，以防突然造访给别人带来麻烦；如果是后者无论答应还是拒绝，都应及时告知对方，切忌答应某一邀请之后，又因参加别的约会而失约。

（二）服饰仪表

首先要整洁大方，中式赴宴无明确规定，西式赴宴，请柬中往往写明"请穿礼服"，一般喜庆时应穿华丽一些，丧祭时以黑色或素色为宜，并带好手帕、面巾、香烟、打火机等必要物品。

（三）礼品

根据不同宴会要准备不同礼品，如生日寿诞、结婚喜庆可送耐用、易保留的礼品，探病丧礼则宜选较易损耗的礼品。

（四）到达的礼仪

首先应准时到达，或稍稍提早，到达主人门前，要先擦净脚上泥巴，叩门按铃切忌重手重脚或时间过长；进门后要将大衣、雨具交给主人放置，并向主人问候、寒暄，还要向在场的主人家属、其他客人打招呼，待主人安排或指定座位再坐下；主人端茶敬烟要起身道谢，双手迎接，点烟时必须站起来，身体前倾并致敬意，果皮、果核、烟灰、烟蒂不应乱丢乱弹乱扔。

（五）进入餐厅

第一件不应忘记的事情是打招呼，尤其要与女主人打招呼，并对主人的宴请说一些赞扬话，为主人创造融洽、热烈的气氛；入席时要按既定次序入座，不可贸然坐下；坐在餐桌前要注意体态礼仪，主人祝酒时要专注倾听，主人敬酒时要起立回敬，即使不会饮酒也应沾沾唇以示尊敬，待主人招呼后才动筷夹菜；进餐中要注意饮食礼仪，席间谈笑应多谈些愉快、健康、轻松的话题，中途要尽量避免离席，确实无奈应向主人说明歉意方可离去。

（六）退席告辞

作为客人，口头提出告别后应立即起身辞别，不能几次三番说要走，结果还坐着滔滔不绝地说。走之前不要忘记对主人的热情招待表示感谢，尤其要向女主人道别；当主人送你走到门口将分手时，应主动与主人握手道别，并说"请回"、"留步"、"再见"之类的客套话。

（七）客居小住

有时要在亲朋好友家中小聚几天，由于你的到来已给主人增添了许多麻烦，更应注意有关礼仪：首先要了解主人的生活习惯，尽量遵从主人的这些习惯，自己住的房间要自己打扫；其次主人陪你观光购物时费用尽量自己支付，时间尽量选择主人的节假日；而且，小住期间，未经主人准许不要进入主人书房或卧房，也不能随意翻检书刊、信札等物品，话题应避免涉及主人隐私或钱财的内容；最后，客居期间别忘为主人家做一些力所能及的事情。

思考·练习·实训

一、简答题

1. 家庭礼仪包括哪些主要内容？

2. 怎样向父母或长辈祝贺生日或寿辰？

3. 怎样写一份婚礼贺词？

4. 家宴接待的原则和基本程序有哪些？

二、单项选择题

1. 拜访亲朋好友时，如需送礼物，除鲜花外，都必须带着（　　）

A、价格标签　　　　　B、售货发票　　　　　C、礼品包装

2. 辞谢主人的送别时应说（　　）

A、留步　　　　　　　B、失陪　　　　　　　C、拜访

3. 为客人斟茶时，通常不宜斟得过满，得体的做法是应当斟到杯身的（　　）处，不然就有厌客或逐客之嫌。

A、2/3　　　　　　　　B、3/4　　　　　　　　C、1/2

4. 下列几种花中，（　　）花最适合赠送给母亲。

A、玫瑰　　　　　　　B、月季　　　　　　　C、康乃馨

5. 拜访他人应选择（　　），并应提前打招呼。

A、清晨　　　　　　　B、用餐时间　　　　　C、节假日下午或平日晚饭后

6. 孝敬老人首先要了解老人的特点，要求晚辈要（　　）。

A、与老人交流沟通　　B、多给老人金钱　　　C、让老人有独立空间

7. 初次见面时，客套话称（　　）

A、久仰　　　　　　　B、久违　　　　　　　C、久别

8. 主人一般应该送客人到（　　），然后转身离去。

A、楼门外　　　　　　B、院门外　　　　　　C、自己的视野之外

9. 子女对父母在人格上要多尊重，尤其尊重他们的（　　）与选择。

A、权利　　　　　　　B、意见　　　　　　　C、性格

10. 子女对父母要主动关心问候、听从父母的教诲、关心父母的健康、参与家务劳动及（　　）。

A、牢记父母的生日

B、父母的建议不对时不予理睬

C、有问题不必和父母交流

11. 母亲节是（　　　）

A、5 月份第二个星期日

B、3 月份第二个星期日

C、6 月份第二个星期日

12. 到他人家里做客拜访，最适宜的时间是在（　　　）。

A、上午十点或下午四点左右

B、中午十二点或下午两点左右

C、晚上十点左右

13. 老人节是（　　　）

A、端午节　　　　　　　B、中秋节　　　　　　　C、重阳节

14. 如果有客人来访，应该（　　　）。

A、提前到门口迎接

B、当着客人面收拾屋子

C、如临时有事，可让客人自行娱乐

15. 一般情况下，就餐时长辈未入座，我们（　　　）。

A、可以开始吃饭了

B、应等长辈来了再吃

C、有喜欢吃的东西先吃，没有喜欢吃的东西等长辈来后再吃

16. 邀请客人到家做客（　　　）。

A、不必征得家庭成员同意

B、要征得家庭成员同意

C、是否征得家庭成员同意无所谓

17. 客人来访，在客人与家人之间应先将（　　　）。

A、客人介绍给家人　　B、家人介绍给客人　　C、无所谓

18. 家中来客人时，客人询问孩子的年龄、姓名等情况时（　　　）。

A、家长可以代孩子回答

B、家长最好不要代孩子回答

C、无所谓

19. 客人告辞时，主人要等（　　　）起身告辞方可站起相送，否则不太礼貌。

A、女主人　　　　　　B、客人　　　　　　　C、小孩

三、多项选择题

1. 在处理亲缘关系时，应当遵循下列原则（　　　）。

A、尊敬长辈　　　　B、厚待同辈　　　　C、爱护晚辈　　　　D、唯我独尊

2. 以下文明用语中，属于欢迎语的是（　　　）。

A、欢迎光临　　　　B、恭喜　　　　C、见到您很高兴　　D、晚安

3. 家庭中接待来访客人，正确的叙述有（　　　）。

A、待客自然随意，真诚亲切

B、主人热情迎客，寒暄问候

C、与客人交谈要平等友好，选择共同感兴趣的话题

D、客人告辞，不需挽留

4. 一般情况下，现代人待客之初，被视为必不可少的"迎宾三部曲"。随意对此删减，即为失礼：（　　　）。

A、握手　　　　　　B、问候　　　　　C、表示欢迎　　　　D、鞠躬

5. 处理好夫妻关系的基本原则是：（　　　）

A、相互尊重　　　　B、相互信任　　　C、相互忠诚　　　　D、相互谅解

6. 在亲缘关系中，孝敬长辈通常含有两个方面的意思是：（　　　）

A、敬重长辈　　　　B、服从长辈　　　C、孝顺长辈　　　　D 多给钱物

7. 做客时入座动作要：（　　　）

A、快捷　　　　　　B、轻稳　　　　　C、越慢越好　　　　D、干净利落

四、判断题

1. 为客人上茶时，要用双手，一手执杯柄，一手托杯底。　　　　　　　（　　　）

2. 与客人交谈时，可同时想别的事情，不必专心致志。　　　　　　　　（　　　）

3. 接待来访时，结束接待，婉言提出，也可用起身的体态语言告诉对方。（　　　）

4. 客人到家里做客，客人走时，主人主动给客人开门。　　　　　　　　（　　　）

五、情景模拟题

学生先分组，自由组合，每5人一组，2人扮演客人，3人扮演主人，分别演示上门作客、在家待客的情景。注意上门作客时的服装、打扮、语言交际礼仪。

六、实训题

教师讲课时可以把一些富有启发性的礼仪问题或者身边发生的事例编成思考题，引导学生课下查找资料、独立思考、课上组织学生分组讨论，推荐代表发言，最后教师概括点评。这一方式使学生更深刻地理解和应用所学知识，拓宽了学生的思路。学生在教师的启发下，热烈讨论，各抒己见，变被动学习为主动探索，最大限度地实现了教学互动。

第五章　社交礼仪

【案例传真】

老田鸡退二线

某局新任局长宴请退居二线的老局长。席间端上一盘油炸田鸡，老局长用筷子点点说："喂，老弟，青蛙是益虫，不能吃。"新局长不假思索，脱口而出："不要紧，都是老田鸡，已退居二线，不当事了。"老局长闻听此言顿时脸色大变，连问："你说什么？你刚才说什么？"新局长本想开个玩笑，不料说漏了嘴，触犯了老局长的自尊，顿觉尴尬万分。席上的友好气氛尽被破坏，幸亏秘书反应快，连忙接着说："老局长，他说您已退居二线，吃田鸡不当什么事。"气氛才有点缓和。

第一节　见面礼仪

见面礼仪，就是在每次交往中，经常使用的、适用范围较广的日常礼仪。正确地、合乎规范地施行这些礼仪，必将进一步表达对对方的尊敬、祝贺和关心，有助于社交的正常开展。

一、注目礼

注目礼原是军人施行的特殊礼节。现时，已广为社交场合所用，但一般不单独使用，而是在介绍、握手、点头、举手等礼节的同时，用双目自然地凝视对方，以示敬重。如果与人见面时心不在焉、东张西望，或只是由于紧张、羞怯不敢正视对方，或目光注视的时间不到交往的1/3，很难想象这样的社交能够取得成功。就目光注视的位置而言，不同的场合和对象，目光所及之处应有差别。

（一）双目注视对方眼鼻之间的部位，属于社交凝视。

（二）双目注视对方的额头至两眼间（称上三角形区域），既会产生严肃的社交气氛，也能一直保持主动。

（三）目光横过对方眼睛以及下巴以下的部位（也称下三角形区域），会产生一种亲密接触的气氛。

总之，目光往往能自然地流露出内心的情感，我们不但要让目光正确地表达自己，以求得好的社交效果，而且要学会观察交往对象的眼神，从对方目光的真实态度中，调整自己的交往方式。

二、致意礼

致意也是社会交往中常见的一种见面礼仪。按礼仪规定，男性应首先向女性致意，年轻男性应首先向年长男性致意，年轻女性应首先向年长女性和年长自己许多的男性致意，下级应首先向上级致意。但致意不像介绍和握手礼仪规定那么严格，有时候也会出现例外。

致意一般用点头、举右手打招呼或脱帽等方式表示。除上述规定外，还须注意：

（一）双方相互致意的距离一般在三四步远的地方最为合适。距离较远时，一般举起右手打招呼并点头致意，但切不可大喊大叫。别人向你致意时，你也应该以同样的方式致意回礼。

（二）男性如戴有帽子，应施脱帽礼致意或将帽子掀一下，欠一下身，并向对方致意或问好；若与同一人在同一场合前后多次相遇，则不必反复脱帽。进入主人房间时，客人必须脱帽。在庄重、正规的场合应自觉脱帽。

（三）对于在同一场合已多次见面的相识者，或者有一面之交的朋友等，也可用点头和微笑致意。

（四）行致意礼时切不可口叼香烟或把手插在衣裤袋里。

三、鞠躬礼

鞠躬，即弯身行礼，在我国是古已有之。但它不仅是我国传统的礼仪之一，也是有些国家常用的礼貌方式。在我国，鞠躬礼应用范围很广，除演员谢幕、讲演和领奖、举行婚礼和悼念活动外，一般下级对上级、服务人员对宾客、初次见面的朋友之间亦常施此礼。

（一）行礼时避免两腿叉开或向前弯曲，应取立正姿势，双目注视受礼者，面带微笑，然后使身体上部向前倾斜，视线也随鞠躬自然下垂。

（二）男性在鞠躬时，双手要放在裤线的稍前的地方，女性则将双手在身前下端轻轻搭在一起。

（三）戴帽者行鞠躬礼时，必须先脱帽，用右手握住帽檐中央，左手下垂行鞠躬礼。

（四）受礼者除是长者、贤者、宾客和女士还礼可不鞠躬，而用欠身、点头、微笑致意，以示还礼外，其他人亦均应以鞠躬礼相还。

（五）至于行鞠躬礼上身倾斜的角度，有15°、45°、90°，一般是角度越大，表示越谦恭。这须视对于受礼或被问候人的尊敬程度而定。一般问候，15°即可。

（六）鞠躬礼在东南亚一些国家较为盛行，如日本、朝鲜等。所以，在接待这些国家的外宾时，可以鞠躬礼致意。行鞠躬礼一般要注意受鞠躬者应还以鞠躬礼；地位较低的人要先鞠躬，且鞠躬时度数要相对深一些。

四、亲吻礼

这是西方国家社交中流行的一种见面礼。由于对外开放，我们与外宾的交往日趋频繁，因而也必须了解和掌握这一礼仪。

行亲吻礼时，往往伴有一定程度的拥抱，不同关系、不同身份的人，相互亲吻的部位不尽相同。在公共场合和社交场合，关系亲近的女子之间可以吻脸颊，男子之间是拥肩相抱，男女之间一般是贴面颊；父母及长辈对子女、晚辈一般吻额头；男子对尊贵的女宾可以吻手指或手背。在许多国家的迎宾场合，宾主往往以握手、拥抱、左右吻脸、贴面颊的连续动作，表示最真诚的热情和敬意。

【资料小链接】

对吻手礼的误解

西方有习惯对高贵的女宾行吻手礼。1896年，俄国皇帝尼古拉二世举行加冕典礼，直隶总督兼北洋通商大臣李鸿章作为清政府代表，应邀前往出席。典礼结束时，俄国女皇按照当时欧洲流行的吻手礼的规矩，主动向李鸿章伸出手来。李鸿章一时惊慌失措，认为女皇在伸手向他索要礼物，便急忙将手上慈禧太后送给他的一枚钻石戒指摘下来，放在女皇手中。女皇被李鸿章的行动弄得莫名其妙，又不便开口询问，只得将戒指拿起来套在手指上，又将手伸给李鸿章。李鸿章见状，心中暗暗骂道："这女皇怎么这么贪心，真不像话。"

行吻礼时，动作要轻快，勿过重过长或出声；要注意口腔清洁无异味，不要把唾沫弄在对方脸上、额上或手背上；如果不是特殊关系和特殊场合，年轻、地位低者，不要急于抢先施吻礼。

在涉外交往中，为了尊重对方的习俗，可适当行此礼。但是，女青年一般不宜和男外宾，尤其是年轻男外宾行吻礼，可主动热情地伸出右手，和对方施握手礼。然而，对国外宾客（含外籍华人）中的长者，出于对我们工作的尊重而吻手背等时，应落落大方以礼相待之。

五、拥抱礼

这也是西方各国社交中常见的一种见面礼。在欢迎宾客等隆重场合，或老友久别重逢时，互相拥抱以示欢迎、庆贺或感谢。拥抱礼有时是热情友好的，有时是纯属礼节性的。我国传统礼仪中不行此礼，为尊重对方，目前也逐渐实行此礼。

正确的拥抱姿态应是两人相对而立，右臂偏上，左臂偏下。右手扶在对方左后肩，左手扶在对方右后腰。按各自的方位，两人头部及上身都向左相互拥抱，然后再换位向右拥抱，拥抱时用手掌轻拍对方背部，拥抱时间的长短，视关系亲疏程度而定。礼节性的拥抱一般时间很短，拥抱时双方身体也并不贴得很紧，更不能用嘴去亲对方的面颊。

六、握手礼

握手是在社交活动中使用频率最高，适应范围最广泛的一种礼仪。无论认识与否，年长年轻，见面或告别时，感谢或祝贺时，鼓励或慰问时，都可以行握手礼。

（一）注意姿态

行握手礼时，通常距离受礼者约75厘米，两脚立正，上身稍向前倾，伸出右手，掌心朝侧，四指并齐，拇指张开与对方相握，微微抖动三四次，然后与对方的手松开恢复原状，握手过程总时间一般不超过5秒。如果你的右手正在做某项工作抽不出来时，要向对方特别说明，或者一面点头致意，一面摊开双手，表示歉意，取得对方的谅解。

（二）先后有序

应遵循"尊者决定"的原则。一般应由主人、长者、身份高者及女性先伸手。意即根据年长者、职务高者的反应行事，当年长者、职务高者用点头致意代替握手时，年轻者、职务低者也应随之点头致意。和年轻女性或异国女性握手，一般男士不要先伸手。客人、年轻者、身份低者应先问候，待对方伸手后再握手，并且握手时，年轻者对年长者、职务低者对职务高者都应稍稍欠身相握。但同级平辈见面时，双方伸手不分先后，谁先伸手谁先为敬。当别人忽略了握手的先后顺序已经伸出手时，都应该毫不迟疑地立即回握。如对方早已伸出手，而你却迟迟不伸手相握，那不仅仅是一种失礼，而且会使你的社交目的很难达成。

男女初次见面，女子可以不和男子握手，这并不失礼。在这种情况下，女子如无握手之意，男子就只能点头鞠躬致意，或用点头说客气话等来代替握手。所以，一个男子如果主动伸手去和女子握手，特别是与初次见面的青年女子，是不太适宜的。万一男子伸出手来未得到回应，场面就尴尬了。但身为女子，除非十分不便，否则应该主动地伸出手来表示友好。

宾主之间，主人有向客人先伸手的义务。接待客人时，无论对方是男是女，作为主人，都应该先伸出手。男子作为主人时，尽管对方是女宾，也可先伸出手，以表示欢迎。离别时，应由客人先伸手，表示再见，如果主人先伸出手，那就等于催客人快离开，这是很不礼貌的。

（三）掌握力度

一般情况下，握一下即可，不必用力。久别重逢的朋友、熟人握手力度可大一些。男性与女性握手时，往往只要微微握一下女方的手指部分即可。但是，如果用力过小，也容易使人感到你是一个拘谨、傲慢无礼或者虚伪的人。有时，为了表示敬意，握手时还要微微点头鞠躬，握住的手还要上下微摇。男子之间可以握得较紧较久，以示热烈。男子对女性只能轻握，也不宜握得太久，老朋友也不例外。我们中国人有的在用右手握手时，再以左手加握。即用双手握手，以示亲切。但男子对女子一般不用两手加握。

（四）充满热情

握手时应双目注视对方，面带微笑，体现出主动、热情和真诚。如果漫不经心，或东张西望，边握手边看其他人和物，这既违背了握手礼的基本要义，也是对对方的最大不敬和失礼的行为。

（五）讲究卫生

与人握手应该注意保持双手的卫生，以不干净或湿的手与人相握是失礼的行为。伸给对方的手应该是清洁的。如果你的手正在干着脏活，应当立即洗干净再握手。如果对方的手正在干着脏活，你应当谅解地改一个方式向对方致意。

（六）区别场合

握手看似平常，也要分清场合，区别对待。在一般情况下，熟人或老朋友之间，握手可随便些。如果在重大场合需握手的人比较多时，与每位握手时间要大致相等，力戒"厚此薄彼"。还须注意，不要几个人竞相交叉握手，或者跨门槛甚至隔着门槛握手，这些做法也是失礼的行为。在室外握手时，男子应脱帽，军人应行举手礼。

（七）不戴手套

按国际惯例，身穿军服的男军人是可以戴着手套与女子握手的；另外，女子戴着礼服手套，穿着晚礼服的时候，可戴着手套握手，这些是例外。一般来说，戴着手套与人握手是不礼貌的。如果你戴着手套的话，应该把手套脱下来，放好或拿在手里，再和对方握手；万不可戴着手套与对方握手，也不应该把脱下的手套随便地一摔，那样会使对方误解的。

【资料小链接】

戴着手套握手十分失礼

某国的商业代表团到一个大国访问，大国的首脑人物接见商业代表团，这位首脑人物伸出手示意，握手时，代表团团长心中不悦，因为对方戴着手套和他握手。他为了表示心中的不满，顺手摸出一块手帕，擦了擦刚握过的手，把手帕扔掉了。他认为对方嘲弄他和他的国家，这是不能容忍的。

在大多数国家内，戴着手套与人相握既不礼貌也是对对方的侮辱，应注意避免戴着手套同他人握手。

七、拱手礼

拱手礼，又叫作揖礼、抱拳礼，在我国至少已有 2000 多年的历史，是我国传统的礼节之一，常在人们相见时采用，有着浓浓的中国特色和人情味儿。目前，它主要用于佳节团拜活动、元旦春节等节日的相互祝贺。婚礼、生日、庆功等喜庆场合，来宾也可以拱手致意的方式向当事人表示祝贺。也有时用在开订货会、产品鉴定会等业务会议时，厂长经理拱手致意。双方见面、告别，互道珍重时可用拱手礼；有时向对方表示歉意，也可用拱手表示。

即右手握拳，以左手抱右拳。行礼时，不分尊卑，拱手齐眉上下加重摇动几下，重礼可作揖后鞠躬。

拱手致意时，往往与寒暄语同时进行，如："恭喜、恭喜"，"久仰、久仰"，"请多多关照"，"节日快乐"，"后会有期"，等等。

【资料小链接】

有生命力的传统作揖礼仪

2006 年 11 月 9 日，在瑞士日内瓦，陈冯富珍当选为世界卫生组织新任总干事。在宣布当选结果之后，陈冯富珍女士以中国人传统作揖的方式向在场的人表示感谢。事后接受记者采访时，陈冯富珍女士解释，之所以选择作揖的方式，"因为我是中国人，作揖又是中国的传统礼仪"。在那样一个场合，她认为用作揖这种方式比较恰当。而另一方面，确实也无法与全场所有的人一一握手表示感谢。

这是中国首次提名竞选并成功当选联合国专门机构的最高领导职位。这一天对中国人来说，有特别的意义，而传统礼仪的出现，无疑从心理上强化了这种特别意义。

八、合十礼

合十礼又称"合掌礼"，原是佛教徒的一种敬礼方式，通行于印度和东南亚的佛教国家，我国傣族聚居区也用合十礼。

合十礼可分为跪合十礼、蹲合十礼、站合十礼三类。跪合十礼适用于佛教徒拜佛祖或僧侣的场合，行礼时右腿跪地，双手合掌于两眉中间，头部微俯，以表恭敬虔诚；蹲合十礼是盛行佛教国家的人拜见父母或师长时所用的礼节，行礼时身体下蹲，将合十的掌尖举至两眉间，以示尊敬；站合十礼是信奉佛教的国家平民之间、平级官员之间相见，或公务人员拜见长官时所用的礼节，行礼时端正站立，将合十的掌尖置于胸部或十指并拢向上，掌尖和鼻尖基本齐平，手掌向外倾斜，头略低，神情安详、严肃，以示敬意。行合十礼时，可以问候对方或口颂祝词。因佛教中不兴握手，所以在我国，一般非佛教徒对僧人施礼，也以行站合十礼为宜。

行礼时，如果手里有物品不方便时可改用举手。合掌或举手是有讲究的：对长辈手举高些，对晚辈则宜低些，如果是平辈可以平些。一般我们不主动施行这种礼节。在对外交际场合，当对方用这礼节向我们敬礼时，我们也可以合十还礼。

九、举手礼

又叫举手注目礼。源于中世纪的欧洲。当时的骑士们极为崇拜公主，并总习惯在贵妇们面前比武，在他们经过公主的坐席时，为了表达自己对公主的尊敬之意，他们常用歌声来赞喻公主为光芒四射的美丽的太阳，久而久之就习惯地养成了举手挡太阳的姿势，后又经长时间的演变，逐渐就形成了举手到眉的"敬礼"。

举手礼是世界各国军人见面时的专用礼节。行举手礼时，要举右手，手指伸直并齐，指尖接触帽檐右侧，手掌微向外，右上臂与肩齐高。双目注视对方，接受礼者答礼后方可将手放下。

十、叩指礼

喝茶有一种礼数，就是当别人给你倒茶时，为了表示谢意，用手指轻叩桌面数下。一般用食指叩谢表示单身，食指和中指并用表示已婚，五指全用表示代表一家人叩谢。

【资料小链接】

"以手代叩"

据说，乾隆皇帝游江南，带了两个太监，来到淞江，便衣打扮，到一个茶馆店里去私巡察访。茶店老板拎了一只长嘴茶吊来冲茶，端起茶杯，沓啦啦、沓啦啦、沓啦啦一连三洒，茶杯里正好浅浅一杯，茶杯外没有滴水溅出。乾隆皇帝看着觉得有些惊奇，忙问："掌柜的，你倒茶为啥不多洒一洒，少洒一洒，不多不少齐巧洒三下？"老板笑着回答："客官，这是我们茶馆的行规，这叫凤凰三点头。"乾隆皇帝一听，夺过老板的水吊，端起一只茶杯，也要来学学这"凤凰三点头"的新鲜玩艺。这只杯子是倒给太监的，皇帝向太监倒茶，这不是反礼了，在皇宫里太监要跪下来三呼万岁、万岁、万万岁。可是在这三教九流罗杂的茶馆酒肆，暴露了身份，这是性命交关的事啊！当太监的当然不是笨人，急中生智，忙用手指笃笃桌子表示以手来代替叩头。这样"以手代叩"的动作一直流传至今，表示对亲朋好友敬茶的谢意。

第二节　称呼礼仪

【资料小链接】

有一位先生为一位外国朋友订做生日蛋糕。他来到一家酒店的餐厅，对服务小姐说："小姐，您好，我要为我的一个外国朋友订一份生日蛋糕，同时打一份贺卡，您看可以吗？"小姐接过订单一看，忙说："对不起，请问先生，您的朋友是小姐还是太太？"这位先生也不清楚这位外国朋友结婚没有，从来没有打听过，他为难地抓了抓后脑勺想想说："小姐？太太？一大把岁数了，太太。"生日蛋糕做好后，服务员小姐按地址到酒店客房送生日蛋糕，敲门，一女子开门，服务员小姐有礼貌地说："请问，您是怀特太太吗？"女子愣了愣，不高兴地说："错了！"服务员小姐丈二和尚摸不着头脑，抬头看看门牌号，再回去打个电话问那位先生，没错，房间号码没错。再敲一遍，开门，"没错，怀特太太，这是您的蛋糕"。那女子大声说："告诉你错了，这里只有怀特小姐，没有怀特太太。"啪地一声，门被大力关上，蛋糕掉地。

这个故事，就是因为错误的称呼所造成的。在西方，特别是女子，很重视正确的称呼。如果搞错了，引起对方的不快，往往好事就变成了坏事。

选择称呼要合乎常规，要照顾被称呼者的个人习惯，入乡随俗。在工作岗位上，人们彼此之间的称呼是有其特殊性的，要庄重、正式、规范。

一、什么是称呼

称呼指的是人们在日常交往应酬之中，所采用的彼此之间的称谓语。在人际交往中，选择正确、适当的称呼，反映了自身的教养、对对方尊敬的程度，甚至还体现了双方关系发展所达到的程度和社会风尚，因此不能随便乱用。

二、基本要求

（一）要合乎常规；

（二）要照顾被称呼者的个人习惯；

（三）要入乡随俗；

（四）要注意场合；

在日常生活中，称呼应当亲切、自然、准确、合理，不可肆意为之。在工作岗位上称呼要庄重、正式、规范。在工作中，以交往对象的职务相称以示身份有别、敬意有加，这是一种最常见的称呼。它有三种情况：称职务、在职务前加上姓氏、在职务前加上姓名（适用于极其正式的场合）。

职称性称呼。对于具有职称者，尤其是具有高级、中级职称者，在工作中直接以其职称相称。称职称时可以只称职称、在职称前加上姓氏、在职称前加上姓名（适用于十分正式的场合）。

行业性称呼。在工作中，有时可按行业进行称呼。对于从事某些特定行业的人，可直接称呼对方的职业，如老师、医生、会计、律师等，也可以在职业前加上姓氏、姓名。

性别性称呼。对于从事商界、服务性行业的人，一般约定俗成地按性别的不同分别称呼"小姐"、"女士"或"先生"。"小姐"称未婚女性，"女士"称已婚女性。

姓名性称呼。在工作岗位上称呼姓名，一般限于同事、熟人之间。它包括三种情况：可以直呼其名；只呼其姓，要在姓前加上"老、大、小"等前缀；只称其名，不呼其姓，通常限于同性之间，尤其是上司称呼下级、长辈称呼晚辈，在亲友、同学、邻里之间，也可使用这种称呼。

三、商务交往称呼"四不能"

（一）不能用无称呼，比如在大街上问路，上去就"哎"、"嘿"。

（二）不能用替代性称呼，不叫人外号。

（三）不能用不适当的地方性称呼，在某一范围内用地方性称呼是可以的，但是在跨地区、跨国家不能滥用。

（四）不能称兄道弟，比如：哥们，张姐。到了一个企业一进门，你说这是张姐，那是李哥，给人感觉这不是公司，是帮会。

四、避免错误称呼失敬于人

除了以上符合规定的称呼外，在称呼他人时，还要注意不要乱用可能引起误会的称呼，不能使用低级庸俗的称呼，不能使用带有侮辱性质的称呼，不能随便使用别人的小名，不能使用绰号等。

第三节　介绍礼仪

介绍和被介绍，是经常采用的社交形式。我们同他人交往，首先就是借助介绍开始的。在一个公众场合，当不认识的双方见面后，宾主就应相互介绍。介绍分为自我介绍，为宾、主双方充当介绍人和被第三者介绍给对方三种情况。无论哪种介绍，都是人与人之间增进沟通、增进了解、建立联系的基本方式，介绍能够有效地缩短人与人之间的距离，还能帮助个人扩大社交圈子，结交新朋友以及加快彼此之间的了解。

按照不同分类标准，介绍有多种方式，具体而言有：按照社交场合不同，介绍分为正式介绍与非正式介绍；按照介绍主体来分，有自我介绍和他人介绍；按照被介绍的人数来分，有集体介绍和个别介绍；按照介绍者的地位层次来分，有重点介绍和一般介绍；此外，按照被介绍对象的性质和介绍人采取的形式来区分，有商业性介绍、社交性介绍和家庭成员介绍等等。

（一）自我介绍

在社交活动中，如欲结识某些人或某个人，而又无人引见，如有可能，即可向对方自报家门，将自己介绍给对方。如果有介绍人在场，自我介绍则被视为不礼貌。

【资料小链接】

国外一位心理学家提出自我介绍的六条准则：（1）必须镇定而充满自信。一般人对于具有自信心的人，都会另眼相看，对方因此会对你产生结识的兴趣；（2）在交际场合中，如果你想认识某一个人，最好预先获得一些有关他的资料，如个人兴趣、性格、特长等，有了这些资料，在自我介绍后，便容易交谈，使关系进一步融洽；（3）表示自己渴望结识，是一种荣幸，如果你的态度热诚，同样会使对方也报以热诚；（4）在做自我介绍时，应该用眼神去表达自己的友善、关怀及渴望沟通；（5）在获知对方姓名后，不妨口头重复一次他的姓名，使他有自豪和满足感；（6）清晰地报出自己的姓名和身份，一个含糊不清的自我介绍，会使人感到你不能把握自己，对方会对你有所保留，彼此间的沟通便有阻隔。

（二）自我介绍的形式

自我介绍时应先向对方点头致意，得到回应后再向对方介绍自己的姓名、身份、单位等。具体而言，自我介绍有以下形式：

1. 应酬式，适用于某些公共场合和一般性的社交场合，这种自我介绍最为简洁，往往只包括姓名一项即可。

2. 工作式，适用于工作场合，它包括本人姓名、供职单位及其部门、职务或从事的具体工作等。

3. 交流式，适用于社交活动中，希望与交往对象进一步交流与沟通。它大体应包括介绍者的姓名、工作、籍贯、学历、兴趣及与交往对象的某些熟人的关系。

4. 礼仪式，适用于讲座、报告、演出、庆典、仪式等一些正规而隆重的场合。它包括姓名、单位、职务等，同时还应加入一些适当的谦辞、敬辞。

5. 问答式，适用于应试、应聘和公务交往。问答式的自我介绍，应该是有问必答，问什么就答什么。

（三）自我介绍的礼节要求

自我介绍要注意把握好介绍的时机，同时控制好时间：要抓住时机，在适当的场合进行自我介绍，如对方有空闲，而且情绪较好，又有兴趣时，这样才不会打扰对方。自我介绍时还要简洁，尽可能地节省时间，以半分钟左右为佳。为了节省时间，做自我介绍时，还可利用名片、介绍信加以辅助。

进行自我介绍时，态度一定要自然、友善、亲切、随和，应做到大方得体，彬彬有礼。语气要自然增长，语速要正常，语音要清晰。

要善于利用好自己的身体语言。表情应自然、亲切，眼睛注视对方，要善于用眼神、微笑和亲切的面部表情来表达渴望结识对方的热情。

进行自我介绍要实事求是，真实可信，不可自吹自擂，夸大其词。

二、为他人介绍

他人介绍，是经第三者为彼此不相识的双方引见、介绍的一种介绍方式。他人介绍通常是双向的，即将被介绍者双方各自均作一番介绍。

（一）他人介绍的时机

遇到下列情况，有必要进行他人介绍：

1. 与家人外出，路遇家人不相识的同事或朋友。

2. 本人的接待对象遇见了其不相识的人士，而对方又跟自己打了招呼。

3. 在家中或办公地点，接待彼此不相识的客人或来访者。

4. 打算推介某人加入某一方面的交际圈。

5. 受到为他人作介绍的邀请。

6. 陪同上司、长者、来宾时，遇见了其不相识者，而对方又跟自己打了招呼。

7. 陪同亲友前去拜访亲友不相识者。

（二）介绍的原则

在正式场合，介绍的原则有两条：一是个人或少数人优先被介绍给多数人，二是位尊者优先了解对方情况。在介绍中，先称呼谁的名字，谁就是尊者。故而在遵循介绍的次序将男性介绍给同龄女性时，应该先称呼女性的名字，可以这样做介绍："××女士，你好，请允许我为您介绍一下，这位是×先生"。

（三）介绍的次序

为宾、主充当介绍人，应按一定顺序进行介绍。具体而言，可以分为以下六种情况：

第一，先把地位低者介绍给地位高者，再把地位高者介绍给地位低者。这种介绍顺序适用于正式的介绍场合，特别是职业相同的人士之间。

第二，先把年轻人介绍给年长者，再把年长者介绍给年轻人。这种介绍顺序适用于同性之间，或者年龄差别较大的人士之间。

第三，先把男士介绍给女士，再把女士介绍给男士。这种介绍顺序通常适用于同年龄、同地位的人士之间。

第四，先把客人介绍给主人，再把主人介绍给客人。这种介绍顺序适用于来宾众多的场合，尤其是主人与客人不一定都相识的情况。

第五，先把未婚者介绍给已婚者，再把已婚者介绍给未婚者。值得注意的是，如果介绍人对双方的情况不够清楚，千万不要贸然行事，以免失礼。

第六，先把个人介绍给集体。当有新人加入集体时，在初次见面的时候，负责人可以采取这种介绍方式。

特别提示：在社交场合结识朋友，可由第三者介绍，也可自我介绍相识。为他人介绍，要先了解双方是否有结识的愿望，不要贸然行事。无论自我介绍或为他人介绍，做法都要自然。例如，正在交谈的人中，有你所熟识的，便可趋前打招呼，这位熟人顺便将你介绍给其他客人。在这些场合亦可主动自我介绍，讲清姓名、身份、单位，对方则会随后自行介绍。为他人介绍时还可说明与自己的关系，便于新结识的人相互了解与信任。

在非正式场合，自我介绍要注意一些细小的环节。比如，甲或乙正在交谈，你想加入，而你们彼此又不认识，你就应该选择甲乙谈话出现停顿的时候再去自我介绍，并说一些："对不起，打扰一下，我是×××"、"很抱歉，可以打扰一下吗？我是×××"、"你们好，请允许我自己介绍一下……"之类的话。如果你参加一个集体性质的活动迟到了，你又想让大家对你有所了解，你就应当说："女士们，先生们，你们好！对不起，我来晚了，我是×××，是×××公司销售部经理，很高兴和大家在此见面，请多关照。"

（四）介绍的身体语言

作为介绍人，介绍具体人时，要有礼貌地以手示意，而不要用手指指点点。正确的做法是保持身体正立，站在被介绍人之间，手心向上，五指并拢，胳膊向外微伸，斜向被介绍者，向谁介绍，眼睛就要注视着谁。

介绍时，除妇女和年长者外，一般应起立。但在宴会桌上、会谈桌上可不必起立，被介绍者只要微笑点头有所表示即可。

（五）介绍的注意事项

第一，介绍者为被介绍者介绍之前，一定要征求一下被介绍双方的意见，切勿上去开口即讲，显得很唐突，让被介绍者感到措手不及。

第二，被介绍者在介绍者询问自己是否有意认识某人时，一般不应拒绝，而应欣然应允。实在不愿意时，则应说明理由。

第三，介绍人和被介绍人都应起立，以示尊重和礼貌；待介绍人介绍完毕后，被介绍双方应微笑点头示意或握手致意。

第四，在宴会、会议桌、谈判桌上，视情况，介绍人和被介绍人可不必起立，被介绍双方可点头微笑致意；如果被介绍双方相隔较远，中间又有障碍物，可举起右手致意，点头微笑致意。

第五，介绍完毕后，被介绍者双方应依照合乎礼仪的顺序握手，并且彼此问候对方。问候语有"你好"、"很高兴认识你"、"久仰大名"、"幸会幸会"等，必要时还可以进一步作自我介绍。

第四节　名片礼仪

【案例传真】

一个细节的疏忽

大学毕业，小李应聘到一家广告公司做业务员。他找到的第一个业务对象是一家装修公司。老板以为他是来找他们搞装修的，非常热情地接待。当他说明来意后，老板开始不耐烦，但凭着他的执著，老板最终有些心动了。他抓住时机和老板拉起家常，老板见他诚恳可信，对他们的广告公司渐渐产生了兴趣，并递给他一张名片。他兴奋地将名片揣进上衣口袋。他在上大学时经常策划海报、宣传栏，看了老板提供给他的材料，他大致有了一套方案。他把方案说给老板听，老板表示满意。

装修公司老板答应做一次宣传广告，而且没有和他还价。这是一家规模较大的装修公司。临别时，他想起与老板聊了那么久，还不知道他的姓名，便问了一句："老板贵姓？"老板一愣，转而淡淡一笑："哦，姓陈。"

过了两天，他兴高采烈地拿着自己精心策划的宣传方案去找那家装修公司的老板。当他走进老板的办公室，老板却给他当头一棒："对不起，小伙子，我们经过仔细考虑，不准备做广告了。"他有些云里雾里，上次不是说得好好的，老板怎么这样言而无信呢？他悄悄地向一位年长的员工打听，他小声说："小伙子，以后做事要醒目点。那天老板给你名片时，你看都没有看就塞进口袋，临走来问老板姓什么，你这么粗心，老板怎么放心和你合作呢？"

他这才恍然大悟。确实，任何一个细节，对结果的影响都可能是巨大的，在他离成功只有一步之遥时，一个细节的疏忽使他与成功擦肩而过。

在人际交往中，名片发挥着各种作用，使用名片有以下好处：一是方便自我介绍，这是名片的基本功能；二是便于结识新友，保持联系。名片的使用，可分为递交、接收和交换三个环节。

一、名片递交的顺序

一般是地位低的人先向地位高者递交名片，年轻人先向长辈递交名片，男士先向女士递交名片，客人先向主人递交名片。

二、交换名片的方法

交换名片，宜在与人初识之时进行。在交换名片时，应起身站立，双手的大拇指和食指捏住名片下端，注意文字的正面正对对方，将名片递交与人，同时还应口称："请指教"或"多多关照"。若同时与多人交换名片要讲究顺序，或由近而远，或由尊而卑，不可跳跃进行。接过他人名片时，应毕恭毕敬，马上说一声"谢谢"，并要起立和使用双手。如有可能，则接过名片后，首先要从头至尾将它通读一遍，以示敬重之心。通常不宜向人索取名片。

三、名片递交的注意事项

（一）递交名片

递交名片时要注意以下几点：

1. 在外出前将名片放在容易拿出的地方，以便需要时迅速掏出。一般男士可将名片放在西装上衣的口袋里或公文包里，女士可将名片置于手提包内。

2. 递交名片要讲究场合。一般而言，商业性质的横向联系和交际，社交中的礼节性拜访以及表达情感的场所可以递交名片。

3. 掌握递交名片的时机。如果是初次见面，相互介绍之后可递上名片；若是比较熟识的朋友，可在告辞时递交。

4. 为表达对对方的尊敬，一般应双手递上名片，特别是下级递给上级、晚辈递给长辈，更应如此。

5. 递交名片时，应将名片的下方指向对方，以方便对方观看。

6. 递名片时动作要洒脱大方，态度要从容自然，表情要亲切谦恭，要面带微笑，同时还要说些友好客气的话语。

（二）接受名片

接受名片者应双手接过名片，认真观看。如果是初识，不妨将名片上的重要内容读出，以表示对递交名片者的尊重，同时便于加深印象。看完名片后要郑重地将其放在名片夹里，并表示谢意。如果是暂放在桌子上，切忌在名片上放其他物品，也不可漫不经心地放置一旁，告别时千万不要忘记带走。

（三）交换名片

交换名片体现了双方感情的沟通，表达了愿意友好交往下去的意愿。交换名片的礼节，主要体现在交换名片的顺序上。一般是职位低者、晚辈或客人先向职位高者、长辈或主人递上名片，然后再由后者予以回赠。若上级或长辈先递上名片，下级或晚辈也不必谦让，礼貌地用双手接过，道声"谢谢"，再予以回赠。

第五节　交谈礼仪

语言是交际活动的桥梁和媒介，是人们彼此之间进行交流、开展工作、建立友谊、表达意愿、传递信息的最为重要的一种形式。语言交流是交际活动的开始，离开了语言，人与人之间要想进行真正的沟通几乎是不可能的。因此，了解语言交际礼仪的要求，掌握它的一般知识是至关重要的。

一、学会高雅交谈的礼仪

一般来说，人们的知识、阅历、教养、才智、性格和应变能力等，都可以通过交谈得到体现和发挥。在我国古代有"听其言、观其行"的话，这是因为"言为心声"，只有通过交谈，交往对象彼此之间才能够了解对方，并且为对方所了解。

（一）交谈距离

由于人们交往性质的不同，个体空间的限定范围也有所不同。一般来说，关系越密切，个体空间的范围划得越小。美国人类学家爱德华·霍尔博士认为，根据人们交往关系的不同程度，可以把个体空间划为四种距离。

1. 亲密距离

这种距离是人际交往中最小的间距。处于0—15厘米之间，彼此可以肌肤相触，耳鬓厮磨，属于亲密接触的关系。这是为了做出爱抚、亲吻、拥抱、保护等动作所必需的距离。常发生在爱人、亲友关系之间。如果用不自然的方式或强行进入他人的亲密距离，可被认为是对他人的侵犯。处于15—45厘米，这是身体不相接触，但可以用手相互摸触到的距离，如挽臂执手，促膝倾谈等，多半用于兄弟姐妹、亲密朋友之间，是个人身体可以支配的势力圈。而势力圈以眼前为最大，也就是一个人对前方始终保持强烈的势力圈意识，而对自身的两侧和背后关心次之。据这一原理，飞机上、长途汽车上和影剧院都采取长排向前的座位，尽量避免对面的座位，使每个人都拥有一个平均的前方势力圈。

2. 个人距离

这种距离较少直接身体接触。处于45—75厘米之间，适合在较为熟悉的人们之间，可以亲切的握手、交谈；或者向他人挑衅也在这个距离中进行。处于75—120厘米之间，这是双方手腕伸直，可以互触手指的距离，也是个人身体可以支配的势力圈。

3. 社交距离

这种距离已经超出亲密或熟悉的人际关系。处于120—210厘米之间，一般是工作场合和公共场所。在现代文明社会，一切复杂的事物几乎都在这个距离里进行。如机关里的领导干部对秘书或下属布置任务；接待因公来访的客人；或进行比较深入的个人洽谈时大多采用这个距离。处于210—360厘米之间，表现为更加正式的交往关系，是会晤、谈判或公事上所采用的距离，首长接见外宾或内宾；大公司的总经理与下属谈话等，由于身份的关系需要与部下之间保持一定的距离。

4. 公众距离

这种距离人际沟通大大减少，很难进行直接交谈。处于360—750厘米之间，这是产生势力圈意识的最大距离。如教室中的教师与学生，小型演讲会的演讲人与听众的距离。所以在讲课和演讲时用手势、动作、表情以及使用图表、字幕、幻灯等辅助教具都是为了"拉近距离"，以加强人际传播的效果。处于750厘米以上距离位置，在现代社会中，则是在大会堂发言、演讲、戏剧表演、电影放映时与观众保持的距离。

在人际交往中，空间距离显示了交往关系的亲疏，其表现形式是多种多样的，例如从座位的安排上就体现得淋漓尽致，具体有四种表现形式：

桌角座次

两人围着桌角而坐，表示气氛亲切，容易达成协议。老练的推销员在推销物品时，往往巧妙地坐在顾客的斜对面或旁边，即形成桌角座次，这样可以增加和睦洽谈的气氛。

A、B 合作座次

两个人坐在桌子的同一侧，表示 A、B 两人地位相等，享受一体感，也表示两人已经相互了解，甚至两情相悦。世界著名谈判大师尼尔伦伯格曾代表一企业的资方与工会谈判，他出人意料地坐在工会成员的一边。工会成员起初不适应，想到自己的谈判对手与自己坐在一起觉得很奇怪，但很快他们就适应了，于是迅速达成了协议。尼尔伦伯格便是利用了合作座次的心理状态而轻而易举地达到了他的谈判目的。

竞争座次

两人分别坐在桌子两边即相对而坐，表示警惕、防御、探究，指关系尚未达到亲密状态，但处于想了解对方和使对方了解自己的状态，一般用在谈判中。

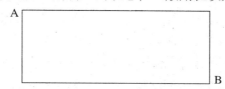

独立状态

两人距离较远，表明互不干扰或有矛盾。一般来说，在社交场合选择独立座次、选靠角落而坐的人，表明持退让态度，性格喜欢独处、内向。

【资料小链接】

发布新闻与逼爱

曾经有这么一个笑话：一个小伙子向姑娘求爱，为了表示尊重，交谈距离有两米之远。姑娘很生气地告诉介绍人，说他"不是在谈恋爱，好像是发布新闻"，于是两人告吹。不久，别人又替他介绍对象，这一次约会他吸取上次教训，总是紧靠着姑娘说话，弄得对方很不自在，事后姑娘对介绍人说："他不是在谈恋爱，而是在逼爱。"小伙子听后感到无所适从。

可见，每一个人都有一种保护自己的个体空间的需要，这并非表示拒绝与他人交往，而是想在个体空间不受侵占的情况下自然地交往。否则，个体空间一旦受到侵占，就会使交往双方或一方本能地作出反应，或体态表现得不自然；或挺直身子，避开视线接触；或干脆离而避之。但不管怎样，在社会交往中随意闯入对方的个体空间是犯忌的，也是失礼的。特别在异性间的交往交谈中，双方更应注意这种空间的分寸感。

（二）合适的交谈话题

人们交谈时通常是由开始讲话的人选择一个话题，大家围绕这一话题各抒己见，然后转向另一个话题，因此选择合适的话题便十分重要。如果选择的话题能被大家接受，谈话便会顺畅地进行下去。如果选择了不适宜的话题，引不起大家的兴趣，没有人做出反应，交谈便失败了。

1. 生活的内容

言语是以生活为内容，有生活，就有谈话的内容；生活内容丰富，谈话的内容自然也比较丰富。因此，你对于你的国家、社会、朋友、亲属以及同事等，都要经常注意而且关心。

【小贴士】

交谈素材的收集

在你看报纸的时候，拿一支红蓝铅笔，把每天最有兴趣的新闻，或是所见的好文章勾起来。要是能剪下来就更好。每天只要两条，两个星期之后，你便记得不少有趣的新闻了。在你看杂志或书籍的时候，每天只要能够记住其中一两句你认为很有意义的话，用红蓝铅笔，在那句话旁边画上线，若能抄在你的日记本上或是笔记本上那就更好。开始时不要贪多，否则过不了几天，你就会放弃了。如果你每天不停地记一两句下去，两三个月后，你就会发觉你的思想比以前丰富得多了。谈话的时候，很容易地就想起它们，或者用自己的话把它们加以发挥。这些有意义的话，随时随地都会跳出来，帮助你或排除你的困难。在听演讲时，在听别人谈话时，随时都可以遇见表现人类智慧的警句或是谚语。把这些记在心中，抄在纸上，久而久之，你谈话的题材和资料就越来越丰富了，你的口才就越来越纯熟了，甚至可以出口成章，说什么都可以有条有理。

2. 懂得去应用

对于谈话的题材和资料，一方面要懂得去吸收，一方面懂得去应用。只要懂得去应用，即使是一句普通的话，也往往会得到惊人的效果。

【资料小链接】

百叩柴扉十扇开

有一个慈善家动员他的朋友们去募捐，供建教堂用，募捐的情形是很困难的。他有一个朋友，打算放弃这项工作，并且引用一句古诗"十叩柴扉九不开"，来说明募捐困难的情形。"十叩柴扉九不开"真是把募捐困难的情形形容得恰好，确实会令人感到灰心泄气。可是这位慈善家把同一句话，以另外的角度去应用它，就得到完全相反的效果。他说：不错，我们现在的情形是"十叩柴扉九不开"；可是这也是说十叩柴扉有一扇是开。那么，我们要敲开十扇门，只要努力一点，多敲几十个门就是了。于是他把"十叩柴扉九不开"这句诗，发展成"百叩柴扉十扇开"，此语果然鼓舞了他的朋友们，完成了募捐。

3. 熟悉的话题

为了能使话题成为初步交谈的媒介、深入细谈的基础和纵情畅谈的开端，话题应达到的标准是：至少有一方熟悉，能谈；大家感兴趣，爱谈；有展开讨论的余地，好谈。找话题的方法主要有：面对众多的陌生人，选择众人关心的事件为题，围绕人们的注意中心，引出许多人的议论；巧妙地借用彼时、彼地、彼人的某些材料为题，借此引发交谈；与陌生人交谈，先提一些"投石"式的问题，在略有了解后再有目的地交谈，便能谈得较为自如；问明陌生人的兴趣，循趣生发，能顺利地进入话题。因为对方最感兴趣的事，总是最熟悉、最有话可谈也最乐于谈的。

4. 就地取材

一般人在交际场合中，第一句交谈是最不容易的。因为你不熟悉对方，不知道对方的性格、嗜好和品性，又受时间的限制，不容许你多做了解或考虑，而又不宜冒昧地提出特殊话题。这时就地取材，似乎比较简单适合，即按照当时的环境觅取话题。如果相遇地点在朋友的家里，或是在朋友的喜筵上，那么对方和主人的关系可以作为第一句。比如说："听说您和某先生是老同学？"或是说："您和某先生是同事？"如此一来，无论问得对不对，总可引起对方的话题。问得对的，可依原意急转直下，猜得不对的，根据对方的解释又可顺水推舟，在对方的生活上畅谈下去。如："今天的客人真不少！"虽是老套，但可以引起其他的话题。赞美一样东西常常也是一种最稳当得体的开头话，如赞美主人家的花养得好之类。

5. 不合适的话题

（1）有关谈话者自己的话题。有的人谈来谈去总是围绕着自己的生活，开始人们也许还有兴趣听，时间久了人们便失去了兴趣甚至躲着这样的谈话者了。

（2）有关禁忌的话题。如夫妻关系、家庭成员之间的矛盾、不愿谈及的疾病，等等。如有的人不愿意别人打听自己的经济来源或经济状况等。所以这些话题最好不要触及，除非对方主动提及。

（3）假话题。假话题是指那些无法继续下去的话题，如果你用"今天天气很好"来开始谈话，对方便没有什么话来回应。

（4）重复出现的话题。如果有的话题重复出现，你将心比心地问自己两个问题：如果别人总是跟你谈这样的话题，你想不想听？如果不想听？为什么？

（三）言谈失败的原因

古人说："舌为利害本，口是祸福门。""良言一句三冬暖，恶语伤人六月寒。"这几句话是说，言谈既能促进事业成功，生活如意，也能伤害别人，招来灾祸。造成言谈失败的原因有许多，这里列出其中的八种原因。

1. 表述不清

言谈失败者在表述自己的思想观点时，或喋喋不休，哕里哕嗦，废话连篇；或语序混乱，节奏缓慢，想起一句说一句；主次不分明，应该说的不说，应该重点说的不重点说；或吐字不清晰，言辞含糊，不知所云；不明白易懂，或言语抽象，滥用新词，生涩难懂。

2. 不够委婉

"良药苦口利于病，忠言逆耳利于行。"现实生活中，不少人懂得这个道理，但却不能正确面对它。比如说，批评一个青年人讲话不文明，你可这样说："看你长得挺标致，为什么说话与之不相称呢？"这样批评，要比大声吼叫、直接指出好得多。许多言谈失败者，一片好心，却得不到好报，就是因为没有将说出的话加上"好吃的糖衣"委婉些而已。

3. 戳人痛处

俗语说："语言切勿刺人骨髓，戏谑切勿中人心病。""当着矮人，别说矮话。"就是讲，说话要有禁忌，切勿想怎么说就怎么说。言谈失败者往往反其道而行之，经意不经意地揭人隐私，伤人痛处。比如说，别人受过恋爱挫折，谈话失败者却偏偏和其大谈婚恋美好感受；别人受过纪律处分，谈话失败者却偏偏和其长侃纪律松弛现象；别人曾有过工作失误，谈话失败者却偏偏在其面前经常提起此事。

4. 露出轻浮

在谈话时，自然适度地引用一些如"学而时习之"、"君子好逑"等具有文化教养色彩的词汇，确实可以起到改善自己形象的作用。但是，如果滥用这些语言，则会有损自己的形象，给人留下浅薄轻浮的感觉。

5. 弄巧成拙

节目主持人如果想使观众倒胃口，不妨在节目演出前后告诉观众："这是一个非常有趣可笑的节目……"这样的话，观众的期望值就提高了，假若听到或看到的内容一般，远没有达到所期望的程度，观众就会引起强烈反感："简直是乱七八糟，无聊之极。"可以说，主持人的开场白不但没有提高娱乐气氛，反而产生相反的效果。许多言谈失败者往往就是这样不仔细考虑听话一方的心理，一味地说动听的话，美妙的话，结果反而弄巧成拙。

6. 未分清对象

人们的心理最是微妙不过，人与人之间的心理距离决定了说话的表达方式要有不同。比如说，向亲密的朋友、同事传递令人不快的消息，不妨直言相告；但向与你交往不深的人，则要注意你的表达方式。在需要表示谢意时，如果对方与你关系密切，则嘴上不必说"谢谢"；如果对方关系和你并不深厚，则应真诚道谢。言谈失败者往往不考虑与对方的关系密切程度，在和不同的人交往时，单纯地用一种语言表达方式，或者该种语言表达方式用错了对象，其结果只能是与别人的关系越来越疏远。

7. 力度不够

由于别人的失误而使自己受到伤害，不论是谁，都想从失误者那里听到损失程度相当的道歉。然而，实际上这种期望值往往与"实际所得值"不十分吻合，后者或大于前者，或小于前者。面对这两种不同情形，受伤害者的反应是截然不同的。如果期待五分道歉，得到十分，受伤害者会在意外之余，化干戈为玉帛；如果受伤害期待五分道歉，而只得到二分，那么，他就会认为对方诚意不够，心中有了新的不满和怨愤。言谈失败者往往是由于自己说的话力度不够，才没有达到应有的目的。

（四）注意“小”事

在交谈中，倘若能注意以下“小”事，当能产生增进人际关系的效果。这些“小”事是指：

1. 让先

让别人先说，一方面可以表现你的谦虚，另一方面可以借此机会来观察对方，给自己一个测度的时间和从容考虑的余地。

2. 避讳

不论与什么人交谈，都应对对方有所了解，聪明地避开某些对方忌讳的话题，如个人的隐私、疾病及不愿提及的事情，否则会引起对方不快。要学会察言观色，一旦发现自己不小心触及了对方的忌讳，对方面有不快之色或极尴尬时，应立即巧妙避开。

3. 谦虚

社会心理学家发现，一般人总不喜欢嘴上老挂着“我”的人。因此，应避免过于显露自己的才学，开口便“我如何如何”。须知，谦虚的态度，总是易为人所接受的。在一般情况下，人们总是先接受一个人，而后才肯接受他的意见的。

4. 诚恳

交谈的态度以诚恳为宜。油腔滑调，纵然有很好的意见，也难以为人们所接受。

5. 幽默

恰到好处的幽默，能使人在忍俊不禁之中，体会到深刻的哲理。幽默运用适当，可为社交增添活跃愉快的气氛。但妙趣横生的谈话，来源于一个人修养和才华的有机结合，不可强求。如果仅仅为了追求风趣的结果，而讲些格调不高的笑话，甚至不惜侮辱他人，则只能显出自己的轻薄与无聊。

6. 口头禅

口头禅固然能体现个性，但多数是语言的累赘，即使内容相当吸引人，但如果加上若干个“这个”、“那个”、“嗯”、“啊”之类的口头禅，就如同在煮熟的白米饭中掺上一把沙子一样，令人难以下咽。所以，对作为语言累赘的口头禅，应当剔除。

7. 插话

要尽量让对方把话说完再插话。实在需要中途插话时，也应征得对方同意，用商量的口气说：“对不起，我可以提个问题吗？”或“我插句话好吗？”这样可避免对方产生误解。

8. 平衡

如果几个人一起交谈，你要注意不要只把注意力集中到某一个人身上而冷落了其他人。除了你的对话者外，可用目光偶尔光顾一下其他的人。对于沉默者则应设法使他开口，如问他“你对这事有什么看法？”这样便可打破沉默，机智地引出他的话来。

（五）交谈的礼节

1. 表情自然

谈话的表情要自然，语言和气亲切，表达得体。说话时可适当做些手势，但动作不要过大，更不要手舞足蹈。谈话时切忌唾沫四溅。参加别人谈话要先打招呼，别人在个别谈话，不要凑前旁听。若有事需与某人说话，应待别人说完。第三者参与谈话，应以握手、点头或微笑表示欢迎。谈话中遇有急事需要处理或离开，应向谈话对方打招呼，表示歉意。

2. 回避禁忌

一般不要涉及疾病、死亡等事情，不谈一些荒诞离奇、耸人听闻、黄色淫秽的事情。一般不询问妇女的年龄、婚否，不径直询问对方履历、工资收入、家庭财产、衣饰价格等私人生活方面的问题。与女性谈话不说对方长得胖、身体壮、保养得好之类的话。对方不愿回答的问题不要追问，对方反感的问题应表示歉意，或立即转移话题。一般谈话不批评长辈、身份高的人员，不议论东道国的内政。不讥笑、讽刺他人，也不要随便议论宗教问题。

3. 礼貌用语

谈话中要使用礼貌语言，谈吐文明，措词雅洁。如：您好、请、谢谢、对不起、打搅了、再见，等等。一般见面时先说："早安"、"晚安"、"你好"、"身体好吗？"、"夫人（丈夫）好吗？""孩子们都好吗？"对新结识的人常问："你这是第一次来我国吗？""到我国来多久了？""这是你在国外第一次任职吗？""你喜欢这里的风景吗？""你喜欢我们的城市吗？"分别时常说："很高兴与你相识，希望有再见面的机会。""再见，祝你周末愉快！""晚安，请向朋友们致意。""请代问全家好！"等。

4. 仪态文明

不打断对方谈话，不轻易在他人谈话时插嘴；交谈时，勿打哈欠，勿抓耳搔挠腮，搔首摆膝摇头；对别人讲话，勿持冷漠的态度，如斜视、看书、看报等；说话时，要面对谈话的人，不要自我吹嘘或信口开河；抽烟时，不要朝着别人的脸擦火柴，吐烟雾；咳嗽、打喷嚏，最好先用手帕捂住嘴，不要朝着别人；如果不是亲密的朋友，在别人家中不要逗留太久，要视情况适当掌握时间，以免影响别人；拜访忙者，不宜多谈；路上遇见长者，不论师长、亲戚，应主动招呼，并加以问候。谈话要自然和蔼。对方谈话时要注意倾听，不要左顾右盼，常看手表，应目光注视对方，以示专心。也不要随便插嘴，打断别人的话头。当然，也不要总是自己讲，要让别人有讲话的机会。别人说话，也应适时发表个人看法。

5. 掌握分寸

谈话要实事求是，注意分寸。自己不知道的事不要随便答复，无把握之事不要随意允诺，要言而有信。称赞对方不宜过分，自己谦虚也要适当。有三人以上在场，不要只谈两人知道的事情，冷落其他人。与人交谈时，彼此之间的距离不要太近，不可用过多的手势。谈话的声音不要过高，以对方听得清为宜，尤其不要溅出唾沫。

6. 参加谈话先打招呼

参加别人的谈话要先打招呼，别人在个别谈话，不要凑前旁听。若有事需与某人说话，应待别人说完。有人与自己主动说话，应乐于交谈。第三者参与说话，应以握手、点头或微笑表示欢迎。发现有人欲与自己谈话，可主动询问。谈话中遇有急事需要处理或需要离开，应向谈话对方打招呼，表示歉意。

7. 礼貌结束

（1）用"占用你的时间太多了"、"影响您的休息了"等话语来作为结束谈话的理由，表示对对方的尊重，择机告辞。

（2）留心对方的暗示，一旦发现对方利用"身体语言"作出暗示，便趁势提议结束谈话，如"您还有别的事情吧，那我们以后再谈吧"，不要勉强延长谈话。

（3）打算只作短暂交谈时，可预先声明，让对方有所准备。

（4）结束谈话要自然、从容，如说："不早了，再坐10分钟就走"；戛然而止、匆匆告辞，会令人感到粗鲁无礼。

（5）在谈话出现不同意见、僵持局面时，应先转换话题，气氛缓和后再收场。

（6）结束谈话时，应设法给对方留下一个良好的印象。笑容是结束谈话的最佳"句号"。

二、学会及时感谢的礼仪

感谢，也是一种赞美！对它运用得当，可以表示对他人的恩惠领情不忘，知恩图报，而不是忘恩负义、过河拆桥之辈。"谢谢"！这句话虽只有两个字，但如运用得当，却会让人觉得意境深远，魅力无穷。

（一）感谢是理所应当的

任何人为你做了一些事，不管事情多么微不足道，也不管对方是你的家人、老师，还是你的同学、朋友，你都要真诚地致谢，这是理所应当，必不可少的。尤其注意的是，在自己的家里，爷爷、奶奶、爸爸、妈妈等长辈，以及哥哥、姐姐、弟弟、妹妹等，这些人为你付出了某种劳动、帮助，或提供某些方便，应该随即感谢，不要认为没必要。讲礼仪有礼貌会使家庭生活更加和谐。当得到了他人的帮助，提供了方便，而忽略对别人的感谢，这是非常失礼的。至少会造成一种错觉，似乎你把别人的帮助看成是理所当然的，或者别人会猜想是否你对他的帮助感到不够满意。一句"谢谢"虽然简单，但可给人以无限温暖和被理解的感觉。会说"谢谢"的人，给人以受过良好教育、有修养的感觉。"谢谢"不离口的人，会在人际交往中获得益处。

当别人真诚感谢你时，要自然地说"别客气"，不要让别人感觉好像欠了你的人情。受人之助要心存感激，这是一种美德。

（二）感谢要及时

当别人帮助了你时，你的反应要快，要及时地向对方表示感谢。在必要之时，对他人给予自己的关心、照顾、支持、鼓励、帮助，表示必要的感谢，不仅是一种教养，而且也是对对方为自己而"付出"的最直接的肯定。这种做法，不是虚情假意，可有可无的，而是必须的。在这方面，"讷于言而敏于行"，弄不好会导致交往对象的伤感、失望和深深的抱怨。

（三）感谢要大大方方

在人际交往中，受到他人夸奖的时候，应当说"谢谢"。这既是礼貌，也是一种自信。旁人称道自己的衣服很漂亮、英语讲得很流利时，说声"谢谢"最是得体。反之，要是答以"瞎说"、"不怎么地"、"哪里，哪里"、"谁说的"、"少来这一套"，便感觉差多了。

（四）感谢要抓住时机

获赠礼品与受到款待时，别忘了郑重其事地道谢。这句短语，是肯定，也是鼓舞，是对对方最高的评价。得到领导、同事、朋友、邻居们明里暗里的关照后，一定要去当面说一声"谢谢"。在公共场合，得到了陌生人的帮助，也应该当即致以谢意。

（五）感谢要讲究方式

感谢他人有一些常规可以遵循。在方式方法上，有口头道谢、书面道谢、托人道谢、打电话道谢之分。一般的讲，当面口头道谢效果最佳。专门写信道谢，如获赠礼品、赴宴后这样做，也有很好的效果。打电话道谢，时效性强一些，且不易受干扰。托人道谢，除非是人家出面，效果就差一些了。

（六）感谢要适当称呼

表示感谢时，通常应当加上被感谢者的称呼。例如："马小姐，我专门来跟您说一声'谢谢'"，"许总，多谢了"。越是这样，越是显得正式。表示感谢，有时还有必要随便提一下致谢的理由。比如："易先生，谢谢上次您在制作广告方面的帮助"，免得对方感到空洞，或茫然不知所措。

（七）感谢要真心实意

表示感谢，最重要的莫过于要真心实意。为使被感谢者体验这一点，务必要做得认真、诚恳、大方。话要说清楚，要直接，不要连一个"谢"字都讲得含混不清。表情要加以配合：要正视对方双目，面带微笑。必要时，还须专门与对方握手致意。表示感谢，时，所谢的是一个人，自然不宜不予突出。所谢的若是多人，可统而言之"谢谢大家"，也可一一具体到个人，逐个言谢。

【资料小链接】

人生最不能丢的

在纽约学习的三个月时间里，为了节省开支，我没有住酒店，而是租住在公寓楼，我的对门，住着一位叫西蒙的孤单老人，他的老伴早已去世，儿女又在外地工作，出于对他的同情，我总会给他一些力所能及的帮助。

有一天，天色突然变得很暗，可能要下雨了，路上行人匆匆，都在往家的方向赶。其时，我正在从学校赶往住处的路上。突然，我看见一个熟悉的人影正茫然四顾地站在马路上，仔细一看，那人正是西蒙老人。我赶紧走过去，问他是不是需要我的帮助。西蒙老人说，自己迷失了方向，怎么也不记得回家的路了。

我将西蒙老人送回家后，还帮他叫了份外卖，让他吃饱喝足安顿他睡下后，我才返回自己的房间，大约过了半个小时，我的房门被人敲响了，我正在奇怪，此时怎么还会有人找我呢？如果不是房东，便可能是收水电费的。我将门打开，发现竟然是西蒙。他不是已经睡下了吗？我问西蒙老人有什么事，是不是需要我的帮助？

西蒙老人犹豫了半天，又不停地用手拍自己的后脑勺，自言自语地说："我怎么又忘了呢？我明明是有话要跟你说的，可是我突然又想不起来了。"我说："如果不是很重要的话，您就明天想起来了再跟我说吧，现在您需要的是好好地休息。"就在西蒙想转身回自己家的时候，他突然笑着说："谢谢！这就是我要跟你说的话，你今天帮助了我，可我还没有跟你说谢谢呢。"

时间过得很快，转眼我的学习期满。由于飞机起飞的时间很早，回加州的那天，我甚至来不及向西蒙老人告别。我不想将睡梦中的西蒙老人吵醒，便给西蒙老人的儿子打了个电话，告诉他，他父亲的记性不太好，已经到了离不开人照顾的地步了。

回到加州，我马上又投入到紧张的工作中。突然有一天，邮递员交给我一个来自纽约的特快专递，我正在纳闷，我的学习早已结束，在纽约又没有其他亲人，是谁给我寄来的信件呢？打开来看，偌大的一张纸上只有两个字：谢谢。

我一拍脑门，想起来了，肯定是西蒙。因为在我离开纽约之前，我曾经陪西蒙老人去过一次医院，那是西蒙老人每月必做的体检。西蒙老人当时又忘记跟我说谢谢了，这才用特快专递的方式来向我表达谢意了。

我想起自己曾经跟西蒙老人说过，其实他没有必要跟我这么客气的。可他却说，这是他做人的原则。他说："是的，我的记性确实不好，我出门经常将钥匙忘在家里，有时一整天都忘记吃饭，甚至将自己丢在大街上忘了回家的路，这些其实都不重要。我什么都可以丢，但惟独这份对帮助过我的人的谢意不能丢。"

三、学会诚恳道歉的礼仪

在社交生活中，有时难免产生一些误解或隔阂，这时就需要向别人道歉。如何道歉？有的人费尽口舌，极力辩解也不会使对方消除误解，甚至会招致对方的厌烦与愤懑；相反，有的人一句友好诚挚的"对不起"或"真抱歉"，往往会立即消除对方心中的不平与怨愤，从而获得对方的谅解。可见，道歉是大有语言艺术可言的，要讲究礼仪。

（一）道歉态度要坦荡

道歉态度要坦荡，不要怕丢面子。敢于正视自己说过的错话或做过的错事，并勇于向对方表示歉意，这不仅不是一件丢人的事，相反，它反映出一个人内在的涵养和心胸的豁达。否则，道歉时缺乏勇气，遮遮掩掩，支支吾吾，就很难打动对方的心。

（二）道歉语言要诚恳

语言真诚、恳切，不虚伪、不做作。常言道，将心比心，只有发自内心的歉意，才会获得对方的谅解与信赖；也只有真诚、恳切的话语，才可能驱散笼罩在对方心头的愤愤不平，并获得对方友好、善意的回报。

（三）道歉时适当地赞许

适当夸大自己的不足，赞美对方的长处。在公关社交中，道歉不仅是自己或组织对公众失误的检讨，也是对公众自尊心的一种补偿。因此，在道歉时，尽量地用自己的不足和对方的优势进行比较，甚至适当地夸大自己的不足，并尽力赞扬对方的优点，很容易消除对方与自己或组织的心理隔阂，使对方觉得自身价值得到了别人的认可和赞许，因而也就较容易原谅别人的过错。

（四）道歉要及时

应道歉时，就该及早道歉，越拖延就越难以启齿，以致追悔莫及。

（五）道歉方式要恰当

如果觉得道歉的话说不出口，可以用礼物来代替，一束鲜花，一件小礼物，都可以传达悔意，冰释前嫌。

四、学会恰当赞美的礼仪

美国著名心理学家威廉·詹姆斯教授曾说过："人性中最本质的愿望，就是希望得到赞赏。"由此可见，期望赞美和尊重，是我们人类最基本的心理需要。恰当地赞扬别人，能帮助我们消除在日常接触中所产生的种种摩擦与不快。

（一）赞美对方希望被赞美的地方

如果特别喜欢某人，或者特别想成为某人的挚交，可以探查此人的优、缺点，称赞此人希望被赞美的地方。人类都有真正优秀的部分，以及希望被他人认定为优秀的部分。一个人的优秀部分被赞赏，着实能让人高兴。因此，若赞美他希望被赞美的部分，才真正使他从心窝里感到高兴和满足。

例如，男士喜欢别人称道他幽默风趣，很有风度。女士渴望别人注意自己年轻、漂亮。老年人乐于别人欣赏自己知识丰富，身体保养好。孩子们爱听别人表扬自己聪明，懂事。适当地道出他人内心之中渴望获得的赞赏，适得其所，善莫大焉。这种"理解"，最受欢迎。

（二）赞美对方较不易为人所知的优点

在我们身边，就算再差劲的人，也会有一些值得赞美的优点。比如一个人或许没有什么优点，但打羽毛球的技术却很高明，或者酒量非常好等都可以加以赞美。别人赞美他，他一定会感到高兴。对一位被公认很漂亮的女孩表示赞美，由于她平时已被赞美惯了，所以很难让她觉得兴奋。相反，若能找出对方较不易为人所知的优点，则往往可以使对方感到意外的喜悦。

（三）赞美别人贵在真诚

赞美的话说得要坦诚得体，要有诚意，其首要的条件是要有一份诚挚的心意及认真的态度。言词能反映出一个人的心理，有口无心或轻率的说话态度，很容易让对方产生不快的感觉。再者，赞美别人时，不可以讲出与事实相差十万八千里的话。人在接受赞美时，最讨厌别人的是言不由衷。例如，夸奖一位不到40岁的女士"显得真年轻"，还说得过去；要用它来恭维一位气色不佳的80岁的老太太，就过于做作了。离开真诚二字，赞美将毫无意义。

（四）在背地里赞美对方

为了使对方高兴，你可以在褒奖办法上略施技巧，那就是在背地里夸赞对方。当然，若你只是在暗地里称赞对方而他却一无所知，那就一点意义也没有了，你要想办法将你的夸赞通过巧妙的方式确实地传达到对方的耳朵里。这里，慎选传达讯息的人选最重要。你所挑选的人最好是通过传递此一讯息也能获益的人。如果你选有此企图的人做信使，他不仅会确实地传达你的讯息，还有可能锦上添花，增进效果。对他人的赞美，以此种方法最具功效。

（五）交谈之后赞美对方

在与他人交谈即将结束时，你可以对谈话作一番综述，告诉对方他的讲话对你很有启发，使你很有收获，尽可能真实或略有夸张地告诉对方你的感觉。虽然对方知道你的赞美有些夸张，但仍会十分满意。这等于解除了对方的顾虑，肯定了对方的谈话。特别是对方说到得意的地方时，你要积极配合，把你的赞美直接地、明确地表达出来，使对方从中受到鼓舞。此外，在听的过程中，你要对对方的谈话表示出浓厚的兴趣，实际这也是对他的一种表扬，所以在谈话时你要表现出听的欲望，"后来呢……"要不时地问对方，这样他会认为他的话很受欢迎，也就乐意说下去了。

（六）赞美别人不要犹豫

西方谚语有云："给活着的人献上一朵玫瑰比给死者送去豪华的花圈要好得多。"这告诉我们在赞美别人的时候不要犹豫。如同艺术家在把美带给别人时感到愉快一样，任何掌握了赞美艺术的人会发现，赞美不仅给听者，也给自己带来极大的愉快。它给平凡的生活带来了温暖和快乐，把世界的喧闹声变成了音乐。人人都有值得称道的地方，我们只需把它说出来就是了。有时，即使明知对方讲的是奉承话，心中也免不了会沾沾自喜。人总是喜欢别人赞美的，除非你说得太离谱。

（七）赞美用语不可过度

不管赞美哪一个人，因为什么事而赞美，所用赞美之词一定要讲究"度"，恰到好处的赞美话谁听了都高兴。如果你用了过度地赞美，不仅让被赞美者感觉不到自己的优点，而且会觉得在讽刺自己，使你给对方的印象极为不好，影响交谈的效果。所以，在赞美时，所用的赞美话一定要准确、贴切地符合赞美对方的优点，切不可不顾赞美对象的特征和优点，乱说一通。

有位西方学者说：面对一位真正美丽的姑娘，才能夸她"漂亮"。面对相貌平平的姑娘，称道她"气质甚好"，方为得体。而"很有教养"一类的赞语，则只能用来对长相实在无可称道的姑娘讲。

（八）赞美用词要恰当

比如，赞美旁人："您今天穿的这件衣服，比前天穿的那件衣服好看多了"，或是"去年您拍的那张照片，看上去您多么年轻呀"，都是用词不当的典型例子。前者有可能被理解为指责对方"前天穿的那件衣服"太差劲，不会穿衣服；后者则有可能被理解为是在向对方暗示：您老得真快！您现在看上去可一点儿也不年轻了。您说，讲这种废话是不是还不如免开尊口呢？

五、学会巧妙拒绝的礼仪

一般来说，在交际中能随和、恭顺总是受人欢迎的。但是这些优点如走极端，也会变成人的弱点。生活、工作中有很多需要说"不"的时候，应该敢于在分歧时大胆表明自己的态度，给予回绝。有时尽管拒绝他人会使双方一时有些尴尬难堪，但"长痛不如短痛"，"当断不断，自受其乱"，需要拒绝时，就应将此意以适当的形式表达出来。卓别林曾说过："学会说'不'吧！那你的生活将会好得多。"一个人应该明白他必须学会巧妙地拒绝，才能赢得真正的友谊、理解和尊敬。

（一）态度诚恳地拒绝

提出要求的人形形色色，提出的要求也各种各样，要根据事情的性质和与对方的关系来确定表达方式。但不论什么情况，诚恳的态度都是首要和必不可少的。对相交坦率的朋友，可直率表明拒绝的原因；对一般同事、同学、上下级，应认真了解要求的详情，再表达出自己经过认真考虑，还是无法办到，不要给人以敷衍的感觉。

（二）态度明确地拒绝

应该使对方明白无误地了解你的意思。一般说，拒绝总有一个思考的过程，不能像回答问题那样立即反应，如果没有经过思考就拒绝，就会让对方太伤心。拒绝时应打消对方的幻想，不要用含糊的托词："我再想想看"，"到时候再说"等，应有明确的信息："很抱歉，我不能满足你的要求。"态度坚决，别人就不会再来强迫你了。

（三）讲明处境地拒绝

当对方提出的要求自己确实无法办到时，应诚恳地讲明原因，说明自己力不从心的处境，请对方给予谅解。这时也可以把"皮球"扔给对方：你看怎么办才好呢？这种情况下对方会降低或放弃自己的条件，甚至可能会作出否定结论，这就替你解围了。

（四）以提出建议代替拒绝

这是比较理想的解决方式，既表明了自己的态度，又使拒绝具有建设性。例如，诗人叶赛宁到莫斯科来找加里宁申请住宅。加里宁没有说叶赛宁不应住在城市，也没提房子问题，而是劝导他到农村的新生活中去体验，循循善诱，从诗到农民，从农民到农村、到体验生活，非常自然地解决了问题。

（五）措辞委婉地拒绝

在拒绝别人的请求或帮助时，断然地说"不行、办不到"，有可能引起对方产生"难道没有别的表达方式了吗"的感慨。因此，你应该学会用一种婉转巧妙的语言来避免这种尴尬局面。

例如，一位男士送内衣给一位关系一般的小姐，这非同寻常。如果反唇相讥："这是给你妈买的吧？"便似泼妇了。不如婉言相拒，说："它很漂亮。只不过这种样式的我男朋友给我买过好几件了，留着送你女朋友吧"。这么说，既暗示了自己已经"名花有主"，又提醒对方注意分寸。

若是外商在商务交往中送了现金，按规定是不能接受的，但总不能不近人情地质问对方"用心何在"。不妨采用婉转的语气，来拒绝馈赠，如可以说："某先生，实在要感谢您的美意，但我公司规定，在商务活动中不能接受他人赠送的礼金。对不起了，您的钱我不能收。"这样对方就不好强人所难了。

（六）选择好场合环境拒绝

拒绝别人时，最忌讳在大庭广众之下或有第三者在场，因为这样很容易给对方带来难堪，伤害他的自尊心。这样做的结果，不管你的道理多么充分，对方都会产生强烈的戒备心和防卫感，从而与你情感破裂，行为对立，甚至会耿耿于怀，永不原谅。

（七）先扬后抑地拒绝

先肯定对方的优势。善意的拒绝是为了让对方改正不恰当的要求或错误，而并非是为了刺伤对方，羞辱对方。因此，要讲究方法，尽量把话说得婉转、迂回，富有人情味。特别是在有些情况下，如果先承认对方的优点，在得到对方情感认同的情况下，再善意地表示拒绝或否定，往往既可使对方容易接受，又不至于招致对方的防范和反感。

（八）给对方"台阶"地拒绝

在拒绝或否定别人时，要想使他们避免难堪，自尊心不受伤害，还应设法给对方找个台阶下。这样，对方不仅会乐意接受你的拒绝，还会从心底里感谢你，对你产生好感。

（九）讲究技巧地拒绝

用沉默表示拒绝。沉默拒绝，就是在面对难以回答的问题时，暂时中止"发言"，一言不发。当他人的问题很棘手甚至具有挑衅、侮辱的意味，"拔剑而起，挺身而斗"，未必勇也。不妨以静制动，一言不发，静观其变。这种不说"不"字的拒绝，所表达出的无可奉告之意，常常会在心理上产生极强的威慑力，令对方不得不在这一问题上"遁去"。当别人说："你喜欢吗？"其实你心里并不喜欢，这时可以不表态，别人也会明白。

用拖延表示拒绝。一个朋友想和你约会，"明晚八点跳舞，好吗？"你可以回答："明天再说吧，到时我给你打电话。"

用推脱表示拒绝。有人想找你谈话，你看看表，"对不起，我还要参加一个会，改天行吗？"

用回避表示拒绝。回避拒绝，就是避实就虚，对对方不说"是"，也不说"否"，只是搁置此事，转而议论其他事情。遇上他人过分的要求或难答的问题时，均可相机一试此法。例如，你和朋友一起看一部打斗片，出电影院后，朋友问："你觉得这个影片怎么样？"你可以回答："我更喜欢抒情的影片。"

用反语表示拒绝。你的恋人问："你喜欢我的这个朋友吗？"你可以回答："你认为我喜欢她吗？"

六、学会技巧劝说的礼仪

常言道：话有三说，巧说为妙。不同的谈话方式其效果往往大不一样。

（一）以退为进地劝说

古人曰："将欲取之，必先予之。"在说服对方发生困难时，不妨先绕开话题，作些适当的让步，以便消除对方情绪的对立，使他没有戒备心后，再因势利导，以退为进，陈述利害。

（二）理解对方地劝说

这也是劝说别人的一个重要条件。理解对方就是在劝说之前先要设身处地的多了解、多理解被说服者，这样才能感情真挚，缩短双方的心理距离，说服、规劝才容易打动对方的心灵。

（三）旁敲侧击地劝说

这是指通过曲折、隐晦的语言形式，把自己的思想意见暗示给对方。这样，既可以达到说服引导以至批评的目的，又可以避免难堪的场面。

（四）循循善诱地劝说

劝说别人，寻求双方态度上的一致性，往往是进行有效劝说的重要基础。因此，有步骤地、耐心地诱导对方思考，并巧妙、得体地启发、开导对方，使对方做到心悦诚服，也不失为劝说的一种语言艺术。

（五）直言点拨地劝说

劝说，也可以直言相告，但要注意分寸。在现实生活中，如果双方关系密切，互不猜疑时也可以运用该方法。即使是在陌生人中间，只要一方能确立起权威性，也可以运用。这种方式效率高、节奏快，它的要领在于直言和简洁，稍加点拨，对方就可以心领神会，产生效果，不需长篇大论地大费口舌。

七、学会耐心倾听的礼仪

（一）保持倾听的兴趣

对对方提供的各种信息保持充分的兴趣与敏感性，不要妄自评断。不要以自我为中心，自己是妨碍有效倾听的最大障碍。不知不觉被自己的兴趣和想法所缠住，而错失了别人想透露的东西。

（二）不要预设倾听立场

如果你一开始就认定对方很无趣或已有答案，你就会不断从对话中设法验证你的观点，结果你所听到的都会是无趣的。抱定高度期望值会让对方努力表现出他良好的一面。好的倾听者不必完全同意对方的看法，但是至少要认真接纳对方的话语。点头并不时说"原来如此"、"我本来不知道"，说不定他说的是正确的，你或许也可以从中获益。

（三）注重倾听肢体语言

在倾听时，眼睛注视对方、不时点头称是、身体前倾、微笑或痛苦的脸部表情等肢体语言都可用来表达你的意思。

在生活和工作中，许多人为了纠正别人的意见，往往会絮絮叨叨没完没了。对此，沟通交际大师哈德·艾略特认为，你不如让对方畅所欲言，因为每个人对关于自己的问题一定比别人知道得多，所以不如多给他说话的机会，听听他的看法。学会耐心地倾听，尊重他人，满足对方的自我成就感。

八、学会热情寒暄的礼仪

在社交活动中，寒暄能使不相识的人相互认识，使不熟悉的人相互熟悉，使沉闷的气氛变得活跃。尤其是初次见面，几句得体的寒暄语，会使气氛变得融洽，会使两个人相见恨晚，这有利于顺畅地进入正式交谈。这样，寒暄就由交往的表示升华为交往的开场白。

寒暄这个词，现代汉语词典解释为：见面时谈天气冷暖之类的应酬话。寒暄的意思说白了，就是问寒问暖。我们在工作和生活中，遇到熟人，都需要说上几句寒暄的话，用以沟通彼此之间的感情，创造出和谐的气氛。寒暄虽然是人们相会时的见面语，但也是交谈者之间一座友谊的桥梁。寒暄并不是几句废话，它是交谈的"导语"，具有抛砖引玉的作用，是人际交往中不可缺少的重要一环。

（一）得体坦诚的寒暄

初次见面或经人介绍两人相识，说上几句得体的寒暄话，有助于增进彼此之间的友谊和了解，也是提高交际质量的基础。从心理角度上看，初次见面，双方都有一种想了解对方的愿望，此时，彼此都注意对方的言谈举止，因而，寒暄中的语言要体现出真挚、坦诚、热情。如"你好！"、"初次见面，请多关照！"等等。

（二）区分对象的寒暄

初次见面，采用问候式和谈天式的寒暄方式比较好。交谈者可根据不同的场合、环境、对象进行不同的问候。比如，从年龄上考虑，对老年人可以问："身体好吗？"对成年人问："工作忙吗？"对少年儿童要问："几岁了？"或者问："上几年级了？"从职业上考虑，对艺术家问："又有什么作品问世了？"对商人问："生意怎么样？"对教师可以问："今天有课吗？"对工人可以问："工作累不累？"

对陌生人之间见面，一时难以找到合适的话题，就会说类似于"今天的天气真不错"，"今天的天气真冷"之类的话。用此话来打破拘束的场面。诗人崔颢的诗《长干曲》："君家何处住？妾住在横塘。停船暂相问，或恐是同乡。"这四句诗表现的也是陌生人间相互问候的场面，其主人公一个客居他乡的女子想通过乡音和乡俗，问其籍贯，攀个"同乡"。

对朋友、邻居、同事的寒暄就更加丰富了，如果用得好能够密切关系，增进友谊。熟人相见也有长幼之分，男女之别，由于各自熟悉的程度等方面不尽一致，因而，寒暄的用语也应有区别。同长辈相遇，应该表示谦恭；见到同辈可以随意些，但不能让人感到粗俗，也要有礼貌；碰到晚辈可等晚辈先说话，并且应言而答。比如，你的同事小王穿一套新西服，你可以赞美道："小王，你穿上这套西服，更加有风度了！"如果女同事新穿一件连衣裙，你可以用赞美的语气说："小周，你穿上这件连衣裙，更加漂亮了！"小周会很高兴的。如遇上年龄大的朋友或同事，你可以说："老张越来越年轻了。"老张也会很高兴，并报之以感谢的目光。熟人赞美式寒暄能够营造一种和谐气氛。

（三）恰到好处的寒暄

说话时要委婉，恰到好处，用语不宜过多，能用一言以代之的决不说"三言两语"。

如果滔滔不绝地说个没完，会给人以轻浮的感觉。

如果是早晨在门口或路上遇见朋友，你可以说："早晨好！上班去?"如果在食堂碰见，你可以说："吃了吗?"等，这种寒暄随口而来，但一定要得体，不能乱用。如："吃了吗?"这句话一般在早上、中午、晚上用餐时间使用较为妥帖，若二人在上午十点或下午三点时相遇，用"吃了吗?"来问候，便有些不合时宜了。曾经有这样一个场面，一个同事刚刚从厕所出来，另一个同事并非恶意地寒暄了一句："吃了吗?"结果，对方误会了，很不高兴地回了句："你去吃吧!"可见寒暄的话，也并非可以随手拈来。

（四）讲究场合的寒暄

当被介绍给他人认识之后，应当跟对方寒暄。若只向他点点头，或是只握一下手，通常会被理解为不想与之深谈，不愿与之结交。碰上熟人，也应当跟他寒暄一两句。若视若不见，不置一词，难免显得自己妄自尊大。

（五）寒暄语的特色

在不同时候，适用的寒暄语各有特点。跟初次见面的人寒暄，最标准的说法是"您好"、"很高兴能认识你"、"见到您非常荣幸"。比较文雅一些的话，可以说"久仰"，或者说"幸会"。要想随便一些，也可以说"早听说过您的大名"、"某某人经常跟我谈起您"，或是"我早就拜读过您的大作"、"我听过您作的报告"，等等。跟熟人寒暄，用语则不妨显得亲切一些，具体一些。可以说"好久没见了"、"又见面了"，也可以讲"您气色不错"、"您的发型真棒"、"您的小孙女好可爱呀"、"今天的风真大"、"上班去吗"。

寒暄语不一定具有实质性内容，而且可长可短，需要因人、因时、因地而异，但它却具备了简洁、友好与尊重的特征。

寒暄语应当删繁就简，不要过于程式化，像写八股文。例如，两人初次见面，一个说："久闻大名，如雷贯耳，今日得见，三生有幸。"另一个则道："岂敢，岂敢。"搞得像演出古装戏一样，就大可不必了。

寒暄语应带有友好之意，敬重之心。既不容许敷衍了事般地打哈哈，也不可用以戏弄对方。"来了"，"瞧你那德性"，"喂，你又长膘了"，等等，应禁用。

九、学会祝贺慰问的礼仪

（一）祝贺的礼仪

1. 祝贺，就是向他人道喜。每当亲朋好友在工作与生活上取得了进展，或是恰逢节日喜庆之时，对其致以热烈且富有感情色彩的吉语佳言，会使对方的心情更为舒畅，双方的关系更为密切。

2. 祝贺的方式多种多样。口头祝贺、电话祝贺、书信祝贺、传真祝福、贺卡祝贺、贺电祝贺、点播祝贺、赠礼祝贺、设宴祝贺等，都有自己特定的适用范围。在多数情况下，几种方式也可以同时并用。

口头祝贺，是用到的机会最多的一种祝贺方式。口头祝贺，总体上的礼仪性要求是要简洁、热情、友善、包含感情色彩，要区分对象，回避对方之所忌。口头上的祝贺都以一些约定俗成的表达方式来进行。例如，"恭喜，恭喜"、"我真为您而高兴"，就是国人常用的道贺之语。"事业成功"、"学习进步"、"工作顺利"、"一帆风顺"、"身体健康"、"生活幸福"、"阖家平安"、"心想事成"、"恭喜发财"之类的吉祥话，也人人耳熟能详，百听不厌。

3. 祝贺的时机需要审慎选择。适逢亲朋好友结婚、生育、乔迁、获奖、晋职、晋级、过生日、出国深造、事业上取得突出成就之时，应当及时向其表示自己为对方而高兴。不然，就有疏远双方关系、心存不满或妒忌之嫌。碰上节日，出于礼貌，向亲朋好友们道贺，也是必要的。对于关系单位的开业、扩店、周年纪念、业务佳绩，予以祝贺，亦"义不容辞"。

4. 对象不同，时刻不同，道贺之语的选择应有所不同。在祝贺同行开业时，"事业兴旺"、"大展宏图"、"日新月异"、"生意兴隆"、"财源茂盛"，恐怕是对方最爱听的话。

在祝贺生日时，除了"生日快乐"可广泛使用外，"寿比南山，福如东海"，这种老寿星爱听的祝词，就不宜对年轻人尤其是孩子们来讲。

对新婚夫妇，使用"天长地久"、"比翼齐飞"、"白头偕老"、"百年好合"、"互敬互爱"、"早生贵子"之类的祝贺语，能使对方更加陶醉在幸福与憧憬之中，多多益善。

5. 祝贺不要冒犯禁忌。有些话本意不错，但可能会犯一些人的忌讳，故宜加以回避。例如，乘飞机者，不喜欢祝他"一路顺风"，因为这对飞机飞行有碍，香港人不爱听别人祝他"快乐"，爱讨口彩的他们，往往把"快乐"听成了与之发音一样的"快落"，那样岂不是太不吉利了。

若明知一位小姐才疏学浅，事业上难有重大进展，那么就不该祝她"事业有成"，免得让人家"感时花溅泪"。代之以"生活幸福美满"，大概才能让对方芳心大悦。

（二）慰问的礼仪

如果说适时而得体的祝贺可以在人与人之间建立密切感情，促进友谊的话，那么，一句恰当的慰问语，也可以把你的关心、体贴和爱护，及时地传达给自己的交往对象，像"雪中送炭"一样温暖对方孤寂和伤感的心灵。

1. 慰问，就是在他人遭遇重大变故，如患病、负伤、失恋、丧子、丧偶、婚姻裂变，极感痛苦忧伤之时，或破产、关厂、失业、休学、研究受阻、市场开拓失败，遭受困难挫折之时，对其进行安慰与问候，使其稍安勿躁，稳定情绪，去除或减轻哀伤。在适当的时机，还可给予对方一定的支持与鼓励。

2. 慰问，首先要表现得"患难与共"。不论是表情、神态，还是动作、语言，都应当真诚地显示出慰问者的"同舟共济"之心，体贴关心之意。

例如，在慰问逝者的亲属、探视伤病员、安慰失恋者时，应表情凝重，语调深沉舒缓，语言饱含关心与同情之意。若是嘻嘻哈哈、喜眉笑眼，语调尖锐、油滑，语言随意、放肆、轻浮，就会给人以"我方悲伤之日，即是彼方开心之时"的幸灾乐祸的感觉。当然，也不宜矫枉过正，表现过分。若是一见面就表现得"冷冷清清，凄凄惨惨戚戚"、"人未语，泪先流"，搞得被慰问者伤心落泪，恶化其情绪，亦属不当之举。

3. 慰问语的重点是关心，体贴与疏导。对生活困难者，可询问其具体的难题，并给予力所能及的援助。

对工作受挫者，应鼓励其"前途是光明的，道路是曲折的"，"自古英雄多磨难，从来执拗少伟男"，支持其再接再厉，奋起直追。

对失恋者，可以"王顾左右而言他"，免谈此事，尤其不宜评论对方原先的那个"他"或"她"。也可以劝慰其"天涯何处无芳草"，或"大丈夫何患无妻"。

对于颓废之人，则可以多些激励。告之"牢骚太盛防肠断，风物长宜放眼量"，"人总是要有点精神的"。

4. 慰问语应选择适当。不要嘲讽、指责对方。说什么："当初我也碰上过这事，但我可不这样"，"瞧瞧，我原先说什么来着"，"不听好人言，吃苦在眼前"，都很没有水平。明明一位小姐对某位先生的暗恋"前程渺茫"，就不应再为之出谋划策，鼓励其"成功就在于最后的坚持之中"。

5. 慰问时，与被慰问者进行一些交流是必要的。但没有必要对对方的"伤心往事"刨根问底，对方要是不讲，就不该再三"咨询"，非逼得对方"一吐为快"。

第六节　宴请礼仪

【案例传真】

清朝官员出洋相

有个笑话，说的是在大清年间，李鸿章大人请外国人吃饭。中午吃的是饺子。老外没用过筷子，不知道这两根小棍子怎么就能把饺子给夹起来。李鸿章心想，"这可怎么办呀？这外国人要是不高兴了，老佛爷一定会怪我办事不力的！唉！算了，丢下我的老脸，用手抓吧！"老外一看，哦，原来可以用手抓着吃的。于是一个个赶忙用手抓了起来！到了下午，改吃面条了！老外这回学得精了，都不急着吃，先看看李鸿章怎么办！李鸿章大人一看见老外现在的样子就想起了中午吃饺子时的情景，忍不住笑了起来。这一笑不好了，面条从鼻子里喷出了半根……老外全部惊呆了，这怎么学呀？这长长的东西是怎么从嘴里吃进去再从鼻子里出来半根的呀？

无独有偶。相传清朝时期有位官员出访外国。某日，该官员应该国首相之邀前往赴宴，餐桌上双方的交谈甚为融洽。中国官员学着外国人的样子使用刀叉，虽然既费劲又辛苦，但他觉自己挺得体的，总算没丢脸。临近晚宴尾声时，习惯喝汤的中国官员盛了几勺精致小盆里的"汤"放到自己碗里，然后喝下。当时该国首相还不了解中国虚实，为不使中国官员出丑，他也盛了精致小盆里的"汤"一饮而尽，见此情形，其他文武百官只得忍笑奉陪。

宴请礼仪，是中华饮食文化的重要组成部分。学习宴请礼仪，主要需要掌握宴请的不同方式，宴请的安排，宴会的座次安排，菜单的拟订和用酒等礼仪的规则和技巧。

一、宴请的不同方式

宴请是一种常见的礼仪社交活动。就宴请活动的性质而言，一般有三种：第一种是礼仪性的。例如，庆祝国庆日或其他重要节日，庆祝重大工程的竣工等礼仪活动。第二种是交谊性的，主要是为表示友好，发展友谊。例如，接风、送行、告别等。第三种是为解决特定的工作问题而举行宴请，以便宴会的各方在席间进行商谈。这三种情况，有时交相为用，兼而有之。

就宴请的形式而言，常见的有宴会、冷餐（或称自助餐）和酒会。宴会又有国宴、晚宴、午宴、早餐、工作餐之分。自助餐和酒会有时统称为招待会。

国宴是最隆重、最正式的宴会。逢国家庆典或欢迎外国元首、政府首脑时举行，由国家元首或政府首脑出面主持。宴会厅内悬挂国旗，乐队奏国歌及席间乐，席间致辞或祝酒。一般的工作餐，多在午间举行。冷餐招待会（或称自助餐）是一种比较方便灵活的宴请形式，现在比较流行。招待会设餐台，大型招待会还可设多处餐台。餐台上陈列各种食品菜肴，有的布置成各种图案，色彩缤纷，甚为好看。餐盘、刀、叉及餐巾、面巾纸等放置在桌上，客人可自取选用，也可由招待员端送。

二、宴请的安排

宴会时间的选定，注意不要选择对方重大的节假日、有重要活动或有禁忌的日子和时间。例如，对信奉基督教的人士不要选13号；伊斯兰教在斋月内白天禁食，宴请宜在日落后举行；小型宴请的时间，应首先征询主要客人的意见，主宾同意后再约请其他宾客。

宴会地点的选择：官方的、正式的、隆重的活动，一般安排在政府、议会大厦或宾馆饭店的大厅举行；其余按活动性质、规模大小、宴请方式及实际可能选定。

宴请活动一般均先发请柬。这既是礼貌，亦对客人起提醒、备忘的作用。除了宴请临时来访人员、时间紧促的情况以外，宴会的请柬一般应在两三周前发出，至少亦应提前一周，太晚了不礼貌。有的人甚至因此拒不应邀。已经口头邀约好的也以补送请柬备忘为好。可在请柬一角标注"备忘"字样。

三、宴会座次的安排

一般的宴会，除自助餐、茶会及酒会外，主人必须安排客人的席次，不能以随便就座的方式，引起主客及其他客人的不满。下面就桌次的顺序和每桌座位的尊卑进行分述，以供读者参考。

（一）桌次的顺序

一般家庭的宴会，饭厅置圆桌一台，自无桌次顺序的区分，但如果宴会设在饭店或礼堂，圆桌两桌或两桌以上时，则必须定其大小。其定位的原则，以背对饭厅或礼堂为正位，以右旁为大，左旁为小，如场地一排有三桌，则以中间为大，右旁次之，左旁为小。

（二）席次的安排

宾客邀妥后，必须安排客人的席次。目前我国以中餐圆桌款宴，有中式及西式两种席次的安排。两种方式不一，但基本原则相同。一般而言，必须注意下列原则：

1. 席次的安排，亦以右为尊，左为卑。故如男女主人并座，则男左女右，以右为大。如席设两桌，男女主人分开主持，则以右桌为大。宾客席次的安排亦然，即以男女主人右侧为大，左侧为小。

2. 职位或地位高者为尊，高者坐上席，依职位高低，即官阶高低定位，不能逾越。

3. 职位或地位相同，则必须依官职传统习惯定位。

4. 女士以夫为贵，其排名的次序，与其丈夫相同，即在众多宾客中，男主宾排第一位，其夫人排第二位。但如邀请对象是女宾，因她是某部长，而这位先生官位不显，譬如是某大公司的董事长，则必须排在所有部长之后，夫不见得与妻同贵。

5. 与宴宾客有政府官员、社会团体领袖及社会贤达参加的场合，则依政府官员、社会团体领袖、社会贤达为序。

6. 欧美人士视宴会为社交最佳场合，故席位采取分座之原则，即男女分座，排位时男女互为间隔。夫妇、父女、母子、兄妹等必须分开。如有外宾在座，则采取杂坐。

7. 遵守社会伦理，长幼有序，师生有别，在非正式的宴会场合，尤应恪遵。如某君已为部长，而某教授为其恩师，在非正式场合，不能将某教授排在该部长之下。

8. 座位的末座，不能安排女宾。

9. 在男女主人出面设宴而对坐的席次，不论圆桌或长桌，凡是八、十二、十六、二十、二十四人（余类推）座次的安排，必有两男两女并坐的情形。

10. 男女主人的宴会，邀请了他的上级领导，如经理邀请了其董事长，则男女主人必须谦让其应坐的尊位，改座次位等。

座位排妥后，应设法在入席前通知出席者，并现场对主要客人进行引导。通知席位的办法有以下几种：

较大型宴会，以在请柬上注明席次为最好。

中小型宴会，可在宴会厅门口放置一席位图，画明每个人的位置，请参加者自看。

有的小型宴请，也可以口头通知，或在入席时，由主人及招待人员引坐。在每个座位上均应放置书写清楚的座位卡。如果是多桌次的宴会，还应在每个桌上放置桌次牌。桌次牌可在宴会开始，入座完毕后撤去。

四、菜单的拟订

宴会上的食品菜肴，要精致可口，适合来宾的口味，而且还要美观大方，让人看了悦目赏心，做到色香味俱全。客人往往从主人准备的美味佳肴中，体会到热诚待客的心意，留下久而难忘的记忆。

对于客人的宗教习惯一定要注意尊重。

五、宴会的程序

举行宴会，主人应站在大厅门口迎接客人。官方正式活动，还可以由少数主要官员、陪员陪同主人夫妇排列迎宾，通常称为迎宾线。客人握手后进入休息厅，如无休息厅则直接进入宴会厅，但不入座。

主人陪同主宾进入宴会厅，全体客人就座，宴会即正式开始。如休息厅较小，或宴会规模大，也可请主桌以外的客人先入座，主宾席最后入座。

举行宴会时，如双方有讲话，一般安排在热菜之后、甜食之前，或入席先讲话，后用餐。

正式宴会，吃完水果，主人与主宾起立，宴会即告结束。主宾告辞时，主人送主宾到门口，原迎宾人员按顺序排列送客。

六、赴宴礼仪

和西餐相比，中餐的一大特色就是就餐餐具有所不同，我们主要介绍一下平时经常出现问题的餐具使用。

（一）筷子

筷子是中餐最主要的餐具。使用筷子，通常必须成双使用。用筷子取菜、用餐的时候，要注意下面几个"小"问题：

一是不论筷子上是否残留着食物，都不要去舔。用舔过的筷子去夹菜，倒人胃口。

二是与人交谈时，要暂时放下筷子，不能一边说话，一边像舞指挥棒似的舞着筷子。

三是不要把筷子竖插放在食物上面。因为这种插法，按照中国传统只在祭奠死者的时候才用。

四是严格筷子的职能。筷子是用来夹取食物的。用来剔牙、挠痒或是用来夹取食物之外的东西都是失礼的。

（二）勺子

它的主要作用是舀取菜肴、食物。有时，用筷子取食时，也可以用勺子来辅助。尽量不要单用勺子去取菜。用勺子取食物时，不要过满，免得溢出来弄脏餐桌或自己的衣服。在舀取食物后，可以在原处"暂停"片刻，汤汁不会再往下流时，再移回来享用。

暂不用勺子时，应放在自己的碟子上，不要把它直接放在餐桌上，或是让它在食物中"立正"。用勺子取食物后，要立即食用或放在自己碟子里，不要再把它倒回原处。而如果取用的食物太烫，不可用勺子舀来舀去，也不要用嘴对着吹，可以先放到自己的碗里等凉了再吃。不要把勺子塞到嘴里，或者反复吮吸、舔食。

（三）盘子

稍小点的盘子就是碟子，主要用来盛放食物，在使用方面和碗略同。盘子在餐桌上一般要保持原位，而且不要堆放在一起。

需要着重说明的是一种用途比较特殊的被称为食碟的盘子。食碟的主要作用，是用来暂放从公用的菜盘里取来享用的菜肴的。用食碟时，一次不要取放过多的菜肴，看起来杂乱不堪，不要把多种菜肴堆放在一起，弄不好它们会相互"窜味"，不好看，也不好吃。不吃的残渣、骨、刺不要吐在地上、桌上，而应轻轻取放在食碟前端，放的时候不能直接从嘴里吐在食碟上，要用筷子夹放到碟子旁边。如果食碟放满了，可以让服务员换。

（四）水杯

主要用来盛放清水、汽水、果汁等饮料。不要用它来盛酒，也不要倒扣水杯。另外，喝进嘴里的东西不能再吐回水杯。

（五）中餐用餐前

比较讲究的话，会为每位用餐者上一块湿毛巾。它只能用来擦手。擦手后，应该放回盘子里，由服务员拿走。有时候，在正式宴会结束前，会再上一块湿毛巾。和前者不同的是，它只能用来擦嘴，却不能擦脸、抹汗。

（六）牙签

尽量不要当众剔牙，非剔不行时，用另一只手掩住口部，剔出来的东西，不要当众观赏或再次入口，也不要随手乱弹，随口乱吐。剔牙后，不要长时间叼着牙签，更不要用来扎取食物。

七、用餐的得体表现

（一）吃鱼的礼仪

任何国家的餐饮，都有自己的传统习惯和寓意，中餐也不例外。比方说，过年少不了鱼，表示"年年有余"；和渔家、海员吃鱼的时候，忌讳把鱼翻身，因为那有"翻船"的意思。

（二）用餐的礼仪

开始用餐，要讲究文明礼貌，要注意自己的"吃相"。养成良好的用餐习惯。一般应注意以下几点：

1. 让长辈先动碗筷用餐，或听到长辈说"大家一块吃吧"，你再动筷，不能抢在长辈的前面。

2. 吃饭时，要端起碗，大拇指扣住碗口，食指、中指、无名指扣碗底，手心空着。不端碗伏在桌子上对着碗吃饭，这样不但吃相不雅，而且压迫胃部，影响消化。

3. 夹菜时，应从盘子靠近或面对自己的盘边夹起，不要从盘子中间或靠别人的一边夹起，更不能用筷子在菜盘子里翻来倒去地"寻寻觅觅"，眼睛也不要老盯着菜盘子，一次夹菜也不宜太多。遇到自己爱吃的菜，不可如风卷残云一般猛吃一气，更不能干脆把盘子端到自己跟前，大吃特吃，要顾及同桌的其他人。如果盘中的菜已不多，你又想把它"打扫"干净，应征询一下同桌人的意见，别人都表示不吃了，你才可以把它吃光。

4. 要闭嘴咀嚼，细嚼慢咽，这不仅有利于消化，也是餐桌上的礼仪要求。绝不能张开大嘴，大块往嘴里塞，狼吞虎咽的，更不能在夹起饭菜时，伸长脖子，张开大嘴，伸着舌头用嘴去接菜；一次不要放入太多的食物进口，不然会给人留下一副嘴馋和贪婪的印象。

5. 用餐的动作要文雅一些。夹菜时，不要碰到邻座，不要把盘里的菜拨到桌子上，不要把汤泼翻，不要将菜汤滴到桌子上。嘴角沾有饭粒，要用餐纸或餐巾轻轻抹去，不要用舌头去舔。咀嚼饭菜，嘴里不要发出"叭叭""呱唧呱唧"的声音。口含食物，最好不要与别人交谈；开玩笑要有节制，以免口中食物喷出来，或者呛入气管，造成危险；确实需要与人谈话时，应轻声细语。

6. 吐出的骨头、鱼刺、菜渣，要用筷子或手取接出来，放在自己面前的桌子上，不能直接吐到桌面上或地面上。如果要咳嗽，打喷嚏，要用手或手帕捂住嘴，并把头向后方转。吃饭嚼到沙粒或嗓子里有痰时，要离开餐桌去吐掉。

7. 在吃饭过程中，要尽量自己添饭，并能主动给长辈添饭、夹菜。遇到长辈给自己添饭、夹菜时，要道谢。

8. 吃饭时要精神集中，有些人在吃饭时看电视或看书报，这是不良的习惯，既不卫生，又影响食物的消化吸收，还会损伤视力。

9. 用餐时经常会遇到食物塞进牙缝、不小心掉下刀叉，甚至在菜中见到"异物"等既普遍又尴尬的情况。倘若处理不当便会予人没有礼貌的感觉，更糟糕的会影响别人的食欲。

10. 用餐的时候，不要吃得摇头摆脑，宽衣解带，满脸油汗，汁汤横流，响声大作。这样不但失态欠雅，而且还会败坏别人的食欲。可以劝别人多用一些，或是品尝某道菜肴，但不要不由分说，擅自作主，主动为别人夹菜、添饭。这样做不但不卫生，而且还会让人勉为其难。

11. 取菜的时候，不要左顾右盼，翻来覆去，在公用的菜盘内挑挑拣拣。要是夹起来又放回去，就显得缺乏教养。多人一桌用餐，取菜要注意相互礼让，依次而行，取用适量。不要多吃好吃的，争来抢去，而不考虑别人用过没有。够不到的菜，可以请人帮助，不要起身甚至离座去取。

（三）用餐礼仪的八个"不"

1. 不宜涂过浓的香水，以免香水味盖过菜肴味道。

2. 女士出席隆重晚宴时避免戴帽子及穿高筒靴。

3. 刀叉、餐巾掉在地上时不要趴到桌下捡回，应请服务员另外补给。

4. 食物屑塞进牙缝时，不应一股脑儿用牙签把它弄出，应喝点水，试试情况能否改善。如果不行，便该到洗手间处理一下。

5. 菜肴中有异物时，切勿大张旗鼓，以免影响别人的食欲。应保持镇定，用餐巾把它挑出来并丢掉。

6. 切忌在妙语连珠的时候不自觉地挥舞刀叉。

7. 不应在用餐时吐东西，如遇太辣或太烫的食物，可赶快喝下冰水作调适，实在吃不下时便到洗手间处理。

8. 女士用餐前应先将口红擦掉，以免在杯或餐具上留下唇印，予人不洁之感。

（四）斟酒的礼仪

斟酒一般由主人来做，也可以由年龄小的人给年纪大的人斟，或晚辈给长辈斟。斟酒的顺序应从主宾位开始顺时针进行，最后给自己。

（五）意外情况的处理

打翻白酒比较好处理，只要确定酒未渗透桌布沾到木质桌面，其他都不难解决（因为酒会破坏木材表面）。白酒不太会残留在桌布上，丢进洗衣机洗洗就行了。最重要的是，得赶快用餐巾把酒抹干，然后拿纸巾垫在桌布和桌面之间。

打翻红酒就麻烦得多，留下的渍痕可能怎么也洗不掉，所以一打翻就要尽快处理。如果你是闯祸的客人，听到人说"大家不要动，我会处理"，就最好别动；如果现场有服务生，服务生会处理；如果没有服务生，主人又不反对，应该立刻跑到厨房拿纸巾、干净的抹布或苏打水。

首先，除去桌布下的残酒，再从上头把酒吸干，拿纸巾垫在桌布下保护桌面。接下来，可在红酒渍上放一大堆盐，也可以倒苏打水然后用干净抹布吸干。如果在席位桌垫上打翻红酒，则立刻把布垫浸在冷水里；如果没桌布，只好等客人都离开后再用冷水泡。

最重要的是请记住，如果你是主人，一定要让闯祸的客人感到你根本不在意，压根儿忘了这回事；如果你是闯祸的客人，就请尽力协助善后，若酒渍很深，请主动要求第二天替主人把桌布拿去洗衣店干洗。

【小贴士】

餐桌上的一般礼仪

1. 入座后姿势端正，脚踏在本人座位下，不可任意伸直，手肘不得靠桌沿，或将手放在邻座椅背上。在餐桌上不能只顾自己，也要关心别人，尤其要招呼两侧的女宾。

2. 嘴里有食物时，应避免说话。自用餐具不可伸入公用餐盘夹取菜肴。必须小口进食，不要大口地塞，食物没咽下，不能再将其它食物塞入嘴里。

3. 取菜舀汤，应使用公筷公匙。吃进口的东西，不能吐出来，如是滚烫的食物，可喝水或果汁冲凉。送食物入口时，两肘应向内靠，不向两旁张开，以免碰及邻座。

4. 自己手上持刀叉，或他人在咀嚼食物时，均应避免跟人说话或敬酒。

5. 好的吃相是食物就口，不可将口就食物。食物带汁，不能匆忙送入口，否则汤汁滴在桌布上，极为不雅。

6. 切忌用手指掏牙，应用牙签，并以手或手帕遮掩。避免在餐桌上咳嗽、打喷嚏、呕气。万一不禁，应说声"对不起"。

7. 喝酒宜各随意，敬酒以礼到为止，切忌劝酒、猜拳、吆喝。如餐具坠地，可请侍者拾起。

8. 遇有意外，如不慎将酒、水、汤汁溅到他人衣服上，表示歉意即可，不必恐慌赔罪，反使对方难为情。

9. 如欲取用摆在同桌其他客人面前之调味品，应请邻座客人帮忙传递，不可伸手横越，长驱取物。

10. 如吃到不洁或有异味食物，不可吞入，应将入口食物，轻巧地用拇指和食指取出，放入盘中。倘发现尚未吃食，仍在盘中的菜肴有昆虫和碎石，不要大惊小怪，宜候侍者走近，轻声告知侍者更换。

11. 在餐厅进餐，不能抢着付账，推拉争付，甚为不雅。倘系做客，不能抢付账。未征得朋友同意，亦不宜代友付账。

第七节　舞会礼仪

一、舞场礼节

舞场是社会交际的一种方式，也是人们娱乐的方法。如何更好地利用这个机会，在娱乐之中完成交际任务，使你在舞池中更受人欢迎呢？

跳舞首先要衣着整洁大方，而且要讲究一些，包括衬衣、领带、鞋等也不应忽视。不要穿钉有铁掌的鞋，以免对地板造成破坏和发出不必要的声响。男士的头发要梳理整齐，不要满脸胡碴上舞场，也不要搞得油头粉面；女士不要浓妆艳抹。男女上舞场最好往身上洒点香水，但不要过多，弄得香气呛鼻就不好了。参加舞会前不要吃生蒜、葱等带气味的食品，亦不要喝那些带有强烈刺激气味的酒水；否则，满口蒜、葱或其他刺激性的气味，是对对方的不尊重。也不要带泥土进舞场，更不要穿工作服进舞场。男青年要给人以充满青年活力的印象，女青年则要显得端庄大方，热情活泼。要通过有个性的服饰来充分体现高雅的风度和优美的线条，使每对舞者都像整个舞会百花坛中朵朵美丽的花，争奇斗妍。

如遇身体不适，不要带着病倦的身体勉强参加舞会，特别是在你有传染病时更不可进舞场。这样，不仅影响自己的休息，不利于早日康复，而且还容易传染疾病，这是很不道德、很不礼貌的行为。

刚学跳舞的人，下舞场前最好多学几种舞步，否则影响别的舞伴跳舞。只有多学几种舞步，下舞场时才能双方配合协调，跳起来感到轻松、愉悦。不要在舞场学舞步，这会影响对方的情绪。

跳舞时男女双方比较熟悉，可以小声地交谈，声音小到不影响其他舞伴为好。对不熟悉的舞伴，不可问长问短，闲聊不止。如果遇到一对密谈的舞伴，你们就应立即离开。舞伴之间有什么重要事最好在休息时找地方谈，不可在舞场上争论不休、大声喧哗、高谈阔论。

舞场上音乐一响，一对对舞伴随着乐声进入舞池，灯光在音乐的旋律中闪烁，一对对欢乐的舞伴在舞池里翩翩起舞，整个舞场沉浸在美妙优雅的氛围中。这时如果有事找人，不能单个人进入舞池，也不可高声叫喊，只能等这支曲子结束时，才能去找。找到后不能在舞场交谈，要到休息室去谈。更不能在音乐进行中就把人从舞池中拉出来，这会使人尴尬。有事需要到舞池的对面，要顺边绕道而行，不可穿越舞场。

跳舞休息时，舞伴们都喜欢到休息室买点小食品，一边谈一边吃，吃完后如果随便就把垃圾丢掉了，是一种很不文明的行为。

舞场有时会出现男士多、女士少的现象，在这种情况下不要争女舞伴，不能两人同时邀请一位女舞伴，这时应大度一些，相互谦让一下。当自己的女友被别人请走时，你应当表示高兴，不能与人争吵，更不能制止女友接受邀请，因为这些都是不文明的行为。

舞会应有张有弛，跳半小时至 1 个小时，不妨休息几分钟，放几支悠扬缓慢的曲子，给大家一个休息交谈的机会。

对于舞曲的选择，要注意安排不同节奏、不同情调的曲子。要使整个舞会自始至终保持热烈、欢快的气氛和文明、健康、优雅的情调。

二、邀舞及婉拒

交谊舞体现出人们的活力、青春和朝气，又是一种很好的社交方式，有促进友谊和联络感情的积极作用。因此，对一个注意社交礼仪的人，交谊舞是一门不可缺少的"必修课"。

男女即使彼此互不相识，但只要参加了舞会，都可以主动去邀请别人共舞，通常由男士主动去邀请女士共舞。

邀舞时男士应庄重地走到女士面前，弯腰鞠躬，同时微笑着轻声说："想请您跳个舞，可以吗？"弯腰以 15 度左右为宜，不能过分，过分了，反而会有不雅之嫌。

当你邀请一位素不相识的女士跳舞时，必须先认真观察好是否已有男友伴舞。如有，一般不宜前去邀请，以免发生误解。

在正常情况下，两个女士可以同舞，但两个男士不能同舞，否则意味着他们不愿向在场的女伴邀舞，这是对女性的不尊重，也有同性恋的嫌疑。所以，只有当两位女士已在舞池里旋转起舞时，两位男士才采取同舞的方式，追随到她们身边，然后共同向她们邀舞，继而分别组合成两对男女舞友。

邀舞者应彬彬有礼，谦恭自然；受邀者则要大方自然，不要紧张和做作。如果是女士邀请男士，男士一般不得拒绝。音乐结束后，男士应将女士送到其位，待到落座后，说一声"谢谢，再会"，然后方可离去，切忌在跳舞后，对舞伴不予理睬。

不论是男士或女士，一个人单独坐在远离人群的地方，别人就不要去打扰。但如果她是坐在一群人的中间，就可以走过去邀请她跳舞。一般来讲，女士亦不应该随意拒绝邀请。如已有人邀请在先，则可婉言解释："对不起，已经有人邀请我跳了，下一个曲子再和您跳吧！"

如表示谢绝，可以说"对不起，我累了，想休息一下"，或者说"我不太会跳，真对不起"，以此来求得对方的谅解。已经婉言谢绝别人的邀请后，在一曲未终时，女士应不再同别的男士共舞，否则，会被认为是对前一位的不敬和蔑视，这是很不礼貌的，应该避免。

如果同时有两位男士去邀请一位女士共舞，通常女士最好都礼貌地谢绝。如果已同意其中一方的邀请，对另一方则应表示歉意，礼貌地说"对不起，只能请您跳下一曲了"。

当女士拒绝一位男士的邀请后，如果这位男士再次前来邀请，在确无特殊情况下，女士应答应与之共舞。

有的青年常常自带舞伴，两个人多跳几场当然也无不可，但态度应开朗大方，不要小气。如果别人来请，不能一概拒绝，更不能说类似"我不认识你，不跟你跳"这样小家子气的话，因为这样做是十分不礼貌的。

男士和夫人一同跳舞，跳过一曲之后，如果有人前来向其夫人邀舞，应按礼节促请夫人接受，决不能代夫人回绝对方的邀请，这也是有失礼仪的表现。

三、舞池风度

跳舞的风度，主要是指舞者在跳舞时的姿态和表情等方面所表现出来的美，这种美既是一种外在美，又是一种内心美的自然流露。

跳舞中，男女双方都应面带微笑，说话声音要轻细，不要旁若无人地大声谈笑。舞姿要端正、大方和活泼，整个身体应始终保持平、正、直、稳，无论是进是退，还是向前、后、左、右方向移动，都要掌握好重心。如果身体摇摇晃晃，肩膀一高一低，甚至踩了对方的脚，都是有失风度的。

在跳舞时，男女双方的神态要轻盈自若，给人以欢乐感；表情应谦和悦目，给人以优美感；动作要协调舒展，给人以和谐感。男士不要强拉硬拽，女士不可挂、扑在对方身上，这样让对方有不胜负担之苦，自己也有失雅观。女士跳舞时态度固然应和蔼可亲，但却不能乱送秋波，有失自己的稳重。即使是热恋中的一对，也不宜过分亲昵，因为这对周围的人来说是不礼貌的。

跳舞时，男士的右手扶着女士腰肢时，正确的手势是掌心向下向外，用右手大拇指的背面轻轻将女士挽住，而不是用右手手掌心紧贴女士腰部。男士的左手应让左臂以弧形向上与肩部成水平线举起，掌心向上，拇指平展，只将女伴的右掌轻轻托住，而不是随意地捏紧或握住；女士的左手应轻轻放在男士的右肩上，而不应勾住男士的颈脖。跳舞中双方握或搂得过紧，都是有失风度的。

跳舞时，双方的身体应保持一定的距离。跳四步舞（布鲁斯）时，舞步可稍微大些，表现出庄重、典雅和明快的姿态。跳三步舞（华尔兹）时，双方应保持一臂的距离，让身躯略微昂起向右，使旋转时重心适当，表现出热情、舒展、轻快和流畅的情绪与节奏。跳探戈舞时，随着乐曲中切分音所含节拍的弹性跳跃，因男女双方的步法与舞姿变化较多，舞步可稍大些，但男士应注意不可将脚介入女士的两脚间过远；回旋时，也不要把女士拉来拖去。跳伦巴舞时，男女双方可随着音乐节奏轻轻扭动腿部及脚踝，但臀部不应大幅度地摆动。

舞者肌肉应松弛，姿势要自然。脸部朝向正前方，用眼睛的余光留心周围，避免碰撞，不要转头去看四周，也不要低头看脚的动作，要身体凭自己的感觉来转换方向。相握的手，在舞蹈中切忌随着音乐节拍，大幅度上下摆动，只要自然放松就行了。随着步法的变化，身体会产生高低起伏，应按音乐节奏，保持一种均匀协调的优美动态。站立或运步时，两脚要自然靠拢，膝部应放松伸直。

四、派对

派对，本来是英语中"Party"一词的音译。一般而言，它是指私人性聚会，尤其是小型的私人集会。

目前，派对在我国尤其是在商界中非常流行。商务人员看中派对这种社交的形式，主要是因为它形式自然、内容灵活、品位高雅，可以使渴望友谊、注重信息的人们正规而又轻松愉快地与其他人士进行交往。

在我国以社交为目的的专门性的室内聚会，一般都被称为派对。按照人们在聚会中所讨论的中心话题或所从事的主要活动来区别，派对又有许多种类。具体来讲，内容丰富，包罗万象的聚会，叫做综合型派对；亲朋好友、同事、同学相互之间以保持联络为目的的聚会，叫做交际型派对；为了接待来访者，意在相互了解、加深认识的聚会，叫做联谊型派对；由文学艺术爱好者发起、参加的聚会，叫做文艺型派对；以休闲、娱乐为主要活动形式的聚会，则叫做休闲型派对。

当前，商务人员在实际生活中，尽管对各种形式的派对均有不同程度的接触，但时下最流行，同时也是对商务人员的实际工作最有影响、最有帮助的，则当数交际型派对、联谊型派对和休闲型派对。其中，交际型派对与联谊型派对的差别，主要在于参加者有所不同，前者是老友聚会，后者则是新朋聚会，除此之外，在具体活动的内容与活动形式方面二者大体相似。因此，下面将根据目前商务人员的实际需要，重点介绍有关交际型派对和休闲型派对的基本礼仪。

一般而言，交际型派对是商界人士接触最多的一种派对。举办交际型派对的主要目的，是为了使参加者之间保持接触，进行交流。因此，它的具体活动形式可以灵活多样。商务人员经常有机会参加的座谈会、校友会、聚餐会、庆祝会、联欢会、生日晚会、节日晚会、家庭舞会等等，实际上大都属于交际型派对。

五、参加交际型派对的礼仪

在交际型派对上有几条基本的礼仪规则，是参加者必须遵守的。

一是要恪守约定，所谓恪守约定，就是要求商务人员在参加派对时，遵守时间，按时赴约，不得无故迟到、早退或是失约。

二要尊重妇女，尊重长者。在一切的社交场所都要主动自觉地尊重、照顾、体谅、帮助、保护妇女和长者，并积极地为其排忧解难。所谓绅士风度和良好修养，在现实生活中是与尊重妇女和长者结合在一起的。

三是要体谅主人。这是要求参与者在参加活动时，应当设身处地多替主人着想，并尽可能地在其需要时施以援手，至少也要做到不为主人忙中添乱。

第八节 娱乐礼仪

工作之余，许多商务人员都经常有机会参加一些各种形式的娱乐活动。不少时候，商务人员参加娱乐活动并非出自其个人偏好，而往往是为了交际应酬的需要。

参加娱乐活动的主要目的有三个：自我放松，闲暇消费，交际应酬。

所谓娱乐，通常是指人们在业余时间里所从事的轻松、愉快、有趣的活动。以下介绍几种常见的娱乐场所礼仪。

一、公园礼仪

闲暇之时，人们大都喜欢前往公园休闲或小憩。有时，人们还会与亲朋好友前往公园进行集体娱乐。在公园里活动，俗称游园。商务人员游园时，应当遵守的礼仪规范主要有以下四条：

（一）轻装上阵

与上班赴宴有所不同，商务人员游园时的着装应以简单、轻便、舒适为基本特征。若非集体活动的需要，通常不要选择过分正式的套装或过于招摇的礼服、时装。但是，睡衣、背心之类过于随便的服装则不宜在众目睽睽之下曝光。

（二）保护环境

公园乃公共场所，每一个人在其中活动时，都要有意识地保护环境。下述几点尤须注意：

1. 不要乱扔废物。凡废弃之物，应自觉投入垃圾桶，或者随身带走，而不应信手乱丢。

2. 不要损害公物。对于公园里的一山一水、一草一木，都应自觉爱护。

3. 不要盗窃公物。未经许可，公园之内的任何物品，都不得擅自取用或带走。

（三）自娱有法

一般来说，人们游园主要属于自娱活动。游园时的自我娱乐应注意下列两点：

1. 自得其乐。在游园时，人们不管是散步、健身、小憩、静坐、阅读，或是寻访名胜、观赏景致，都讲究自得其乐。

2. 切勿扰人。在自得其乐的同时，游园者还须注意不要因此而骚扰他人。诸如在公园里高声喧哗、载歌载舞、袒胸露腹或者大吃大喝，不但有损个人形象，而且有可能破坏别人游园的兴致。

（四）注意安全

在公园里活动，尤其是独自一人游园时，一定要注意"安全第一"。下列四点，特别应予注意：

1. 切莫擅闯禁区。凡禁止游人前往的地区、水域，都不要冒险前去。
2. 切莫冒险运动。在游园时，不要擅自从事攀岩、滑翔、蹦极、跳水、跳岩等危险运动。
3. 切莫随便野炊。万一野炊时"星火燎原"便会铸成大错。
4. 切莫结交生人。在公园里，不要与陌生人随意往来。

二、剧院礼仪

对许多人来说，自己一人或者偕家人、三五知己一同前往剧院观看电影、戏剧或其他演出，乃是人生一大乐趣。前往剧院观看电影、戏剧或其他演出时，以下五条基本的礼仪必须遵守：

（一）预先购票

正规的剧院，为了保证观众的观看效果与人身安全，均会以发售定额入场券的方式来控制观众入场的具体人数。因此，观看正式演出之前，一定要提前购票。请人观看演出，此点尤须注意。无票入场、混入剧院，或者制作、购买假票，都是不允许的。

（二）提前入场

许多剧院都规定：开演之后，禁止观众入场；中场休息时，迟到者方可入内。为了不影响自己和别人观看演出，提前入场绝对是必要的。此处所说的提前入场，并非指正点进入剧院，而是要求观众最好在演出正式开始前几分钟进场。

（三）对号入座

绝大多数演出，都要求观众完全对号入座，每一名观看演出者都要自觉遵守此项规定。与此同时还应注意：与别人一同观看演出，应将较好的位置让给对方。有人占据他人位置时，也不要与别人挤占同一个座位。

（四）保持安静

不论是观看电影、戏剧，还是欣赏歌曲、演出，在其进行过程中，每一名观众都要自觉地保持安静。不允许自言自语或者与身边之人交头接耳，不允许使用手机与外界进行联络，即使是自己悄悄地享用食物也是不允许的。

（五）遵守规定

前往正规的剧院观看演出，通常有一些比较特殊的规定必须遵守。它们主要包括下列内容：

1. 穿着正装。观赏歌舞剧、音乐会时，往往要求观众衣着正规，有时还会要求观众穿着礼服。

2. 禁止拍摄。出于版权等方面的考虑，一般的商业性演出，都不允许观众拍照、录像或录音。

3. 不准吸烟。为维护观众健康，净化现场环境，几乎所有的剧院都禁止在场内吸烟。

4. 限制走动。如果没有十分特殊的原因，观众在演出进行期间不准随意自由走动。

5. 保持克制。不论演出实际水准如何，观众都应保持克制。只有没有教养的人，才会随便起哄、闹事。

6. 最后退场。观看现场演出时，宜在演员谢幕后退场。陪同他人观看演出时，则不应独自退场或先行退场。

三、歌厅礼仪

前往歌厅一展歌喉，是许多人所热衷的一项娱乐活动。去歌厅唱歌娱乐时，以下五条礼仪规范是参与人员必须认真遵守的。

（一）挑选正规歌厅

前往歌厅唱歌时，歌厅的正规与否通常非常关键。大凡正规的歌厅，不但设备完善、环境幽雅、服务到位，而且收费比较合理。倘若在选择歌厅时道听途说，随意挑选，一旦选择失误，不仅可能令自己破财，而且还会破坏大家的雅兴。

（二）点歌礼让有序

不论是在公共大厅里点歌，还是在单独的包间里点歌，都要遵守"先来后到"的顺序，并且注意礼让他人。在点歌时，一般应当请客人先点、女士先点、长辈先点或者上司先点，有时也可由大家依次点歌，或是点上一首人人皆会的歌曲进行合唱。点歌时争先恐后，或者争夺话筒，是令人耻笑的。

（三）听歌聚精会神

当别人唱歌时，不管自己认识对方与否，都要洗耳恭听。当对方表现出色时，应以掌声进行鼓励。即使对方演唱并不在行，也不要发出嘘声嘲弄对方。在他人唱歌时，交头接耳、走来走去甚至公然退场，都是没有教养的表现。

（四）唱歌保持风度

当自己上台唱歌时，一定要注意保持风度。唱歌之前，要首先问候大家。得到了在场者的掌声鼓励，要在下台前表达谢意。每次限唱一首歌。在唱歌的过程中，切莫忘乎所以，手舞足蹈或者胡言乱语。唱歌时，有意改动歌词、曲调都是不合适的。

（五）交往尊重异性

在歌厅进行娱乐活动时，必须自始至终对在场的异性表示尊重。与熟悉的异性相处时，不应当动手动脚，乱开过火的玩笑。对于现场不熟悉的异性，切莫上前打扰、纠缠。在任何时候，都不应当要求非法的"三陪"服务。接受别人安排的"三陪"服务或替别人安排"三陪"服务，同样属于违法行为。

思考·练习·实训

一、简答题

1. 正式宴会应遵守哪些礼仪规范？

2. 自助餐中最忌讳的问题是什么？

3. 语言交流时，要赢得听众的好感应注意哪些问题？

4. 握手外，常见的见面礼还有哪些？

5. 在舞会中怎样维持你的风度？

6. 设计一个生日派对，做为主人和客人应该分别注意什么问题？

二、单项选择题

1. 下列递交名片不正确的一项是（　　　）。

A、用双手递送，将名片正面朝向对方送上

B、由尊而卑的顺序依次递送

C、由近而远的顺序依次递送

D、可用单手将名片正面朝向对方送上

2. 称呼他人方法正确的是（　　　）。

A、可以称呼对方的绰号以增加亲切感

B、在交际开始时，使用高格调的称呼以增加交际对象产生同你交往的愿望

C、姓名称呼一般适用于社交、公务场合

D、与众人打招呼时，一般先疏后亲为宜

3. 中餐宴会在排列座位时，一般正对着门的位置是（　　　）。

A、主人　　　　　　　B、主宾　　　　　　　C、副主人　　　　　　D、副主宾

4. 赠送他人礼品时，应注意（　　　）。

A、礼品最好当面赠送　　　　　　　　B、礼品越贵重越好

C、数量越多越好　　　　　　　　　　D、贬低自己的礼品，以示谦逊

5. 用餐时应该注意（　　　）。

A、为了显示诚恳热情，主人要尽量劝客人多喝酒

B、为了礼貌，即使口中含着食物也要回答他人的问话

C、不宜以酒灌人，出人洋相

D、只挑自己喜欢的菜肴吃

6. 下列不是按职业称呼的是（　　　）。

A、李医生　　　　　　B、张博士　　　　　　C、王老师　　　　　　D、刘教练

7. 在国外，男士提出称为"先生"，未婚女子称为"小姐"，已婚女子称为（　　　）。

A、太太　　　　　　　B、夫人　　　　　　　C、小姐　　　　　　　D、女士

8. 在外交场合，女性都可以称（　　　），以示尊重。

A、太太　　　　　　　B、夫人　　　　　　　C、小姐　　　　　　　D、女士

9. 鞠躬礼是日本人的见面礼，其发源于（　　　）。

A、日本　　　　　　　B、朝鲜　　　　　　　C、韩国　　　　　　　D、中国

10. 家宴是（　　　）的一种形式，往往由主妇亲自掌勺，家人共同待客，显得亲切而自然。

A、国宴　　　　　　B、正式宴会　　　　　C、便宴　　　　　　D、招待会

11. 招待会是只备一些食品和饮料，不备正餐，不安排座次的一种较为自由的宴请方式，常见的有冷餐会与（　　）两种。

A、鸡尾酒会　　　　B、茶会　　　　　　　C、便宴　　　　　　D、工作进餐

12. 上龙虾、鸡、水果时，会送上一只小水盂，其中飘着柠檬片或玫瑰花瓣，它是（　　）。

A、饮料　　　　　　B、汤　　　　　　　　C、洗手用的　　　　D、漱口的

13. 入座后摊开餐巾或离座前收起餐巾，均应以（　　）为先。

A、客人　　　　　　B、主宾　　　　　　　C、主人　　　　　　D、随便

14. 西餐喝汤不能发出声响，也不能够端着汤盘喝。喝汤必须借助于汤匙，其正确的方法是：右手拿汤匙，（　　）的方向舀着汤喝。

A、从外向内　　　　B、从内向外　　　　　C、从左到右　　　　D、随便

15. 馈赠礼物的类型有四种，其中送给朋友结婚或生育的恭喜之礼品，前者可送鲜花、书画、工艺品，后者可送营养品、小衣物，称为（　　）。

A、鼓励性礼品　　　B、贺礼　　　　　　　C、慰问性礼品　　　D、喜礼

16. 对婚否不详的成年女性礼貌的称谓是（　　）。

A、夫人　　　　　　B、女士　　　　　　　C、小姐　　　　　　D、太太

17. 每逢获得理解、得到帮助、承蒙关照、接受服务、受到礼遇之时，都应当立即向对方道一声（　　）。

A、再见　　　　　　B、谢谢　　　　　　　C、失陪　　　　　　D、对不起

18. 正确握手的时长一般为（　　）。

A、1～2秒　　　　　B、3～4秒　　　　　　C、5～6秒　　　　　D、10秒

19. 在涉外交往中，对外国部长以上的高级官员可称为（　　）。

A、陛下　　　　　　B、殿下　　　　　　　C、阁下　　　　　　D、君主

20. 称呼长辈应该用（　　）。

A、您

B、你

C、"您"和"你"都可以用

D、喂

三、多项选择

1. 言谈的基本礼仪要求做到（　　）。

A、慎选话题　　　　B、适时发问　　　　　C、少讲自己

D、学会赞美　　　　E、注意聆听

2. 拨打电话正确的礼仪规范是（　　）。

A、办公电话宜选择对方上班时间拨打　　　B、避免深夜给对方拨打电话

C、把握好通话的时间长度　　　　　　　　D、私人电话可以随时拨打

E、打国际电话，要考虑对方所在国家的当地时间

3. 下列哪些场合不宜使用移动通讯工具（   ）。

A、阅览室   B、油库   C、电影院

D、加油站   E、办公室

4. 握手有一定的顺序，一般讲究"尊者决定"，即（   ）。

A、女士主动将手伸向男士   B、男士主动将手伸向女士

C、下属主动将手伸向上司   D、年长者主动将手伸向年轻者

E、上司主动将手伸向下属

5. 喝咖啡的礼仪正确的是（   ）。

A、咖啡太烫可以用嘴去吹   B、浅啜慢饮

C、端拿咖啡杯时，要用拇指和食指捏住杯把

D、砂糖用咖啡匙舀取直接加入杯内

E、方糖可先用糖夹子夹至咖啡碟的近身一侧，再用咖啡匙放入杯内

6. 使用筷子进餐时忌讳（   ）。

A、用筷子敲打碗盆取乐   B、用嘴舔筷子上的食物

C、在盘子里上下乱翻   D、离席时把筷子插在碗里

E、用公筷夹菜

7. 自我介绍要不失分寸，必须注意（   ）。

A、把握时间   B、热情洋溢   C、讲究态度   D、实事求是

8. 在社会交往中，根据社交礼仪的规范，选择正确、适当的称呼，有几点务必应当注意（   ）。

A、要合乎常规   B、要照顾习惯   C、要照顾饮食   D、要入乡随俗

9. 宴会上，为表示尊重，主宾的座位应（   ）。

A、在主人的右侧   B、在主人的左侧   C、在主人对面   D、随其所好

10. 行握手礼时，错误的是：（   ）。

A、男士不能带着手套   B、能跨着门槛握手

C、多人同时握手时，可以交叉   D、男士对女士可双手加握

11. 接受他人礼品馈赠时，应注意的环节是：（   ）

A、神态专注   B、双手捧接

C、认真道谢   D、当面拆封，表示欣赏

12. 使用移动通讯工具应做到（   ）。

A、讲话声音适度   B、遵守公共秩序

C、单位开会可接电话   D、注意安全使用

三、判断题

1. 初次见面更要注意称呼。   （   ）

2. 应先将未婚女子介绍给已婚女子。   （   ）

3. 在社交场合女士可以戴晚礼服手套握手。　　　　　　　　　　（　　　）

4. 上下级握手，下级要先伸手，以示尊重。　　　　　　　　　　（　　　）

5. 我国民间传统的见面礼是拱手礼。　　　　　　　　　　　　　（　　　）

6. 初次见面可以谈健康问题。　　　　　　　　　　　　　　　　（　　　）

7. 与人交谈时要目不转睛地盯着对方看。　　　　　　　　　　　（　　　）

8. 递名片时，名片的文字要正向自己。　　　　　　　　　　　　（　　　）

9. 接受他人名片时，应恭恭敬敬，双手捧接，并道感谢。　　　　（　　　）

10. 当你介绍别人的时候，突然想不起来对方的名字时，最好实事求是地告诉对方。

　　　　　　　　　　　　　　　　　　　　　　　　　　　　（　　　）

11. 当别人介绍你的时候说错了你的名字，不要去纠正，免得对方难堪。（　　　）

12. 当你不想要对方的礼物时，一定要解释其中的原因。　　　　　（　　　）

13. 宴会上，若食物太热，可以用嘴吹凉。　　　　　　　　　　　（　　　）

14. 在正式宴会上，只要一落座就应打开餐巾。　　　　　　　　　（　　　）

15. 在进餐前，可以用餐巾擦碗、筷、杯等，以保证干净。　　　　（　　　）

16. 吃西餐，刀叉并用时右手持刀，左手持叉。　　　　　　　　　（　　　）

17. 参加宴请时，嘴里有鱼刺、肉骨头等可以直接外吐。　　　　　（　　　）

18. 在谈话时为了拉近与对方的关系，可以使用方言。　　　　　　（　　　）

19. 给客人敬茶时，应用双手，一手执杯柄，一手托杯底，切勿用手指捏住杯口向客人敬茶，这样既不卫生，也不礼貌。　　　　　　　　　　　　　　（　　　）

20. 斟酒时，如果有年长者或职务较高者，或远道而来的客人，应先给他们斟酒。

　　　　　　　　　　　　　　　　　　　　　　　　　　　　（　　　）

21. 宴会开始，中餐的湿毛巾只能用来擦手，不可擦脸和嘴。　　　（　　　）

22. 用西餐时，刀叉并排摆放在餐盘上表示用餐完毕。　　　　　　（　　　）

五、实训题

1. 由学生设计对话进行模拟介绍训练。

2. 练习与不同角色的人握手，注意伸手的先后顺序。

3. 练习互递名片和接收名片。

4. 给你的好朋友送一份礼品，按馈赠礼仪的要求设计和安排。

六、情景模拟题

1. 演示在公司见到同事、上司时的见面问候礼仪，要求有称呼、握手、递接名片给其他同事介绍与你同去的第一天上班的新同事。（人物：同事1人、上司1人、新同事1人、第一天上班的人员1名。）

2. 为了公司的进一步发展，康健公司决定修建专门用于生产食用油的车间，关于车间的建设、布局问题，公司决定去其他公司参观学习、取经。请演示事先打电话联系，到达后对方秘书作介绍，互赠名片，握手认识的场面。要将接打电话、称呼、介绍、握手、问候、递接名片等交际礼节，连贯地演示下来。（人物：康健公司，生产部王经理、基建处章经理、李秘书。弘力公司，生产部洪经理、赵秘书。地点：弘力公司接待处。）

3. 康健公司一位老职工被车撞伤后住院，公司委托秘书秦小姐、工会主席去医院看望，并送一份礼品，请演示探望的情景，并按馈赠礼仪的要求设计礼品。（人物：住院的张师傅、工会主席、秘书秦小姐。地点：医院。）

七、得实训安排：

实训项目（八）

社交礼仪实训练习			
实训目的	了解并掌握日常交际礼仪，使抽象的理论变成直观形象的体验，改善教学效果		
实训所需教具	自备		
实训场地	教室或形体实训室	实训课时	根据具体人数而定
实训内容及要求			
（一）内容 见面礼仪： （1）鞠躬礼；（2）拥抱礼；（3）合十礼；（4）拱手礼；（5）吻手礼；（6）握手礼；（7）举手礼。 （二）称呼礼仪 1、国际上称呼姓名的特点：名前姓后，姓前名后，有名无姓。 2、国际上称呼的顺序：先个人，后整体；先女士，后男士；先上级、后下级。 3、国际上称呼的惯例：男士称为先生；女士按结婚与否分别称为小姐、女士、太太、夫人。 （三）介绍礼仪 集体介绍 他人介绍			
实训程序			
1、教师课堂讲授见面、称呼、介绍、握手、交换名片、交谈、聚会等日常交际的礼仪规范。 2、将学生分成若干个小组，每组4~6人。 3、要求每组以平日生活为蓝本，自由编撰一个生活情景剧，在情景模拟之中要运用见面、称呼、介绍、握手、交换名片、交谈、聚会等日常交际的礼仪规范，并注意展现自身良好的仪容、仪表、仪态。			

　　4、剧本首先要有小组成员名单、学号，并自选一名同学担任小组长，分配每位同学的具体分工。其次要有剧本的具体内容、角色分配和表演大概所需的时间。然后要有所运用的礼仪内容。在表演的前一周要把剧本上交给老师。

　　5、表演道具、服装自备。

　　6、在课堂上每组同学抽签确定表演顺序。

　　7、同学当堂表演，课上大家现场点评。（有条件的可对每组同学的表演进行录像，回放录像，观摩分析，课上大家现场点评。）

　　8、以小组的名义给每组表演的同学打分。

评分标准（满分10分）

1、剧本（3分）

2、同学打分（3分）（服装、表演效果、礼仪内容）

3、教师打分（4分）

第六章 职场礼仪

【案例传真】

会场的"明星"

小刘的公司应邀参加一个研讨会，该研讨会邀请了很多商界知名人士以及新闻界人士参加。老总特别安排小刘和他一道去参加，想让小刘多见识一些这样的大场面。开会这天小刘早上睡过了头，等他赶到，会议已经进行了 20 分钟。他急急忙忙推开了会议室的门，"吱"地一声脆响，他一下子成了会场上的焦点。刚坐下不到 5 分钟，肃静的会场上响起了摇篮曲，是谁放的音乐？原来是小刘的手机响了！这下子，小刘可成了全会场的"明星"……

没多久，听说小刘已经离开了该公司。

第一节 求职礼仪

一、求职面试的涵义

所谓求职是指寻找工作岗位和就业的过程。所谓面试，指的是招聘单位对求职者的职业技能和综合素质进行当面的考核和测试，是求职者走上工作岗位的必经关卡和一道门槛。在市场经济中就业谋职，求职面试是每一个有工作能力和工作要求的人都必须面临和经过的。面试时，除了努力展现自身的能力、素质、水平之外，得体的穿着、流利的谈吐、大方的举止，也能提高招聘单位对求职者的良好印象，增加面试分数和考核、测试成绩。得体的穿着、流利的谈吐和大方的举止，就属于面试礼仪的范畴。

面试作为一种特殊的社交活动，在礼仪上特别讲究。在激烈竞争的市场中，面试礼仪对求职者，有近乎苛刻的要求，但这些都是必需的。因为礼仪是个人素质的一种外在表现形式，一个人在礼仪上的上佳表现，会反映出其内在的良好素质，使其表现为一个有自尊心的、自信心强的、吸引人的、令人喜欢的人，让人产生好感，并受到尊重和重视，从而增强竞争力。求职者一般都会意识到这个问题，但是，很多求职者往往因为礼仪细节上的某些疏忽和不经意而被淘汰出局，导致面试失败。

可见，注重礼仪是面试制胜的重要法宝，学习和熟悉面试礼仪显得非常重要。首先，求职者要多学习社交礼仪方面的知识。因为，仅有讲礼仪的愿望是不够的，要成为一个彬彬有礼的人，还必须掌握必要的礼仪知识。其次，按照面试的礼仪要求，找出自己面试有可能"砸锅"的不良习惯，时时提醒自己，并努力加以改正，因为面试礼仪讲究一个"细"字，求职者一个细小的不合礼仪规范的动作，都难逃主考人员的眼睛，都会成为影响面试效果的消极因素。

二、求职信的礼仪要求

（一）称呼要得体

称呼得体，就是称呼要准确，要有礼貌。一般来说，求职信的收信人是所求职单位中有录用实权的人，如公司的总裁、总经理、人力资源部（组织人事处、人事科）的负责人。要特别留意有决策权人员的姓名和职务，书写要准确，称呼要恰当，因为录用单位从信件中第一眼接触到的就是称呼。最初的印象如何，对于求职信件的最终效果有着直接影响，因而要慎重为之。求职信一般是在初次交往中使用，对用人单位有关人员的姓名未必熟悉，在求职信件中可以直接称职务或头衔，如"某某公司负责人""某某公司经理""某某厂长""某某人力资源部经理"等。求职信的目的在于求职，带有"私"事公办的意味，因而称呼要求严肃谨慎，不可过分亲近。当然礼貌性的致辞还是可以适当使用的。

称呼之后最好加上提称语，即用来提高称谓的词语，如对尊长用"尊鉴""赐鉴""钧鉴""崇鉴"；对平辈用"台鉴""大鉴""惠鉴"；对女士用"芳鉴""淑鉴""懿鉴"（对年高者）；对方是夫妇用"俪鉴""同鉴""均鉴"等。提称语要注意与称呼相配合。

（二）问候要真诚

抬头之后的应酬语（承启语）起着开场白的作用。在书信中，无论是经常通信的还是初次通信，开头应有问候语，这是必不可少的礼仪。问候语可长可短，要切合双方关系，交往浅时不宜言深，以简捷、自然为宜。

（三）内容要清楚、准确

求职信的正文内容要以叙事清楚、材料准确、文辞通畅、字迹工整为原则，格调要谦恭，要根据收信人的特点及写信人与收信人的特定关系组织措辞（包括敬语谦词的选择，语调的掌握等）。

（四）祝颂要热忱

正文后的问候祝颂语虽然只有几个字，但表示写信人对受信人的祝愿、钦敬，也有不可忽视的礼仪作用。祝颂语有格式上的规范要求，一般分两行书写，上一行前空两格，下一行顶格。祝颂语可以套用约定俗成的句式，如"此致""敬礼""祝您健康"之类，也可以另辟蹊径，即景生情，这往往更能表达出对收信人的良好祝愿。如对尊长，可写"敬请福安""敬请金安""敬请大安""恭请平安"；对平辈，则用"顺颂时祺"；春天可写"敬颂春安"，逢年可写"即请年安""此请岁安"，平时用"敬颂时绥"之类。依据对方职业可选用不同的祝颂语，对学术界可用"敬请学安""撰安""编安""文祺""教安""诲安"，对政界可用"恭请钧安""勋安"，对商界可用"敬请筹安""筹绥""商安""财祺"等。

笺文的最后，要有落款和写信日期。为表示礼貌，在姓名之前可加上"受业者"，给用人单位领导写信，可写"求职者"或"您未来的部下"等。姓名之后，还可选用适当的礼告敬辞。如对尊长，应加"叩上""敬亲""叩禀""拜上""敬启""肃上"，对平辈可加"敬白""谨启""敬上""拜启"等。

（五）信封称呼要用尊称

信封（信皮）的主要内容除了要清楚，准确地写明收信人的地址及邮政编码、收信人姓名、发信人地址及姓名以外，还要恰当地选用对收信人的礼貌语词。首先要注意收信人的称呼，信封是写给邮递员看的，应根据收信人的职衔、年龄等，写上"经理（或总经理）""厂长""人力资源部部长""人事经理"或"先生""同志""女士"等；其次，要讲究"启封辞""缄封辞"的选择。"启封辞"是请收信人拆封的礼貌语词，它能表达发信人对收信人的感情和态度。一般对高龄长者用"安启""福启"，对其余长辈用"钧启""赐启"，对平辈，可依照受信人的身份、性别，分别用"力启"（对军人）、"文启"（对教师）、"芳启"（对女士）。"缄"字的用法也有讲究。给长辈的信宜用"谨缄"，对平辈用"缄"。

三、面试的礼仪要求

（一）准时入场

面试都有约定的时间，风雨无阻地准时踏入面试试场，意味着求职者是一个有诚意的、讲究信用的、可靠的人，同时还是一个讲求效率的人，更是一个懂礼貌的人。

守时是一种礼貌，是尊重对方的一种表现。准时还会使主考人员不会因为等待而烦躁，而应聘者也消除了由于迟到而引起的不安。准时入场意味着面试有一个好开头。

面试最好是提前一些时间到达面试地点。这样可以稍有时间稳定情绪、调整心态、整理思路并熟悉环境，以适应气氛。迟到是大忌，如迫不得已迟到了，必须诚恳致歉，略作解释，以求得谅解，但不必就此唠叨个不停，也不必为此惴惴不安，影响求职形象和临场发挥。

（二）面试服饰仪容礼仪要求

一般而言，对求职者仪表仪容的测评约占面试分数的10%左右，可见仪表在面试中的重要性。即使是天生丽质、光彩照人者，在服饰仪容方面也马虎不得。得体的装扮，会有助于树立良好的形象，增强自信心，同时，也体现了良好的素养，这是尊重别人的表现，还可以掩盖自身体型的某些缺陷。所以，作为外在形象塑造的重要因素，求职者一定要修整仪容，讲究服饰。

1. 服装方面

求职者面试的着装原则是：整洁、大方、线条简洁、格调保守；必须传递出稳重、可靠、有信心以及仔细认真的形象信息，给人以干净利落、有专业精神的良好印象。

着装的最高境界是自然协调，面试着装首先要与面试的气氛相一致。一般而言，面试主考人员评判面试者服装的标准是：协调中显示着人的气质与风度；稳重中透露出人的可信赖程度；独特中彰显着人的个性。

值得提出的是：求职者必须针对所要寻求的职位而"装扮"自己，求职者的着装面临的是别人如何看待自己，而不是一味追求自我感觉或维持现状。选择服装的关键是看职位要求，要能反映出求职者对所申请职位的理解程度。

面试服装的式样很讲究。如，应聘银行、政府部门、文秘岗位时，穿着要偏向传统正规；应聘公关、时尚杂志编辑人员时，则应在服装上适当有些流行元素，显示出自己对时尚信息的捕捉能力。除了应聘娱乐影视行业之外，最好不要选择太过鲜明突兀的穿着。对于应届毕业生来说，允许有一些学生气的装扮，即使面试名企，也可以穿着休闲类套装。男生应显得干练大方，女生应显得庄重高雅，要能反映出大学生风华正茂，有知识、有修养、青春活泼、有朝气的形象。

面试服装的色调也很讲究。比如，求职者如果在面试的服装色调上，能巧妙融合所面试公司的标识色彩，那么就会更能取悦主考官。再如，如果所应聘的是管理岗位的工作，那么深蓝色就相当适合，它给人一种稳定感；如果应聘的是充满活力与健康的工作，代表朝气的红色和浅蓝色就相当适合。适当的服装色调能制造易于亲近的感觉。不同性别面试着装的设计和要求如下：

（1）男士面试的着装设计和要求

男性求职者以纯色（黑色除外）或带暗条的深色西服或白色、浅蓝色纯棉长袖衬衣为最佳选择。

男士西装颜色应衣裤统一。裤子除了要与上身西装保持色调一致外，要保留有一定的宽松度，不要太窄，也不要太短，以恰好可以盖住皮鞋的鞋面为好。背带裤、运动裤、牛仔裤无论是什么名牌，都不是正装，不适宜在面试的时候穿着。

面试穿长袖衬衫时最好选择式样简单的衬衣。选择式样简单的衬衣，注意领子不要太大、领口、袖口不要太宽，以刚好可以扣上并略有空隙为宜。服装不需要讲求名牌，只要尺寸合身、风格庄重就可以了。

领带很重要，花色一定要与西服相配。不要使用领带夹。因为使用领带夹只是亚洲少数国家的习惯，具有很强的地区色彩，并非国际通行的惯例。至于领带的长短，以刚刚超过腰际皮带为好。

袜子以深色且没有明显的图案、花纹为好，绝对不要拒绝穿袜子，袜子一般要和裤子的颜色相适合，要有一定的长度。不应穿白袜子，也不应该穿较透明的丝袜。

皮鞋的颜色要选择黑色，式样以稳健为好，这与白衬衣、深色西装一样属于最稳重、保险的色调。皮鞋要求黑而不脏、亮而不新。运动鞋、布鞋、凉鞋与西服是不搭配的。

（2）女士面试的着装设计和要求

女性求职者以简洁合身、质地优良的职业套装为最好，颜色以浅色为佳。要熨平皱纹，扣全纽扣。忌穿过分花哨妖俗、过分鲜艳耀眼或休闲运动式的服装应试。

女士的裙子不能太短，将双手垂于身体两侧，裙子下摆应长于指端。女士以穿长袖衬衫为宜，袖口可以稍稍从外套袖口露一点出来，这样给人一种职业的感觉。夏天也可穿短袖。

女生的鞋要和衣裤相适应，不要穿鞋跟太高太细的鞋，式样太突兀的长统靴和带扣的鞋也会显得不合时宜。鞋底鞋掌最好选择塑料质地的，金属质地的鞋掌在现场会发出太大响声，效果反而不好。

2. 仪容方面

求职者仪容打扮方面的原则是：朴素、自然、大方。

男性求职者不要化妆。饰物除领带外，一般不超出两件。最好不要配戴运动型之类的手表，不要佩戴任何手镯、项链、徽章。

男士头发要梳理整齐，最好面试前去洗手间整理一下。头发干净整洁，不要过多使用发胶；发型款式大方，不怪异，不太长也不太短，前发不要遮眼遮脸为好，男士鬓角的头发不要过耳。

女性求职者不必刻意化妆，自然或淡妆即可，以健康、自然为标准，勿以浓妆艳抹的形象出现在面试场所。不要过多喷香水。不要佩戴太多的饰物，也不要佩戴不时吸引人视线的饰物。如果戴首饰，在面试时也应选择秀气、高雅、能代表个人品味、搭配得体的首饰来佩戴。不要佩戴贵重或花哨的珠宝。面试时，要注意不要让首饰发出声音。

女士头发要干净清爽，不能有太多的头饰。不要弄那些倾向性太强或太随意的发型，如"爆炸式"、过于高挽的发髻、不加约束的披肩长发等，这会误导面试人员对你的判断。

男女求职者在面试前都应注意个人卫生方面的问题，如沐浴、刮须、修甲等。

（三）面试中的举止礼仪要求

1. 就座前的举止礼仪要求

要主动向面试主持人（主考人员）打招呼。从进入面试试场到就座，这段时间求职者创造出来的形象会给主考人员留下深刻印象，这就是"第一印象"，它对面试成功与否影响极大。其实，从进入面试场所开始，主考人员就在留意着求职者走路的姿态、目光的情况和表情等的状态。该时段的礼仪要求有如下几点。

（1）步态要稳健

从容而坚定的步态能体现一个人的信心和勇气。步幅不宜过大，身体不可过度摇摆，步速可慢一点。这时应神情自然，保持微笑，看着主持人的眼睛，不可东张西望或面露怯意，甚至不敢抬头。要以友好谦和的表情迎向主考人员。

（2）招呼要热情

必须热情地向在座的主考人员打招呼，切不可一声不吭或只是点头致意就忙着找座位坐下。这只能说明你是个缺乏热情和礼貌的人，甚至会给人留下冷傲的印象。打招呼时一定要称呼主考人员的姓，要是不知道，可以请主考人员重复介绍他们的姓名。正确的打招呼是"您好，×××先生，我叫×××，一直希望与您见面。"

（3）握手要专业

握手作为最重要的一种身体语言，在面试中非常关键。专业化的握手是创造好的第一印象的最佳途径。不少企业把握手作为考察一个应聘者是否专业、自信的依据。

最好让主持人先伸出手。握手时伸出的手不能太高，整个手臂呈 L 型（90 度）。手心略朝上，以示谦恭，双眼正视对方，握手时的力度适中，所用的力度应与对方一致并传递出坚定的信息，不要使劲摇晃，上下晃动一下就够了。

握手应该能够传递出热情友好的信息，要有"感染力"。这期间，必须保持微笑，保持目光接触。握手时用一只手即可，手必须干净、温暖而无汗。

握手时间太长，说明过于紧张，而面试时太紧张会给面试人员以无法胜任这项工作的疑虑；轻触式握手显示缺乏信心，会给面试主考人员以不善于和人相处的感觉；远距离在对方还没伸出手之前，就伸长手臂去迎接面试主考人员的手，表示太紧张或害怕，可能会让面试主考人员认为不够喜欢或者不信任他们。

（4）坐姿要讲究

在坐下之前一定要站着等待，一定要等主考人员指给你就座的地方，不可四下找座位，坐下时应道声"谢谢"。动作应稍慢，身体稍向前倾，面带微笑。这能表明你是一个富有合作精神的人，一个好的听众。

坐姿也有讲究，良好的坐姿是给面试主考人员留下好印象的关键要素之一。一般以坐满椅子的三分之二为宜，上身挺直，身体要略向前倾，保持轻松自如的姿势，这样既能表现出对主考人的友善和兴趣，又能表现出你的积极性和竞争性。不要弓着腰，也不要把腰挺得很直，这样反倒会给人留下死板的印象。要精神抖擞，表现出精力和热忱，松懈的坐姿会给人疲惫不堪或漫不经心的感觉。

面试主持人可能请你抽烟，你一定不要吸烟并致谢。

还必须注意的是：握手和就座时，都必须与主持人员保持一定的距离，让双方之间有一个宽松的环境，避免局促和压迫感。

2. 就座后的举止礼仪要求

面试进行中，求职者礼仪方面的良好表现会极大地赢得主考人员的尊重和注意。

首先，要保持微笑。微笑是友好、谦虚的表示，热情、和蔼的体现，但必须是诚意的微笑，是发自内心、自信的微笑，这时，你的微笑便是最积极、有亲和力的体态语言之一，表现出热情、开朗、大方、乐观的精神状态。微笑也是自信的表现，能消除紧张情绪，提升外部形象；能增进与面试主考人员的沟通，改善与面试主考人员的关系。赏心悦目的面部表情，应聘的成功率远高于那些目不斜视、笑不露齿、表情呆板的人。倾听时也要不时面带微笑，但不宜笑得太僵硬或矫揉造作，一切都要顺其自然。

其次，要保持不卑不亢的态度。记住：面试是一个双向选择的过程。主考人员根据你的表现不断地进行权衡、选择和判断；而你也在了解并有权选择你的应聘单位。既不能因为你是来自名校、热门专业以及拥有优秀的成绩而咄咄逼人，显示出优越感；也不能因为你是求职者而低声下气，以乞求的神情去争取应聘岗位。刚出校门的年轻求职者，很容易走这两个极端，这样，只能引起主考人员的反感，从而严重影响面试效果。对主考人员的尊重是必要的，但要记住：双方是平等的。不卑不亢的态度，体现出来的是自尊与自信，这一点往往能感染主考人员，并赢得尊重，留下好印象。

再次，注意体态语言。体态语言能传递相应的信息，任何不慎重的体态语言都会损害你原本良好的形象。举止体现着一个人的修养和风度，粗俗的行为举止，会使一个人失去亲和力，而稳重大方则会受到人们的普遍欢迎。在陌生的主考人面前，坐、立、行等动作姿势正确雅观、成熟庄重，不仅可以反映出青年人特有的气质，而且能给人以有教养、有知识、有礼貌的印象，从而获得别人的喜爱。总之，得体的体态语言，会推动你顺利走向成功。

眼，以安然、柔和的目光看着（而不是盯着）主考人的眼睛或鼻眼三角区（社交区），目光平和有神，神情镇定自若。专注而自然的眼光，是专心、真诚、坦率和认真态度的表现。如果不止一个人在场，要经常用目光扫视一下其他人，以示尊重和平等。

对面试主考人员应全神贯注，目光始终聚焦在面试主考人员身上，在不讲话的时候，恰当的眼神能展现出自信、智能及对对方的尊重，还体现出对应聘单位的向往和热情。注意眼神的交流，这不仅是相互尊重的表示，也可以更好地获取一些信息，与面试官的动作达成默契。回答问题前，可适当转移视线约两三秒钟做思考，回答问题时，应把视线收回来。切忌眼神飘浮不定。

头，保持微微的上扬。倾听时，头偶尔稍倾一下。轻缓而不时地点头，能表明你的重视和兴趣，也显示你平易近人的个性品质，给人以一个专注聆听者的印象，这对讲话者也是一种鼓励。

嘴，如果不时把手放在嘴上或撅嘴，或咬嘴唇，或常咧开嘴大笑，都会给人"不诚实"或"不稳重"的信号。嘴的动作必须是自然、有分寸的。

手，让双手发挥积极的作用，传递坦诚的信息。说话时做些适度恰当的手势，加大对某个问题的形容和力度，是很自然的，可手势太多也会分散人的注意力，需要时适度配合表达即可。最好不要随便使用手势，频繁使用手势会让人觉得你因为表达困难而非要借助手势不可。面试中许多手势也应禁用，如两臂交叉在胸前，或把手放在邻座椅背上，或手上不停地摆弄某件东西，或手插在口袋里，或十指交叉放在脑后，或不停地用力挥手等，因为这都是消极情绪的体现。讲话时有时适当地把手掌心向上，或思考问题时偶尔短时间将十指朝上对顶成尖塔状，这都能表现出坦诚和谦虚。最好是把双手自然地放在椅子的两边扶手上。当你的手实在无处可放时，拿着本子或笔放在膝盖上，也是一种好的选择。有些求职者由于紧张，双手不知道该放哪儿，而有些人过于兴奋，在侃侃而谈时舞动双手，频繁耸肩，这些都不可取。不要有太多小动作，切忌抓耳挠腮、用手捂嘴说话，这是不成熟的表现，这样显得紧张，不专心交谈。不要以示亲切而拍对方的肩膀，这很失礼。

脚，男性的双腿可以稍微自然分开，女性则应双腿并拢，尤其在着裙装时，保持小腿与地面的基本垂直。千万不要摇晃或双脚互擦，或踢脚边的东西，或用脚不时摩擦地面，这会被认为是不满、不屑甚至敌意的表现。切忌跷腿并不停抖动，这都容易给人一种轻浮傲慢、有失庄重的印象。

（四）面试中的语言礼仪要求

一个人的言谈，能客观反映其文化素质和内涵修养，面试时求职者的言谈也会折射出其内秀。面试时有礼仪的出色口才对获得成功有极大帮助。

1. 谈话时注视对方

在与面试主考人员交谈的时候要注视对方，不要低着头或看别的地方。如果同时有几位主考人员，要照顾到每个人。这样做一是表示对面试主考人员的尊重；二是说话时注视对方也是一种自信的表现；三是能表明应聘者主动与面试主考人员沟通，会给人留下热情开朗、主动进取的印象。谈话礼仪体现了应有的礼貌，这会使你获得面试主考人员的好感，让你受到欢迎。作为应试者，不仅要时时注意面试主考人员在说什么，还要注意着面试主考人员的表情有哪些变化，以便能准确地把握住其思想感情。

如果不敢正视对方或目光游移，会被面试主考人员认为你害羞、害怕、大方不足或风度欠佳、没有礼貌而影响他对你的印象，甚至觉得你另有隐情而引发进一步的追问。

2. 交流中注意倾听

良好的交谈是建立在相互都善于倾听的基础上的。在面试过程中，面试主考人员的每一句话都是非常重要的。要专心致志，认真聆听，记住面试主考人员所说的每一句话，才能回答好面试主考人员的问题。对方提问时，不要左顾右盼，否则主考人会误认为你缺乏诚心和兴趣。更重要的是，倾听是一种很重要的礼节，认真倾听对方的谈话，对对方说的话表示出兴趣，是一个有教养、懂礼仪的人在言谈交流中的应有表现。注意倾听，能充分表示出对面试主考人员的尊重和对其谈话的重视。在面试言谈交流中，目光要注视着面试主考人员，始终面带笑容，谦恭和气，身体微微前倾，适时做出一些如点头、会意的微笑、提出相关问题等反应。切忌随意打断面试主考人员的讲话。

3. 注意音量和节奏

面试时，求职者的说话声音不能太小，或太大，这都会给面试主考人员留下自信不足的印象。要注意讲话节奏，控制语速，要保证面试主考人员能听清楚，听明白。不顾及对方感受，自我一味地滔滔不绝，也是不礼貌的行为。

4. 注意讲话的艺术

求职者无论是在介绍、阐述或回答问题，语言都要求准确、概括、简洁，要善于用语言来表现自己，给面试主考人员留下难忘的记忆；要注意语言逻辑，做到层次分明、重点突出；尽量不要用方言、土语和口头语，以免对方难以听懂。当实在不能回答某一问题时，应如实告之，不能含糊其辞或胡吹乱侃。

（五）面试结束时的礼仪

不管你已经意识到会有什么样的面试结果，在面试结束退场时都必须保持同样的彬彬有礼，要控制自己，以一种善始善终的态度，维护你在整个面试中的整体形象，并努力在最后一刻给主考人留下一个好印象。

当确定面试结束时，要果断地先站起来，这之前要拿好你的东西，并确保在你站起来之时不会掉得满地都是。不要一边告辞一边匆忙地寻找和收拾你的东西。眼睛要平视主考人，面带微笑，以鞠躬敬礼的方式表达对考官的敬意。如果主考官伸手有握手的举动，则应立即响应，身体前倾，与在场的主考人员一一握手道别（这时的握手持续时间可以长一点），让对方再一次感受到你的热情、爽朗、刚毅、果断和自信。也许正因为在退场一瞬间的优雅表现，主考人才决意录用你。

（六）面试后的礼仪

面试结束并不意味着求职过程就此完结。许多求职者只注意面试时的礼仪，而不注意面试后接下来的等待日子，还有一些礼节性的步骤要完成，这些步骤往往能加深应聘单位或主考人员对求职者的印象。以下是面试后应该注意的一些礼仪事宜。

1. 及时表示感谢

为了加深主考招聘人员对自己的印象，面试后两天内，最好能给主考招聘人员打个电话或写封信表示谢意。面试后及时表示感谢是十分重要的，因为这不仅是礼貌之举，也会使主考招聘人员做决定时留有印象，这往往可以增加求职成功的可能性。但感谢必须注意简短，电话感谢最好不要超过 3 分钟，感谢信最好不超过一页。问候后及时报上姓名及简单情况，提及面试时间，并对主考招聘人员表示感谢。如可能的话（比如在电话中感觉对方并没有因为被打扰而不耐烦），可重申自己对招聘单位和应聘岗位的兴趣，补充些对求职成功有用的材料，补救或尽量修正面试时可能留下的不良印象，并再次表明加盟的诚意和愿望。

2. 耐心等待，不要过早打听面试结果

在一般情况下，面试结束后，招聘单位都要进入讨论和投票、送人事部门汇总、最后确定录用人选等正常程序，求职者在这段时间内一定要耐心等候消息，不要过早或频频打听面试结果。一般来说，在面试两周后或在面试主考人员许诺的通知时间已到，还没有收到对方的答复时，才应该写信或打电话给招聘单位，询问是否已做出了决定。

四、面试礼仪禁忌

下列行为会严重影响面试的成功率，求职者在面试过程中，应注意避免。

（一）不准时入场。必须准时出现在面试地点，否则一开始就会给面试主考人员留下对面试不重视，不讲效率，不珍惜别人的时间，没有礼貌等不好的印象。

（二）着装举止不得体。如，服饰怪异或不相称、不搭配、不干净；又如，进门时表现慌里慌张；面试中毫无表情，或左顾右盼，或面带疲倦、哈欠连天，或窥视主考人员的桌子、稿纸和笔记，或不停地看手表，或面试顺利时，得意忘形、大声喧哗等。

（三）当面询问面试结果，面试完毕，对面试主考人员说声谢谢就行了。

（四）进门时不打招呼，临走时不说谢谢，连最起码的礼貌都不懂。临走时应该以一种真诚的态度对面试主考人员说：认识您很高兴，谢谢您给我面试的机会。即使求职者认为自己面试效果不理想，也不能转身就走，扬长而去。

（五）急于表现自己。比如一上来就说英语，这样会给人哗众取宠、华而不实的感觉。

（六）面试过程中接手机，这是非常忌讳的。第一，会耽误了主考人员的时间；第二，会给人不重视面试的感觉；第三，会破坏刚刚建立的对话氛围，打断谈话思路。面试主考人员会因此改变对你的最初印象，并匆匆结束面试。

（七）为一些小事或失误过多解释或道歉。比如迟到了，对面试主考人员说一句抱歉就行了，或者简要加上真实的原因。不要试图编故事，越抹越黑。

（八）随意打断面试主考人员的讲话，或者随意转移话题。这会引起面试主考人员的反感。更不要试图控制局面或支配话题，即使与面试主考人员在观点上有分歧也不要面露不满，甚至情绪激动，与面试主考人员顶撞和辩论。

第二节　就业礼仪

一、及时与就业单位沟通

单位通常都会明确要求录取人员于某日某时到人事部门报到，并交下列证件：录取通知书、学历证明、身份证复印件、个人近期免冠照片。作为即将走向工作岗位的毕业生，应在临近毕业时，及时与就业单位联系沟通，以确定未来工作的时间和工作的具体安排。及时与就业单位沟通也是最好的尊重就业单位的方式。

二、按时报到

按照现有政策，毕业生应在获得毕业证书、正式派遣后的一个月内到就业单位报到。按时报到表明自己确定到新单位工作，也会让就业单位再一次体会到你的信用。俗话说："好的开始就是成功的一半。"按时报到也许还会影响到对具体工作的安排，所以，毕业派遣时与就业单位及时沟通后，最首要的就是确定自己的报到时间。

三、签订就业合同

到就业单位报到后，应及时与就业单位签订就业合同并办理相关的证件。就业合同涉及单位和你个人的相关权利与义务，一定要认真阅读相关条款，明确个人应享受的权利和应尽的义务，同意合同中的规定后方可签字。一般就业合同一式两份，由就业合同签订双方各保存一份。此后双方都应遵守就业合同上的规定。如果由于个人原因要解除合同，个人应按有关规定接受一些惩罚措施；如果由于单位原因要解除合同，个人也要了解自身的权利是否受到侵害，如果受到侵害，个人有权提出补偿要求。

四、充分的心理准备

对于大多数刚刚走向工作岗位的大学毕业生而言，个人的心理准备都是不足的。虽然有为数不少的学生在校期间参加过社会实践，但由于所担任的角色不同，所以工作感受是不同的。在即将工作之时，适时适度地做好较为充分的心理准备是非常必要的。

对待第一份工作的态度，在很大程度上决定着你是否能够顺利完成从一个在校生到社会人的转变。因此，正确的工作观十分重要。正确的工作观，就如人生路上的明灯，不但会为你指引正确的方向，也会为个人的职场生涯创造丰富的资源。

作为一个新人，学习建立负责任的观念，会让主管、同事觉得孺子可教。抱着多做一点、多学一点的心态，你很快就会进入工作状态。新人进到公司，往往不知如何利用团队的力量完成工作。现在的企业很讲究团队工作（Teamwork），这不但包括依托团队寻求资源，也包含主动帮助别人，以团队为荣。新人由于对自己的人生目标还不确定，常常三心二意，不知自己将来要做什么。因而设定目标是首先要做的功课，然后就是坚韧执著地前行。当然途中也应该停下来检视一下成果，但变来变去的人，多半是一事无成。

要有所追求，有发展的方向和目标，很多年轻人因为贪图一时的轻松，而放弃未来可能创造前景的挑战。要时时鼓励自己将目标放远。新人首先要学会分辨是非，懂得细心观察时势，脚踏实地，一步一个脚印地工作，累积雄厚的实力。切忌说得天花乱坠，却无法一一落实。脚踏实地的人会让别人有安全感，也愿意将更多的责任赋予你。

工作压力、人际关系，往往是新人无法承受之重。人生的路很漫长，要有负重的精神，才能安全地抵达终点。你可以像海绵一样吸取别人的经验，但是职场不是补习班，没有人有义务教导你如何完成工作。有感恩图报的心，工作会更愉快。艰巨的任务、新任务，对于新人是最好的磨炼，若有机会，应该勇敢接受挑战，借此积累别人得不到的经验。

工作中的流程有些往往是一成不变的，新人的优势在于不了解既有的做法，而能创造出新的创意与点子。若一味地接受工作的交付，只能学到工作方法的皮毛；能思考应变的人，才会学到工作方法的精髓。在工作中应学会善解人意，常常问自己：我是主管该怎么办？这有助于借鉴处理事情的方法。在工作上善解人意，会减轻主管、共事者的负担，也会让你更有人缘。

最后，想告诉所有求职的新人，第一份工作不要太计较薪金，要将眼光放远，抱着学习的心态，才会有更光明的未来。重要的是，当你拥有了正确的工作观，继而在职场中发现别人的优点并加以学习，观察别人的缺点予以警惕，第一份工作会让你受用无穷。

第三节　办公室礼仪

办公室礼仪是指公务人员在从事办公室工作中尊敬他人、讲究礼节的程序和规范。在现代社会，办公室是公务人员从事公务活动的主要场所。我们不能把"坐"办公室或出入办公室看成少数"白领"阶层的"专利"。现代的办公室以其综合性、广泛性、程序性等特点，成为一个重要的交际场所。现代社会的许多公务活动都是在办公室完成的。办公室不大，却也是一个"小小的世界"，充满了人情世态。因此，要创造一个优美、和谐、融洽的工作环境，使工作更加有效，公务人员"坐"办公室或出入办公室都应掌握一定的技巧，遵循一定的礼节规范。

一、工作环境

要尽量美化工作场所的环境卫生，保持办公室的优雅、整洁、干净。这是让工作人员愉快、舒适工作的一个条件，也是办公室自身形象的基本体现，特别是在接待工作中，它能体现整个办公室的精神风貌。因此，每个人都要讲究公共卫生。同时，还应该注意个人卫生，从服饰、发型各方面，保持仪容、仪表的整洁、大方、庄重。

二、服饰礼仪

中国古代对公务活动中的服饰要求是非常严格的。比如，朝廷中对"官服"的规定就非常细致严格。一个官员在公共场所着便服是不被允许的。现代对服饰的要求已不像古代那么严格。人们的穿着越来越随便和多样化。但是穿着必须与时间、地点、环境和角色身份协调统一，否则，就会被看成是不礼貌的。如一位男士在一个较高级别的办公室内穿着拖鞋和裤头、背心就会被看成是对他人的不尊重；如果一位女士穿着托地长裙或坦胸露臂的服装去办公室上班，也会因为与场合不协调而引人反感。在办公室内，服饰要整洁、大方、合体、文雅，不能太艳、太奇、太随便，尤其不宜穿过分暴露的服装，还应避免穿需要经常整理的衣服，因为假如你需要反复地整理腰带或其他服饰，不仅自己工作时不能集中精力，也会使别人感到别扭。女士穿下摆窄或至膝盖以上的短裙时，切勿在人前把脚架起来，在办公室也不宜穿长靴，戴手套和帽子以及其他装饰品等。

进入办公室后，应脱去大衣、风衣和帽子，但西装上衣、夹克不能随便脱掉。办公室内若没有衣帽间（架），或可自行存放衣物的地方，也不能随便脱掉外衣。当进入他人办公室时，不能乱放自己的衣物，只有当主人允许时，才可以将外衣脱下并整整齐齐地摆放好。

三、早安礼仪

早上到公司要精神抖擞地向他人有礼貌地道早安。道"早安"是社会行动的第一步，是确定自己存在的积极行动。如果自己所发出的声音能够引起对方的反应，这不仅达到了"自我确认"的目的，也是人与人接触的基本礼貌，社会关系也因此而产生。

如果希望在这新的一天当中，使自己的人际关系更加圆满，那么无论如何都要清新、明朗地和他人道早安。要明白自己对道早安的价值观。道早安，其实对于我们自我存在的确认及人际关系，有着极其重要的影响：从实际生活来看，早上打招呼的对象应包含与自己交情一向不睦的人，以及昨天曾经为了工作而起冲突的人。这一句轻松愉快的"早安"等于是向对方宣布"昨天是昨天，今天是今天。昨天的不愉快已经过去了，今天又是愉快的一天"。尤其是对上司精神饱满地打招呼，可以让上司对你保持着"这家伙今天还是干劲十足"的好印象。

早上的印象会影响全天的印象。有时你愉快地向对方道早安，对方却因昨天的不愉快而耿耿于怀，不给自己好脸色。如果你碰到这样的情况也不必在意，不愉快或芥蒂就让对方去负担好了，自己要保持清爽愉快的心情。

四、下班礼仪

结束了一天的工作之后是上班族解除拘束回到自我的时刻。公司里一定有一些人在下班之前二三十分钟便开始准备要回家了。尤其是女性，特别喜欢花上一段时间来化妆，但是，你有没有想到，公司所付给你的薪水是到下班时间为止的，即使是下班前一分钟也不容许你做自己的事。所以，员工不能下班铃一响就离开办公室，尤其是在手边的工作还没有告一段落时。

如果自己的工作已经结束，而上司还留在办公室时怎么办？在过去，上司没走，属下一般不可先行离去，现在已经没有这样的规矩了。这个时候，不妨轻声地问一声："有没有需要我帮忙的地方？"或是说："对不起！我先走了。"千万不要一声不响地走掉，这样是很不礼貌的。

在先行离去时，除了说"对不起"之外，现在也很时兴说"你辛苦了"这句话不只是可以用在对上司，即使是对同事或部属也很适用。

离开办公室时，对还在工作的同事说声"再见"，原本是最基本的礼貌。但是，这只适合用在比较亲近的同事，对上司并不适宜。对于上司，还是要再进一步地表示自己的敬意。

【资料小链接】

女白领讨人喜欢的九条建议

1. 如果长得不好，就让自己有才气；如果才气也没有，那就经常保持微笑。
2. 气质是关键，如果时尚学不好，宁愿纯朴。
3. 不必什么都用"我"做主语。
4. 和人打"的"时，请抢先坐在司机旁边。
5. 有人在你面前说某人坏话时，只选择微笑。
6. 不要把过去的事情全让人知道。
7. 尊敬你不喜欢的人。
8. 尊重传达室里的师傅及保洁的阿姨。
9. 不要把别人的帮助视为理所当然，要知道感恩。

第四节　电话礼仪

电话是人们在社会交往中使用最频繁、最重要的沟通渠道，是人们工作、生活中不可缺少的交际工具。但是很多人并不知道如何使用电话才能对自己最有利。每一个人都可以很容易地学会用电话，但正确地使用电话却不是每个人都能做得很好的。正确地使用电话，不仅要熟练地掌握使用电话的技巧，更重要的是要掌握打电话及接听电话的礼仪，维护自己的"电话形象"。

一、电话形象

"电话形象"是指人们在使用电话时留给通话对象以及其他在场人们的总体印象。一般认为，一个人的"电话形象"主要由他在使用电话时的态度、表情、举止、语言、内容以及时间的把握等方面构成。"电话形象"是一个人个人形象的重要组成部分，在日常工作和生活中体现了一个人的礼貌修养和为人处世的态度。因此，在社会交往中要十分讲究和注意电话礼仪。在电话里与人交谈时，声音的质量在第一印象中占70%，话语只占30%。电话另一端的人对你的看法，不仅仅来自你说话的内容，更来自你是如何表达以及说话的语气。你希望别人以何种方式与你讲话，就该以同样的方式与别人说话。作为说话的一方，你有责任使听的人得到清晰洪亮的而不是刺耳的声音，使电话另一端的人顺利地听清你所讲的内容。

在办公室里接打电话，也能体现出工作人员的文化素质与修养水平。微笑着平心静气地接打电话，会令对方感到温暖、亲切。尤其是使用敬语、谦语，收到的效果往往是意想不到的。不要认为对方看不到自己的表情，其实，从打电话的语调中已经传递出了是否友好、礼貌、尊重他人等信息。

二、电话礼仪

双方打电话，总有一方为发起人。发起人为打电话者，在打电话的过程中占有主动的地位。如果打电话者想给对方留下良好的印象，同时取得满意的通话效果，就要在打电话的时间、通话的内容等方面考虑周全，而且还要注意自己的态度。打电话时要微笑，因为微笑是可以听出来的，用一下"电话旁的镜子"的老把戏，在电话旁放个镜子，这样你讲话时就会意识到自己的表情，这个办法很奏效。

接听电话的礼仪：

（一）铃响不过三声

所有来电，务必在三响之内接听，表示对客人的重视。电话铃响过了三声以上才来得及接，第一句话要说"抱歉，让您久等了"，也是表示一种歉意。如果故意延误，提起听筒以后还照常和周围的人闲扯，把发话人搁在一边，这是失礼的。当然你也别做过了，别铃响一声你就接，铃响一声你就接，那边还没做好准备。

（二）礼貌三部曲

先问好、再报单位、再用问候语，这是接听电话的"礼貌三部曲"，这样可以避免搞不清身份和拨错电话的麻烦，例如："您好！中海物流。"然后讲问候语："请问我能帮您什么忙？"问好、报单位、问候语这三者开头语的顺序不能颠倒弄错。这样显得彬彬有礼，给人一种亲切感。

（三）切忌查户口

接话人应热情相待，尽快把人找到。在别人不主动说出身份时，不要追问别人的姓名，不要强求转告通话内容。切忌自己什么都不说，只是一味地询问对方："你叫什么名字？""你是哪个单位的？""你找他是公事还是私事？"这种做法极不礼貌，像公安局查户口的。

（四）选择恰当的时间

首先要选择好打电话的时间。一般情况下，不要选择过早、过晚或对方休息的时间打电话。比如，工作电话应该选择在早上8点以后，如在国外应选择在9点以后。往办公室打电话，最好避开快下班的时间。中午休息的时间，也不要给对方打电话。非特殊情况，不要在节日、假日、用餐时间和休息时间给对方打电话。半夜或清晨被电话吵醒，很容易引起对方的反感。打国际电话，还要考虑对方国家的时差。例如，中国同美国的时差为12个小时，北京下午3点时却是美国人睡得正香的后半夜。如果忽视时差，把人从睡梦中惊醒是十分不礼貌的。

其次要把握好通话的时间长度。在正常的情况下，一次打电话的时间最好不要超过3分钟。这种做法，在国外叫做"打电话的3分钟原则"。要求打电话的一方要有很强的时间观念，抓住主题，在尽可能短的时间内表达自己的意思。因为时间过长，造成电话占线，会影响正常的通讯。要讲究效率，既节约自己的时间，也不要浪费他人的时间。

注意把握打电话的时间，从根本上讲是为了关心对方，体谅对方，维护自己的"电话形象"，达到良好沟通的目的。绝不能只顾自己的利益，不顾他人的利益，这样做的结果最终会损害自己的利益。

（五）做好内容的准备

打电话之前，尤其是打重要电话或国际电话，要提前做好准备，把要谈的内容归纳成几条，写在纸上。这样电话一通，就可以层次分明、有条有理地把要说的说了，不会出现丢三落四的情况。通话内容要简明扼要，干脆利索，不要吞吞吐吐，东拉西扯，否则，既浪费了时间，又给对方留下了糟糕的印象。

（六）热情诚恳的态度

通话过程中，打电话者要文明礼貌，态度热情诚恳，要注意以下几点：

1. 通话时要吐字清楚，语速、音量适中，语句简短，语气亲切，做到语言文明。在先向对方恭敬地道一声"您好"后，要主动地介绍单位的名称和自己的姓名，不要让对方去猜。结束通话前，要说"谢谢"、"再见"。

2. 通话时要精力集中，嘴里千万不要嚼东西，也不要一边打电话，一边同旁人聊天，或一边打电话，一边兼做其他事，给对方心不在焉的感觉。

3. 打错电话时，要向对方道歉说一些"对不起"、"打扰您了"等道歉语，不可一言不发，挂断电话了事。通电话时忽然中断，按礼仪要求应由打电话者立即再拨，并向对方说明，不应等接电话一方把电话打过来。

4. 要注意举止、形象。打电话时，应站好或坐端正，举止得体。不可坐在桌角上或椅背上，也不可趴着、仰着、斜靠着或者双腿高架着。用电话要轻拿轻放。打电话时的姿势虽然对方看不见，但不良姿势可以影响一个人的情绪和声音，使对方有所察觉，另外，在同事面前，也会有损自己的风度和形象。

5. 按照电话礼仪的惯例，一般要由打电话者挂断电话。所以在对方没挂断电话时，接电话一方不应主动挂断。尤其在与位尊者或女士通电话时，一定要等对方挂上电话，以示对对方的尊重。

三、移动通讯工具

随着现代科技的不断发展，移动电话和传呼机的使用越来越普及，成为现代通讯工具的重要组成部分；其功能也随着科学技术的进步而更加完善。由于移动通讯工具携带方便，联系快捷，不受时间、地点的限制，所以备受人们的喜爱。移动通讯不分时间、地点，随时随地可以拨打电话，接收信息，所以在使用时，除了要遵守上述拨打电话的礼仪规范要求外，还应注意以下几点：

（一）要将移动通讯工具放置在合适的位置上。既要合乎礼仪的要求，使用方便，又要防止丢失。正常情况下，移动通讯工具应放置在随身携带的公文包里，尤其是女士，应放在手袋里，也可以放在上衣的口袋里。有时也可以将移动通讯工具挂在腰带上。

（二）电梯内、车厢中、餐厅里，由于声音容易扩散到场内的每一个角落，所以除非必要，尽量不要主动打电话与人谈笑闲聊，否则其他人的耳朵可就要倒霉了，不得不被迫听你个人的私事与评论。如果是他人给你打电话，也应长话短说，并尽量压低声音，让干扰减至最低。

（三）不论是接听电话，还是拨打电话，讲话的声音都要适度，不能大声嚷嚷。特别是在公共场所更要注意。在接听和拨打电话时，不要妨碍和影响他人，引起大家的反感；也不要当众表演，不注意保护自己的隐私；更不要拿着移动电话招摇，以此抬高自己的身价。在有些地方常会有收讯的死角，导致信号不良或通讯中断，若遇到这种情况，可以先行切断，等会儿再联络，不可以大声呼叫，"喂！喂！我听不清楚，喂喂！"像这样粗鲁的通话方式足以令他人对你的基本教养产生怀疑。

（四）使用移动通讯工具要遵守公共秩序。不能在开会、上课、听报告或举行各种正式仪式时使用移动通讯工具。不能在"保持安静"的公共场所，如图书馆、音乐厅、电影院、展览馆使用移动通讯工具，在这些场所应主动关机。如果有必要，也可设置在振动状态上，有来电时，应迅速离开现场，到不妨碍他人的地方接听。一切动作以不影响他人为原则。

（五）若去电时对方不能接收电话或者收不到讯息时，电话会自动转至语音信箱，礼貌上此时应尽量留下讯息，否则对方不知是谁来电。留言时以简短扼要为原则，姓名、电话号码、来电时间均不可忽略。

（六）使用移动通讯工具要注意安全。由于移动通讯工具的特殊性，使用时必须把"安全"放在第一位。例如，不要在驾驶汽车时使用移动通讯工具，以防止发生车祸害人害己；不要在医院使用移动通讯工具，以免影响仪器正常工作，妨碍病人的治疗；不要在飞机上使用移动通讯工具，以免飞机飞行发生危险，等等。

【资料小链接】

怪异手机铃声

在某市，曾经发生这样一件令人啼笑皆非的事。一位巡警在经过一辆豪华旅游车时，突然听到一阵急迫的呼救声："抓贼呀，抓贼呀，抓偷手机的贼！"这位巡警急忙将这辆旅游车拦住，可上车一看，根本没有偷手机的贼，乘客们全都在呼呼大睡。忽然，"抓贼呀……"的"喊声"再次响起。循声找去，原来这"呼救"是从一名熟睡的乘客手机里传出的。可想而知，如果这样的铃声到处都是的话，公共秩序一定大乱。

"狗叫"搅乱课堂

在一次讲座上，老师正在台上讲得眉飞色舞，学生也正听得入神，突然学生中间传出了"汪、汪、汪"的狗叫声，老师惊诧地问："谁带小狗来上课了？"同学们哄堂大笑："老师，这是最新的手机铃声。"

第五节　接待、访送与馈赠礼仪

一、迎接的礼仪常规

迎送的对象，按其性质分，有专程前来，也有顺道路过；按其级别分，职务各有高低；按人数分，有大型的代表团，也有数人乃至一人的。接待中，通常根据其身份地位、来访性质及其与当地的关系等因素，安排相应的迎送活动。

（一）确定迎送规格

迎送规格，一般应遵循对等或对应原则，即主要的迎送人员应与来宾的身份相当或相应。若由于种种原因，主方主要人员不能参加迎送活动，使双方身份不能完全对等或对应，可以灵活变通。以对口原则，由职务相宜人员迎送，但应及时向对方作出解释，以免误解。

为了简化迎送礼仪，目前主要迎送人员更多地在来宾下榻的宾馆（或饭店）迎接或送别，而另由职务相宜人员负责机场（或车站、码头）的迎送。

（二）迎送前的准备

1. 了解来宾抵离的准确时间

接待工作人员应当准确了解来宾所乘交通工具的航班号、车次以及抵离时间。将这些情况和迎送人员名单一并通知机场（或车站、码头），以便做好接站（或送站）准备。接、送站前，应保持与机场（或车站、码头）的联系，随时掌握来宾所乘航班（或车次）的变化情况。如有晚点，应及时做出相应安排。接站时，迎候人员应留足途中时间，提前到达机场（码头或车站），以免因迟到而失礼。

2. 排定乘车号和住房号

如果来宾人数较多，为了在接站时避免混乱，应事先排定乘车号和住房号，并打印成表格。在来宾抵达时，将乘车表发至每一位来宾手中，使之明确自己所乘的车号。同时，也便于接待人员清点每辆车上的人数。住房表可随乘车号一同发放，也可以在前往下榻宾馆的途中发放。住房表可以使来宾清楚自己所住的房间，也便于来宾入住客房后相互之间联系。

3. 安排好车辆

根据来宾和迎送人员的人数以及行李数量安排车辆。乘车座位安排应适当宽松，正常情况下，附加座一般不安排坐人。如果来宾行李数量较多，应该安排专门的行李车。如果是车队行进，出发前应明确行车顺序，并通知有关人员，以免行进中发生错位。

（三）安排好迎送中的各个环节

1. 介绍

主客双方见面时，应互相介绍。按通常礼仪，应先把主人介绍给来宾，然后再把来宾介绍给主人，介绍顺序以职务的高低为先后。介绍人可由双方职务最高者或工作人员担任。如果主宾双方职务最高者本已认识，则最好由他们分别依次介绍各自人员，也可以由双方的工作人员介绍。介绍形式一般以口头介绍为主，如果人数不多，也可以用互换名片的形式。

2. 提取、托运行李

如果来宾行李较多，应安排专门工作人员，负责清点、运送行李并协助来宾办理行李的提取或托运手续。提取行李时如需等候，应让迎宾车队按时离开，留下有关人员及行李车装运行李。送行时，如果来宾需交付托运的行李较多，有关人员应随行李车先行，提前办理好托运手续，以避免主宾及送行人员在候机（车、船）厅等候过久。

3. 注意与宾馆（饭店）的协调

来宾下榻在宾馆（饭店），生活安排是否周到、方便，与宾馆（饭店）的服务水平密切相关，来宾抵离宾馆（饭店）时，具体事务较多，更应做好有关事项的协调衔接。

当重要来宾抵离时，接待工作人员应及时通知宾馆（饭店），以方便宾馆（饭店）组织迎送、安排客房、就餐和进出行李等。来宾入住客房，以便捷、迅速为原则，重要来宾、人数较多的代表团更是如此。为了避免来宾抵达后聚集大厅长时间等待，接待工作人员应与宾馆（饭店）主动联系，密切配合，进行细致的安排。通常住房安排表在抵达住地前发给每位来宾，使每人清楚自己入住的房号。在宾馆（或饭店）迎宾处设领钥匙处，来宾抵达时，根据他们自报的房号分发住房钥匙。也可以在保证安全的前提下，事先打开房门，使来宾抵达后直接进房。不论采用何种形式，主宾入住客房，应有专人陪同引导。来宾入住登记或离店手续，可在适当时间由接待人员协助办理。

来宾进店时，应通知行李房，及时将来宾行李分送各人房间或集中送到某一房间；来宾离店前，应和行李房约好出行李的时间，出行李应适当提前，以免发车前主宾和送行人员长时间等待。

一切安排妥当之后，要为来宾留足休息时间。

二、接待中的基本礼仪规范

接待中的基本礼仪规范包括接待客人的一般程序、饮食与住宿。

（一）接受任务

一批或一次任务通常都是通过传真、电话、领导批示或口头安排等形式下达。

（二）制定接待方案

根据客人来访目的、活动时间和领导要求等由接待人同相关业务部门拟定接待方案，然后报分管领导或主要负责同志审阅。接待方案一般由7个部分组成，即活动时间、活动地点、活动内容、出席领导、参加人员、活动承办人和接待人员。

在制定接待方案的同时，要预先联系预留接待任务需要的客房、餐厅、会议室等，以保证方案制定后可以得到落实。

（三）方案送审

将制定好的接待草案报送分管领导及相关领导审阅，修改定稿。

（四）安排落实任务

接待方案确定后，及时将方案报送有关领导和部门并与相关宾馆联系确认接待任务需要的房间、会议室、就餐地点、会标、房内鲜花水果配备等。

（五）制作日程卡

重要接待任务，要在接待方案的基础上，制作打印接待任务日程卡。

（六）迎接

一般应根据来宾身份、职务、此行目的等综合考虑由相应领导、部门领导或职务相宜人员迎接。接待工作人员应准确了解来宾所乘交通工具的车次、路线及抵达时间。

（七）安排会议室或会见

根据参加人员多少或会议形式安排适当的会议室，并准备席卡、话筒、鲜花、文件夹等。会议室一般不安排水果，除矿泉水外也不安排其他饮料。

（八）宴请安排

一批客人原则上只安排一次宴请。陪员应尽量减少。宴请时根据需要安排打印席位卡。

（九）参观考察

工作考察参观由对口业务处室、部门具体负责安排。接待人员具体负责做好相关衔接工作，并重点安排旅游景点的参观活动。

（十）送行

客人离开，应根据需要恰当安排送行。送别地点可以视情况灵活做出安排，既可以到车站、机场送行，又可送至市、县（市）交界处，也可以在客人下榻的宾馆送别。

（十一）资料归档

一批任务结束后，应根据任务的等级及重要程度及时做好资料收集整理、核实归档工作，便于以后在工作中查阅。

三、送别的礼仪常规

送别，通常是指在来宾离去之际，出于礼貌，而陪着对方一同行走一段路程，或者特意前往来宾启程返还之处，与之告别，并看着对方离去。最为常见的送别形式有道别、话别、饯别、送行等等。

按照常规，道别应当由来宾率先提出来，假如主人首先与来宾道别，难免会给人以厌客、逐客的感觉，所以一般是不应该的。在道别时，来宾往往会说"就此告辞"、"后会有期"的话。而此刻主人则一般会讲"一路顺风"、"旅途平安"一类的话。有时，宾主双方还会向对方互道"再见"，叮嘱对方"多多保重"，或者委托对方代问其同事、家人安好。

在道别时，应当特别注意下列四个环节：一是应当加以挽留，二是应当起身在后，三是应当伸手在后，四是应当相送一程。

话别，亦称临行话别。与来宾话别的时间，一要讲究主随客便，二要注意预先相告。最佳的话别地点，是来宾的临时下榻之处。在接待方的会客室、贵宾室里，或是在为来宾饯行而专门举行的宴会上，亦可与来宾话别。参加话别的主要人员，应为宾主双方身份、职位大致相似者，对口部门的工作人员、接待人员等等。话别的主要内容有：一是表达惜别之意，二是听取来宾的意见或建议，三是了解来宾有无需要帮忙代劳之事，四是向来宾赠送纪念性礼品。

饯别，又称饯行。它所指的是，在来宾离别之前，东道主一方专门为对方举行一次宴会，以便郑重其事地为对方送别。为饯别而举行的专门宴会，通常称作饯别宴会。在来宾离别之前，专门为对方举行一次饯别宴会，不仅在形式上显得热烈而隆重，而且往往还会使对方产生备受重视之感，进而加深宾主之间的相互了解。

送行，在此特指东道主在异地来访的重要客人离开本地之时，特地委派专人前往来宾的启程返还之处，与客人亲切告别，并目送对方渐渐离去。在接待工作中需要为之安排送行的对象主要有：正式来访的外国贵宾、远道而来的重要客人、关系密切的协作单位的负责人、重要的合作单位的有关人员、年老体弱的来访之人、携带行李较多的人士等等。当来宾要求主人为之送行时，一般可以满足对方的请求。

考虑为来宾送行的具体时间问题时，重要的是要同时兼顾下列两点：一是切勿耽误来宾的行程，二是切勿干扰来宾的计划。为来宾正式送行的常规地点，通常应当是来宾返还时的启程之处，如机场、码头、火车站、长途汽车站等等。倘若来宾返程时将直接乘坐专门的交通工具，从自己的临时下榻之处启程，则亦可以来宾的临时下榻之处作为送行的地点。

举行送行仪式的话，送行的地点往往选择宜于举行仪式的广场、大厅等等。为来宾送行之际，对于送行人员在礼节上有着一系列的具体要求：一是要与来宾亲切交谈，二是要与来宾握手作别，三是要向来宾挥手致意，四是要在对方走后，自己才能离去。

四、拜访礼仪

随着市场竞争的日益激烈，企业对外联系越来越频繁，要想在竞争中立于不败之地，应当掌握一些拜访、交往的礼仪，以便做到礼貌、周到，树立良好的企业形象。

（一）拜访前准备

1. 预约。要拜访别人，事先要与之取得联系，这样无论对于拜访者或是受拜访者都是有利的，使双方都能够有效地控制和利用时间。作为拜访者，事先与受拜访者取得联系，约定时间地点就可以免吃闭门羹。预约对受拜访者尤其有利，他们可以事先做好充分的准备，指定专人会客，更好地安排会见的时间和地点。

预约的方式有：当面向对方提出拜访要求；通过电话向对方提出拜访要求；通过书信提出拜访要求。

预约时语言要准确、肯定，语气要礼貌、婉转。应注意倾听和尊重对方意见。拜访时间一旦确定下来，双方都要遵守。不能随便失约，或随便改时间。如果因特殊情况不能履约时，应客气地向对方说明情况并另行约定时间。

2. 注意仪表服饰。拜访前要注意自己的仪表服饰。衣服要端庄、整洁。男士穿西装，女士穿套装，而且穿着要规范。要以干净整齐的着装、端庄文雅的外表，给对方留下良好的印象。

3. 准备好名片。名片要放在容易拿出来的地方，男士可放在西装口袋里，也可放在名片夹里，放在提包中；女士则可将名片放在提包中容易拿出来的地方。

每至年底、年初，到客户家中拜年，对于巩固友谊，加强联系，都有重要的意义。经常性的促销拜访、开发新产品市场的拜访都是一种重要的感情投入，对于沟通情况、广交朋友和增强企业活力有着至关重要的作用。

（二）拜访要领

1. 了解客户的概况。拜访客户前，要对客户的概况、特点、销售量，以及对方的信用、在商界的地位、口碑都要有所了解。这样在双方谈话时，才能做到有的放矢，不会因为缺乏认识而话不投机，使双方感到窘迫。

2. 会晤礼节。进入客户的单位，应向接待人员主动介绍自己公司的名称和自己的姓名、职务等，同时说明访问对象的姓名和工作部门，如果是事先约定也要说清楚。

被引到会客室时，向引路者致谢。就座时注意，上司坐上座，随从人员则居下座。向访问对象致意，感谢平日的爱护和惠顾。向访问对象介绍公司的负责人。介绍过后，与对方寒暄并交换名片。

随从人员应注意的事项是会晤时不要担任主角，由上司负责主要的交涉，随从人员作为二者之间的桥梁，发挥沟通作用。

需要注意的是，在拜访时，除了要注意介绍的方法以及递名片、接名片的方法，还要注意坐姿、站姿、握手等礼节。无论这次拜访是否完成预期的任务，都应感谢对方的接见，并在临别时与对方握手道别。

五、馈赠的礼节

【资料小链接】

国内某家专门接待外国游客的旅行社，有一次准备在接待来华的意大利游客时送给每人一件小礼品。于是，该旅行社订购制作了一批杭州纯丝手帕，是名厂名品。每个手帕上绣着花草图案，十分美观大方。手帕装在特制的纸盒内，盒上又有旅行社社徽，是十分精致的小礼品。中国丝织品闻名于世，旅行社料想会受到客人的喜欢。

旅游接待人员带着盒装的纯丝手帕，到机场迎接来自意大利的游客。在车上，接待人员代表旅行社赠送给每位游客两盒包装甚好的手帕，作为礼品。

没想到车上一片哗然，议论纷纷，游客显出很不高兴的样子。特别是一位夫人，大声叫喊，表现极为气愤，还有些伤感。旅游接待人员心慌了，好心好意送人家礼物，不但得不到感谢，还出现这般景象。中国人总以为送礼人不怪，这些外国人为什么怪起来了？

分析提示：在意大利和西方的一些国家有这样的习俗，亲朋好友相聚一段时间告别时才送手帕，取意为"擦掉惜别的眼泪"。在本案例中，意大利游客兴冲冲地刚刚踏上盼望已久的中国大地，准备开始愉快的旅行，你就让人家"擦掉离别的眼泪"，人家当然不高兴，就要议论纷纷。那位大声叫喊而又气愤的夫人，是因为她所得到的手帕上面还绣着菊花图案。菊花在中国是高雅的花卉，但在意大利则是祭奠亡灵的。人家怎不愤怒呢？本案例告诉我们，旅游接待与交际场合，要了解并尊重外国人的风俗习惯，这样做既对他们表示了尊重，又不失礼节。

馈赠是指人们以物的形式向交往对象表示祝贺、感激、慰问、惜别之情，是一种正常的人际交往。随着人们交往活动的日渐频繁，馈赠之礼越来越受到人们的重视。中国人历来重视礼尚往来，因为它能起到联络感情、增进友谊、促进交往的作用。

在馈赠中，要注意交往的目的，选择相应的礼物，因人因地的施礼，要注意以下礼节。

（一）礼品的选择要投其所好，要考虑具体情况

每个人都有自己的兴趣、爱好，每个民族、每个国家都有自己的风俗习惯。在选择礼品时一定要考虑对方的兴趣和爱好，做到有的放矢，不可盲目选购，尽量让受礼者感觉到赠礼者在礼品的选择上是经过精心挑选的，是真诚的。

选择礼物时还要考虑具体情况或场合。例如，给孩子送礼可考虑糖果、玩具等；给老人可送寿糕或保健用品等；看望病人可送食品、花束等；恭贺开业之喜可选购花篮；逢年过节可送年历、贺卡或酒类、茶叶等；到外地出差归来可送一些当地的土特产或者具有当地特色的纪念品等。此外，花是吉祥、美好、友情、幸福的象征，人们赋予花以花语来表

达感情和愿望，不同的花语有不同的象征意义，可以根据送礼的场合和意义选择不同的花束。

【小贴士】

花心花语——花的含义

大丽花——大吉、大利，商界之花	鹤望兰——吉祥、幸福，胜利之花
石斛兰——刚强、祥和，父亲之花	红玫瑰衬情人草——情有独钟
康乃馨衬满天星——温馨慈爱	勿忘我衬满天星——友谊永存
剑兰衬孔雀草——宏图大展	郁金香——爱的表白、荣誉、祝福、永恒
郁金香（紫）——无尽的爱、最爱	郁金香（白）——纯情、纯洁
郁金香（粉）——美人、热爱、幸福	郁金香（红）——爱的告白、喜悦
郁金香（黄）——高贵、珍重、财富	百合——顺利、心想事成、祝福
香水百合——纯洁、富贵、婚礼的祝福	百合（白）——纯洁、庄严、心心相印
葵百合——胜利、荣誉、富贵	姬百合——财富、高雅
康乃馨——母亲我爱您、热情、真情	康乃馨（红）——相信您的爱
康乃馨（粉）——热爱、美丽	康乃馨（白）——吾爱永在、真情、纯洁
翠菊——追想、可靠的爱情、请相信我	菊花——清静、高洁、真爱、我爱
玫瑰——爱情	红玫瑰——热恋
粉玫瑰——永远的爱	白玫瑰——纯纯的爱
黄玫瑰——失恋、褪去的爱	火鹤花——新婚、祝福、幸运、快乐
风信子——喜悦、爱意、浓情蜜意	爱丽丝——好消息、想你
小苍兰——纯洁、幸福、清新舒畅	海芋——希望、雄壮之美
彩色海芋——爱情、富贵、真情	非洲菊——神秘、兴奋、有毅力
剑兰——用心、长寿、福禄、康宁	向日葵——爱慕、光辉、忠诚
牡丹——富贵	大丽花——华丽、优雅
金鱼草——爱出风头	满天星——真心喜欢
圣诞红——祝福	星辰花——永不变心

玫瑰花数目的含义 1 朵你是我的唯一，2 朵你侬我侬，10 朵十全十美，11 朵最爱，33 朵我爱你，50 朵无怨无悔，66 朵顺利，77 朵喜相逢，80 朵弥补，99 朵长相厮守、坚定，100 朵白头偕老、百年好合，101 朵直到永远、无尽的爱，365 朵天天想你，999 朵天长地久。

（二）馈赠时机的选择

就馈赠的时机而言，及时适宜是最重要的。中国人很讲究"雨中送伞"、"雪中送炭"，即十分注重送礼的时效性。因为，只有在最需要时得到的才是最珍贵的，才是最难忘的。所以，要注意把握好馈赠的时机，包括时间的选择和机会的择定。

要依照国际惯例，把握送礼的最佳时机，最重要的是要对具体情况进行具体的分析。

在会见或会谈时，如果准备向主人赠送礼品，一般应当选择在起身告辞之时。向交往对象道喜、道贺时，如拟向对方赠送礼品，通常应当在双方见面之初相赠。出席宴会时向主人赠送礼品，可以起身辞行时进行，也可选择餐后吃水果之时。观看文艺演出时，可酌情为主要演员预备一些礼品，并且在演出结束后登台祝贺时当面赠送。游览观光时，如果参观单位向自己赠送了礼品，最好在当时向对方适当地回赠一些礼品。为专门的接待人员、工作人员准备的礼品，一般应当在抵达当地后尽早赠送给对方。作为东道主接待来宾时，如欲赠送一些礼品，可在来宾向自己赠送礼品之后进行回赠，也可以在外宾临行的前一天，在前往其下榻之处进行探访时相赠。

（三）馈赠时的礼节要求

馈赠时要讲究一定的礼仪和艺术，否则，即便是你精心挑选的礼物，也不一定能让对方愉快地接受，甚至还会起到适得其反的作用。所以在施礼时，应该注意以下几点。

1. 礼品的包装。精美的包装不仅使礼品的外观更具有艺术性和观赏性，更能显示出送礼人的文化修养和艺术品味，使受礼者在视觉上更能接受。包装可以自己设计制作，也可到礼品店代为包装，包装的材料和色彩要符合受礼者的审美观，包装完毕后贴上写有祝词和签名的缎带或卡片，以准确表达自己的情感。

2. 赠礼的场合选择。通常情况下，当众只给一群人中的某一个人赠礼是不合礼节的，给关系亲密的人送礼也不宜在公开场合进行，只有象征精神方面的礼物才适合在众人面前当面赠送，如锦旗、牌匾、花篮等。

3. 赠礼时的态度和动作。赠礼时，应该落落大方，平和友善，配以礼节性的语言，才能让受礼者欣然接受。不要像做贼似的将礼品悄悄放在房中某个角落，否则，不仅不能达到馈赠的目的，甚至会事与愿违。

第六节　会务礼仪

【案例传真】

北京第一家合资五星级酒店——长城饭店举办里根访华宴会一举成名

我国的改革开放政策使旅游业如雨后春笋蓬勃发展，致使旅游饭店业出现了激烈的竞争，北京第一家合资五星级酒店——长城饭店，亦积极投入了这场竞争。竞争的实践表明，长城饭店至今立于不败之地，成为京城高档饭店的佼佼者之一，原因何在？可以说，是公关工作发挥了关键作用，公关工作者在塑造长城饭店的完美形象中发挥了举足轻重的作用。外部公关工作是树立长城饭店形象的关键。举办里根访华宴会，公关使"长城"一举扬名。长城饭店是中美合资企业，早在1983年12月试营业时就建立了公共关系部，并聘请富有公关工作经验的美国人露西·布朗女士出任公共关系部经理。这在北京饭店业中尚属首家。然而当时在中国，"公共关系"的概念不仅国人感到陌生，且带神秘色彩，更有人把公共关系与中国的"关系学"划上了等号。露西女士开展工作十分困难，但她与饭店首任经理孙必达先生，以高度敏锐地公关"嗅觉"抓住了一次千载难逢的好机会，开展公关活动，并获得成功，从而使饭店在正式营业之前就一举名扬亚洲。这就是美国总统里根在长城饭店举行了成功的访华答谢宴会。

1984年初，还是在长城饭店的试营业期间，总经理及公关部获悉美国总统里根访华的消息。经过一定的努力，他们很快了解到总统访华的大致安排，并大胆地做出了争取里根总统在长城饭店举行答谢宴会的设想。作为北京的一家中美合资饭店的总经理，孙必达先生很想把自己管理的饭店办成世界一流的大酒店。为此，他曾在美国各大报上连发广告，但效果不尽如人意。他认定，里根访华是扩大饭店知名度的极好机会。他与露西·布朗女士制定了十分周密的实施计划。于是，饭店频频向美国驻华大使馆的官员们发出邀请，请他们到长城饭店做客，请他们对食品和服务提意见，并且遵照客人的意见不断改善食品，提高服务质量。当大使馆的官员们对饭店的服务表示满意时，饭店不失时机地提出了承办里根总统访华答谢宴会的要求，经过反复地磋商，美国大使馆终于同意了。

里根总统到京后，饭店出于对新闻媒介的高度重视，首先把近400名来自世界各地的庞大新闻代表团迎进了长城饭店，提供了优质服务，使他们都十分满意。美国"CBS"、"NBC"、"ABC"，三家最大的广播公司分别在饭店选定了各自理想的播视地点。当他们与饭店交涉播视地点的费用时，孙必达先生表示，只要各广播公司在播映时间向观众说明，你们是在中国北京长城饭店进行现场转播，一切费用从优。协议立即达成。

4月28日晚，当美国三家广播公司把里根夫妇向中国领导人敬酒的情景、把里根总统和中国领导人的讲话和整个宴会盛况转播到世界各地，北京长城饭店富丽堂皇的设施，国际一流的服务，也都一一展现在数以亿计的电视观众面前。在现场采访的约五百名记者，争分夺秒地把这一报道发往世界各地，在他们的电稿中，无一例外地写上盛大告别宴会的举办地点——北京长城饭店。

长城饭店这一成功的公关活动，是借助现代化的宣传媒介手段，进行的一次传播范围广、效果好、免费的新闻发布会，充分利用了里根访华举行告别宴会的特大新闻价值，使长城饭店一夜之间扬名于世。长城饭店的形象得到了举世的承认。一时，长城饭店的生意真可谓"车如流水马如龙"，兴旺异常。继里根总统的答谢宴会之后，有十几位外国元首先后在长城饭店举行了访华的答谢宴会。而美国的朝野要人访华，也几乎是把长城饭店作为进行重要商务活动场所的惟一选择。鉴于长城饭店之盛名，一些高规格的重要国际会议和重要国际活动，也相继由政府有关部门安排在长城饭店举行。露西女士曾幽默地说"长城饭店跟着里根跑遍了世界的每一个角落"。的确，里根对树立长城饭店在世界的良好形象，起了难以估量的作用。

里根举行宴会作为长城饭店公关活动的极大成功，使长城饭店的专职公关工作跃上了一个新的高度。公关部在露西女士带动下，为了更好地树立长城饭店的良好形象，他们又开展了新的公关活动。

1985年圣诞前夕，公关部邀请一大批大使馆的孩子来饭店进行装饰圣诞树的比赛。除供应孩子们吃喝外，还给每个孩子赠送带有长城饭店标志的小礼物。为什么要这样做呢？露西女士说："因为这是一个为饭店宣传的好机会。这些孩子都是来自各个使馆的，通过这次活动，他们就可能会去对他们的父母作出生动的宣传，因此就可能产生一些意想不到的效果，由于我们把所有驻京使馆的孩子们都请来了，长城饭店就能为更多的国家和更多的人所了解。"

此举使长城饭店几乎与所有的驻华使馆建立了联系和友谊。至今，无论哪一个国家的国庆日、独立日、解放日或新大使到任，长城饭店都送去总经理贺信及礼物表示祝贺，此举使许多外交官成为长城饭店的朋友，他们国家的来华访问者，许多成为长城饭店的宾客。

一、新闻发布会会务礼仪

新闻发布会一般是指组织机构在取得突出成绩或面临重大变故时向新闻媒介公布信息的活动。它是现代组织机构从事信息传播的一种十分正规和隆重的活动。新闻发布会对社会产生的影响面大，因而，活动的成败事关组织机构的发展大计。新闻发布会具有三大基本功能：一是提高组织机构的知名度。通过发布信息，引起公众对组织机构的关注。二是开展媒介关系。通过活动为新闻界提供了解组织机构的机会，借以建立或进一步巩固与新闻界的关系。三是影响舆论。通过阐述组织机构的方针政策，引导公众意见和态度朝着对组织机构有利的方向发展。

要使新闻发布会取得预期的效果，组织者及相关工作人员必须熟悉新闻发布会的会务礼仪。

（一）新闻发布会的会前准备

1. 准备新闻发布会的资料

俗话说"巧妇难为无米之炊"。要使新闻发布会的基本功能得到充分发挥，组织者就要积极准备好相关资料。不同主题和不同目的的新闻发布会，所需的会务的资料也不同。

（1）新闻发布会的主题大致可分为三类：

①公布与解释本组织机构的重要决策和发展动态。如企业的人事变动、企业推出的新产品等。

②澄清事实，纠正谬误，检讨失职，回答质询。如企业产品出了问题的解释等。

③协助新闻单位及时了解本组织机构的各项工作和业务。

（2）新闻发布会应准备如下四个方面的资料：

①发言人的发言稿。发言稿既要紧扣主题又要全面、准确、真实、生动。

②报道提纲。可事先将报道的重点、有关的数据、资料编印出来，作为记者采访报道的参考资料。

③回答提纲。为了使发言人在现场回答问题时表现自如，可事先预测一些记者可能问到的问题，并准备好答案。

④其他辅助材料。如图片、实物、模型、录像、光碟等，目的是增强发言人讲话的效果，加深与会者对会议主题的认识和理解。

2. 确定参加新闻发布会的相关人选

首先要确定新闻发布会的主持人和发言人。新闻发布会的主持人一般可由组织机构的公关部负责人、办公室主任担任。主持人的语言要流畅，要有幽默感，其自身有较强的应变能力和组织能力；新闻发布会的发言人原则上应是组织机构的负责人。发言人必须思维敏捷、反应快、口齿伶俐，有较高的文化修养和专业水平，如果是组织机构的负责人担任新闻发言人，还必须在新闻发布会上向记者展示出以下五种素养，筹备新闻发布会的负责人必须提醒新闻发言人预先加强学习和演练。

（1）对组织机构的忠诚。表现在：第一，以自己是组织机构的一员为荣，能与组织机构荣辱与共；第二，无论何时何地，都能维护并自觉地宣传组织机构的政策；第三，在具体问题上与最高决策层保持一致。

（2）对信息的全面了解。对与新闻发布会主题相关的信息，发言人要提前认真研究，力求做到心中有数。

（3）驾驭现场的综合能力。如果把新闻发布会比作一个舞台，新闻发言人就是这个大舞台上的主角。新闻发言人面对敏锐的眼光和连珠炮式的发问，应头脑清醒、应对自如。

（4）坦诚的态度和言辞。以坦诚的态度面对新闻媒介，以恳切的言辞回答记者的提问，是新闻发言人必须具备的素养。经验证明，多数情况下，在记者面前"兜圈子"、"捂盖子"，只能使事情越来越糟；而在不泄露商业机密的前提下以诚相告反而能获得记者的谅解。

（5）与主持人密切配合。在新闻发布会上，主持人要为发言人"搭台"，发言人也要主动与之配合，包括会前主动与主持人商讨新闻发布会的程序，预先设计会上的联络"暗号"；会上发言人随时注意主持人的提示或"暗号"，以求口径的统一和步调的一致；会后表达对主持人的谢意，一起总结会上的得失，等等。

然后再确定邀请对象。新闻发布会的参与者主要是对社会有特殊影响的新闻记者。邀请的对象要根据发布新闻的内容和要求来确定，覆盖面要广些，各方新闻机构都要照顾到。同时还可邀请一些社会名流和有关专家，以提高会议的规格，增加可信度。

要拟定详细的邀请名单，请柬要提前 7~10 天发出，临近开会时还应打电话联系落实。

3. 布置新闻发布会会场

会场一定要选择一个良好的环境，室内气温、灯光要适宜，要有舒适的座椅，要安静而无噪音，最好不设电话分机。小型新闻发布会最好不用长方形会议桌，而用圆形的，大家围成一个圆圈，显得气氛和谐，主宾平等。大型新闻发布会则采取主宾相对而坐的形式。

（二）新闻发布会的会中服务

1. 做好会议开始前的会务工作

会场入口处应设有报到处，让所有来宾在签到簿上签上自己的姓名、单位、职业、联系电话；工作人员将已签到的来宾引导到会场座位上，并将准备好的资料袋发给来宾。

发给每位来宾的资料袋中的资料主要包括：新闻发布稿、专业性资料，以及会上要展示的产品或模型的照片。

2. 主持人要充分发挥主持和组织作用

要充分发挥主持和组织作用，主持人必须熟记新闻发布会的程序，并且语言要庄重并具有感染力，设法活跃整个会议气氛，引导记者踊跃提问。新闻发布会的程序如下：

（1）宣布开始。主持人宣布新闻发布会开始，致简短欢迎词，介绍议题和议程，介绍新闻发言人。

（2）发布新闻。新闻发言人讲话，可以宣读新闻发布稿，也可以按照发言提纲发布新闻。

（3）答记者问。由主持人指定提问记者，新闻发言人回答记者的提问。主持人自始至终掌握时间和节奏，按事先规定的时间，宣布"最后一位记者提问"。

（4）宣布结束。新闻发言人回答完"最后一位记者提问"后，主持人宣布新闻发布会结束。

（5）提示会后安排。主持人提示会后记者的活动，如参观安排、礼品赠送、会餐事宜，等等。

3. 发言人对记者提出的各种问题，应诚恳、明确地回答

会议发言人的发言应重点突出，语言生动流畅，所发布的消息要准确无误。对记者提出的各种问题，应诚恳、明确地回答，对个别记者的特殊提问和要求，也应尽量予以满足，对于不愿发表和透露的消息，应婉转地向记者作解释。遇到回答不了的问题，不能简单地说："不知道"。应采取灵活而变通的办法回答，切忌由此引起记者的不满和反感。

（三）新闻发布会的会后工作安排

1. 礼品馈赠

有些新闻发布会应发放礼品。如新产品新闻发布会，向记者赠送的礼品一般是新产品或与新产品宣传相关的。

根据常规，向来参加新闻发布会的人员赠送的礼品，应具有如下三大特征：

（1）荣誉性。要使礼品具有一定的纪念意义，使拥有者对其珍惜、重视，并为之感到光荣和自豪。

（2）宣传性。可选用本单位的产品，也可在礼品及其外包装上印上本单位的企业名称、标志、广告用语、产品商标等。

（3）独特性。礼品应与众不同，具有本单位的鲜明特色，使人一目了然，或令人过目不忘。

2. 会后参观的安排

会后，可以配合会议的主题组织记者进行参观，给记者创造实地采访、摄影、录像的机会，增加记者对会议主题的感性认识。这项活动应该在会前安排好，如参观的地点、参观的线路和参观过程中接待人员的安排，参观过程中的情况介绍等。

3. 小型宴会的安排

如果认为有必要，且财力和时间许可，可以在发布会或参观活动后，邀请记者参加午

餐或晚宴。这是一种相互沟通的机会，可以利用这种场合融洽与新闻界的关系。同时，还可以在这种轻松愉快的气氛中，使记者在新闻发布会上没有得到解答的问题，在这里得到满意的回答。

4. 收集各到会记者在报刊发表的稿件

收集各到会记者在报刊发表的稿件，对照会议签到，看与会记者是否都发了稿件，对已经发稿的记者，应电话致谢。若出现不利于本单位的报道，应及时作出反应。若是不正确或歪曲事实的报道，应立即采取行动，说明实情，向报道机构提出更正要求；若报道的内容虽然是事实，但不利于本组织机构，且这种情况完全是自身的原因造成的，对此应尽快通报给该报道机构，表示虚心接受批评并致歉意，以挽回声誉。

二、会展会务礼仪

会展是会议和展览及大型展销活动的统称。由于会议与展览两者密不可分，故习惯上统称为会展。包括展览会、和展览会相似的交易会、展销会、博览会，等等。

火爆的会展得益于密集的信息、创新的知识和丰厚的财富，是社会文明的隆重展示。人们在展会上"大饱眼福"，获取信息、知识和财富。因此，每一次展会都能吸引成千上万的参观者慕名而来，以观光的热望、求知的向往、淘金的企求蜂拥而至，使会展人气大增，场景壮观。气势宏大的会展会使人们大开眼界，所以西方经济学家把会展称之为"信息冲浪"、"知识会餐"、"财富平台"、"城市经济的拉力器"。近些年来，随着我国经济体制改革和经济结构的调整，一个新的行业——会展业已悄然兴起，会展业作为新兴的服务产业，是 21 世纪的朝阳产业，有着巨大的发展潜力。例如，2004 年 11 月在广西南宁市举办的首届中国——东盟博览会累计贸易成交额达 10.3 亿美元；签订涉外投资项目 12 个，总投资额为 49.68 亿美元；签订国内合作项目 102 个，总投资额为 475.4 亿元人民币。此外，博览会接待国内外观众达 30 万人次，同时召开了首届中国——东盟商务与投资峰会、各国和国内各省市区推介会等一系列重大的贸易投资促进活动和多项文艺活动。

会展承办者应能熟练地掌握会议策划、预算、筹备、选勘会议酒店、资料印刷、会场布展、横幅制作、会员接待接送、餐饮质量跟踪、返程交通、礼品制作等服务，以及会后代办代表考察等相关服务的技巧和礼仪。本节重点介绍展览会的会务礼仪。

（一）展览会的组织

1. 明确展览会的主题和目的

展览会不是一般的推销活动，而是一种塑造商品和组织形象的公共关系活动。因此筹办展览会，首先应明确展览会的主题和目的。只有明确了展览会的主题和目的，才能决定展览会的类型、参展项目、邀请对象和接待形式。

2. 明确潜在的参展商

参展商的数量与质量，在很大程度上决定了展览会的成功与失败。因此，明确潜在的参展商，选择参展商的工作就显得尤为重要。选择参展商的工作就是选择与确定合适的申请者，拒绝与淘汰不合适的申请者。选择参展商的标准要根据展览会的目的、展览会的性质和内容等因素制定。

3. 会前邀约

为了达到预期的目的，筹办展览会要做好市场营销活动，会前邀约与广告是两种极为有效的营销手段。筹办展览会，通常采用广告和发邀请信给可能的参展单位等形式来吸引参加展览会的单位。邀请信应写清楚展览会的宗旨、类型、参展项目以及参加展览会的要求和费用，以给潜在的参展单位提供决策所需要的资料。会前邀约，如果是国际展览会以在 6 个月前发出邀约为宜；如果是国内展览会，应不迟于开幕前 3 个月发出邀约。会前邀约能给潜在的参展单位一种受到特别重视的印象。

寄发展览说明书的时效很重要，有很多厂商都在会计年度开始时编列预算，营销部门再根据预算决定要参加哪些展览，如果展览说明资料上显示某一参览项目的费用超出预算，可能就无法参加。在说明书寄发前几周最好先寄发展览通知给潜在的参展厂商，这样他们可以预先得到更详尽的资料。同样重要的是寄发资料后要分别列出时间表追踪，第一次没有回应并不表示拒绝，第二次再收到相关资料会促使他们动作快一点，或重新再考虑参展的可能性，因而随时追踪是必要的。

4. 培训工作人员

展览会要培训的工作人员包括讲解员、服务员、接待员。展览会工作人员的素质，直接影响着展览会的效果，因此必须对展览会的工作人员进行良好的会展专业技能训练，并结合展览会的类型进行基本的会展专业理论知识培训，以满足展览会的要求。

理论知识培训内容应侧重于会展服务与管理方面的知识，包括：会展简论；会议服务；展览服务；信息服务；媒体服务；会议策划；展览策划；案例分析等八个方面。

专业技能训练应依据工作人员的具体职责进行，如接待员应进行迎送礼仪培训。鉴于参展商大多是外地来客，迎接之前应掌握客人的背景资料、来宾人数、身份、性别、年龄、习俗等，并准备好必要的车辆和食宿接待。具体应把握如下技巧：

（1）确定迎送规格。根据客人的身份和目的确定迎送规格。主要迎宾人员的身份应与来宾的身份大致对等，如果主要人员不能亲自去迎接，应礼貌地向对方解释。

（2）礼貌迎客。严格掌握客人到来或离开的时间，无论迎接还是送行，均应提前15至30分钟到达车站、码头或机场等候，一定不能迟到，如果是迎接不曾相识的客人，应准备好一块牌子，写上"欢迎×××"等字样。

（3）热情接待。客人抵达后，应热情迎上前去，表示欢迎，根据来宾的不同情况施以握手、拥抱、鞠躬等礼节。然后相互介绍，通常是主人先将前来欢迎的人员介绍给来宾，或者自我介绍并递上名片。

（4）周到服务。应主动帮助客人提拿行李。上车时，应当为客人打开右边车门，让客人坐在后排右边的位置上。主人从左边门上车，陪同人员坐在司机旁边的位置上。

（5）善于交谈。上车后应主动问候客人旅途情况，介绍当地风土人情、自然风光、土特产品等，了解客人来访活动的安排、有何要求等。

（6）妥善安排食宿。到达住处后，要尽快安排好食宿，向客人介绍生活及服务设施。商定好下次见面的时间、地点，并告诉客人联系的方法，然后及早离开，让客人休息。

（7）以礼相送。客人辞别，要以礼相送。远方来的客人，一般携带的行李比较多，加上人地生疏，困难会多些，送行时应主动热情、细心周到。应提前问清客人启程的时间，可准备些水果点心等送给客人，也可送些纪念品以表心意。将客人送到车站、码头、机场与客人握手辞别，要等车船启动，才能离开。如果客人有事相托，只要能力允许，就应愉快接受，并尽力办妥。

5. 组建展览会服务机构

展览会的服务机构一般包括如下几方面：

（1）展览会组委会。设主任 1 名，副主任可根据展览会规模的情况设 1～3 名。

（2）展览会展览办公室。设主任 1 名，副主任 2～3 名。

（3）展览办公室各职能组织如下：

①秘书组。设组长 1 名（可由展览会展览办公室主任兼任），副组长 1～2 名，列出各人的联系电话。

②联络组。联系人 2～3 名，列出各人的联系电话。

③宣传组。联系人 2～3 名，列出各人的联系电话。

④展出组。联系人 3～5 名，列出各人的联系电话。

⑤财务组。联系人 3 名，列出各人的联系电话。

⑥保卫组。联系人 1～2 名，列出各人的联系电话。

⑦评审组。联系人 2 名，列出各人的联系电话。

6. 准备好宣传资料

展览会是典型的综合运用多种传播手段的公关专题活动。为了扩大展览会的影响，在展览会筹备过程中，应尽可能利用多种渠道向公众宣传。因此在确定宣传招展对象的同时，应着手准备宣传资料，资料的形式包括新闻资料、参展说明书和辅助宣传资料等。

新闻资料的内容包括展览会的基本情况（如展览会的时间、地点、内容、性质等），市场的规模、特点、潜力，组织者的联系地址、参展手续、申请截止日期等，主要提供给各家媒体作新闻报道用。

参展说明书的内容与新闻资料相似，但要比新闻资料更详尽，尤其要在参展说明书中注明参展资格，这样可以排除一些和展览主题不符的厂商，避免不必要的麻烦。参展说明书主要用于潜在参展者了解展览会并判断此项展览是否符合自身需求的重要依据。

会前还应设计展览会的会徽，准备好展览会的纪念品，并事先准备录音带、录像带、各种小册子、展览会目录表等各种辅助性宣传资料。

（二）做好展览会的各项服务工作

展览会是一种典型的综合性的大型公关专题活动，成功举办一次展览会，需要多项服务的支撑。狭义的展览服务包括住宿、餐饮、交通、运输、旅游、返程等。广义的展览既包括展览现场的租赁、广告、保安、清洁、展品运输、仓储、展位搭建等专业服务，也包括住宿、餐饮、交通、运输、旅游等相关行业的配套服务，既有对参展商的服务，也有对观众的服务。本节侧重介绍狭义的展览服务礼仪。

1. 住宿服务

客人对客房的基本要求是整洁、宁静、安全、方便、尊重。除上述基本要求之外，有的商务客人还有其特殊的要求，如家具设计应体现出强大而完善的商务功能。其他方面，应安排和设置好电话、传真、宽带网络，各种插口要一一安排整齐，杂乱的电线要收拾干净，书桌位置应依据空间的大小而安排好，房间应具有良好的采光性，视野要开阔等。

2. 餐饮服务

展览会的组织者提供餐饮服务必须考虑如下因素：

（1）与会者的民族习俗与饮食习惯，尊重与会者的饮食禁忌。

（2）用餐人数的多少，大型会展可以通过发放餐券来把握就餐人数。

（3）用餐的时间，为保证午餐后的工作效率，避免与会者餐后发生瞌睡，午餐要保持清淡，并且不要提供酒精饮料；晚餐若没有工作任务，可以安排丰富的菜肴。

（4）食品与餐具卫生，要有严格检测制度与措施，严防食物中毒。

（5）食品的营养结构，在注重与会者的口味和饮食习惯的同时，应考虑食品的营养结构，要提供高热量、低脂肪、维生素丰富的食品。

3. 交通服务

交通与住宿是衡量会展举办地接待能力的两大因素，交通方面应满足客商的快速安全、畅通、便捷的基本要求。

4. 运输服务

运输服务主要是指展品到达会展举办地的机场、码头、火车站之后，将展品搬运到展馆的地面运输。展品运输一般是承包给专业的运输物流公司，展览组织者在其中主要应做好联络、协调和组织工作。

5. 旅游服务和返程服务

组织旅游，安排导游，代购机票、车票，这些都是旅行社的强项，因此会展的旅游服务、返程服务可以委托资质比较好的旅行社协办。

和展览会相似的交易会、展销会、博览会的会务礼仪与展览会的会务礼仪大致相同。

三、茶话会会务礼仪

茶话会是一种备有茶及茶点的社会性集会形式。它既不像古代茶宴、茶会那样隆重和讲究，也不像日本"茶道"那样有一套严格的礼仪和规则，而是以清茶或茶点（包括水果、糕点等）招待客人的集会。

茶话会，这一茶文化的奇葩，流传至今已有千年以上的历史。茶话的释义是："饮茶清谈。方岳《人局》诗：'茶话略无尘土杂。'今谓有茶点的集会，为茶话会。"《辞海》对茶话会的注释为："用茶点招待宾客的社会聚会。"所以，一般认为茶话会一词是复合茶会和茶话两词演变而成的。现在，这种风尚又向外传播，慢慢地扩展到世界各地，逐渐成了各国人民的一种重要社交方式。在中国的新春佳节，许多团体、单位很喜欢用茶话会形式，"清茶一杯，辞旧迎新"。

目前，茶话会在我国十分盛行，各种形式的茶话会让人耳目一新。小的如结婚典礼、迎宾送友、同学朋友聚会、学术讨论、文艺座谈等，大的如商议国家大事、庆典活动、招待外国使节等，一般都可采用茶话会的形式，特别是欢庆新春佳节，采用茶话会形式的越来越多。各种类型的茶话会，既简单、隆重、节俭，又轻松、愉快、高雅，是一种效果良好的集会形式。

组织茶话会，应做好如下工作：

（一）会前邀约

隆重的茶话会应该有郑重的请柬，除了写明时间、地点之外，重要的是要说明茶话会的目的和简要的大纲，使参加茶话会的客人有所准备。请柬一般应在茶话会召开之前两个星期送达客人手中。一般的请柬可派人员送达，也可通过邮局邮寄。给有名望的人士或主要领导的请柬应派专人送达，以表示诚恳和尊重。请柬或邀请书要印刷精美，言语郑重，书写工整。茶话会大多安排在正餐时间之前，一般为下午 2~4 时，或上午 10 时左右。

（二）会场布置

茶话会的会场，可设在会议室（厅）、礼堂。会场的布置应格调文雅、温馨周全、井井有条，事先应做好茶话会所需物品的准备。茶话会的会场布置，可依内容、人员的不同有所区别。如与会人员仅几人，用一张圆桌即可，几十人乃至几百人，每桌 10 人左右，或用方桌拼成长方形或其他形式；几百人、上千人的大型茶话会，多用圆桌，团团围坐。关于茶话会的饮品，香茶是必备之物，有条件的还可以增加鲜果、糕点及各色糖果。茶话会的布置，可以根据茶话会的内容和季节的不同，在席间或室内布置一些鲜花。如在夏季以叶子嫩绿、花朵洁白的茉莉为宜，使人有清幽雅洁之感；若在冬季，则以绽放吐香的腊梅和生意盎然的水仙为宜，使人感受到春天的气息。如果是婚礼茶话会，则以红艳的鲜花为好，以示新婚夫妇的幸福和美满。当然，由于条件所限，对花种的选择会有局限性，但不论选用什么花种，对颜色的选择应与茶话会的内容相协调。在较大的茶话会上，配以轻音乐或小型的文艺节目如小品、相声等曲艺节目，可以增添欢乐气氛。

（三）茶点准备

茶话会是一种备有茶及茶点的社会性集会形式，集会品茶，能起到互相交换意见，发表各种见解，畅谈友情的作用。茶点准备，对茶叶、茶具的选择应有所讲究或具有地方特色。茶具一般选择陶质或瓷质器皿，陶质器皿以江苏宜兴的紫砂陶茶具为最佳，不要用玻璃杯，也不要用热水瓶代替茶壶。

茶叶的选择，外国人一般饮红茶，并在茶中添加糖、牛奶或盐等。我国由于幅员辽阔、气候各异，各地饮茶习惯也不尽相同。广东、广西、福建、云南一带习惯饮绿茶，近年来受港澳台地区的影响，饮乌龙茶的人也多了起来；江南一带饮绿茶的比较普遍；北方人一般习惯饮花茶；西藏、内蒙古、新疆地区的少数民族，则大多习惯饮紧压的砖茶、块茶。

茶话会是以清茶和茶点（包括水果、糕点等）招待客人的集会，因此，除茶之外，可备些水果、干果、点心等风味食品，夏季还可增添果汁、啤酒等其他饮料。

（四）恭迎宾客

茶话会开始前，主人一般应提前到达，而工作人员至少应提前半小时到达，以迎接客人入席。

1. 迎宾

迎宾时，主人一般应在宴会厅门口迎接。特别重要的客人，还应到饭店大门口或大堂迎接。主宾到达后，由主人陪同进入休息室。休息室至少要有两名以上相应身份的人员照料主宾。

2. 入席

一般宾客先入席，主人陪同主宾最后入席。待全体客人入座后，茶话会即可开始。

（五）把握茶话会的主要会议议程

在一般情况下，商界所举办茶话会的主要会议议程，大体有如下四项：

1. 主持人宣布茶话会正式开始。在宣布会议正式开始之前，主持人应当提请与会者各就其位，并且保持安静。在会议正式宣布开始之后，主持人还可对主要的与会者略加介绍。

2. 主办单位的主要负责人讲话致辞。负责人的讲话应以阐明此次茶话会的主题为中心内容。除此之外，还可以代表主办单位，对全体与会者的到来表示欢迎与感谢，并且恳请大家今后一如既往地给予本单位以更多地理解，更大地支持。

3. 与会者发言。根据惯例，与会者的发言在任何情况下都是茶话会的重心之所在。为了确保与会者在发言之中直言不讳、畅所欲言，通常主办单位事先均不对发言者进行指定与排序，也不限制发言的具体时间，而是提倡与会者自由地进行即兴式的发言。有时，与会者在同一次茶话会上，还可以数次进行发言，以不断补充、完善自己的见解、主张。这是茶话会比较宽松、自由的阶段，这时，人们品茗茶，尝茶点，互相交换意见，发表各种见解，畅谈友情。

4. 主持人简要总结。随后，即可宣布茶话会结束。

（六）引导席间交谈，保持聚会者谈话的良好气氛

话会致辞完毕，即进入比较宽松、自由的阶段。大家可以毫不拘束地互相交谈，但仍要注意不失礼仪。其间气氛全依靠主人的掌握。

茶话会的主持人主持会议应在两方面有充分的准备：一是对会议的主题、内容有明确的了解，对如何引导座谈的进行和发展，有一定准备，考虑好一些必要的和基本的问题；二是主持人对来参加茶话会的人员应该有一个基本的了解，邀请了哪些人，到会的是哪些人，他们的社会职业、文化知识层次等，都应当有所了解，以设法提出一些他们熟悉并感兴趣的话题。

（七）礼貌送客

茶话会结束，客人辞别，要以礼相送。送行时应主动热情、细心周到。送别时，应与客

人——握手，感谢客人光临。客人自备车辆的，将客人送上车后，送行人员应面带微笑，挥手告别，待车离开后，要等到看不见对方时，方可返回。客人没有自备交通工具的，有条件的，可安排车辆送客人返回，没有条件的，应为客人指明返回途中可乘坐的交通工具。

四、赞助活动会务礼仪

所谓赞助活动，是指社会组织以不计报酬的捐赠方式，出资或出力支持某一项社会活动、某一种社会事业的活动。赞助的形式一般有：现金（以特许权使用费和/或其他费用形式）、实物产品或提供服务。

为了更好地发挥赞助活动的功能，达到赞助活动双赢的预期目的，作为赞助主体的社会组织和受赞助者（赞助对象）都应该遵循赞助活动中的规则。

作为赞助主体的社会组织应把握的礼仪有如下几点。

（一）明确赞助的目的

赞助活动的目的，是提高企业的知名度、树立企业在社会公众中的美好形象，从而提高企业生存和发展的能力。以此为目的的公共关系赞助活动，是实现企业生存和发展的有效手段。赞助活动的目的主要有四个方面：

1. 出资赞助社会公益事业，为企业经济效益的提高创造良好的社会大环境。赞助的重要目的是提高社会效益。

2. 关心和支持社会公益事业，表明企业作为社会的一员，为社会作出了贡献，从而树立企业的美好形象。赞助以承担企业的社会责任和应尽义务为主要目的。

3. 以资证明企业的经济实力，赢得社会公众的信任，谋求社会公众的好感。赞助以增进感情的融通为主要目的。

4. 以赞助活动为手段，扩大企业知名度，使之成为公共关系广告，增强企业商业广告的说服力和影响力。赞助以扩大影响为主要目的。

（二）明确赞助对象

赞助活动的主要对象有：

1. 体育事业。对体育事业的赞助不仅可以提高人民的健康水平，而且可以最大限度地提高企业的知名度。

2. 文化事业。企业赞助社会文化事业，不仅可以培养公众的文化情操，提高人民的文化素养，而且可以大大提高企业美誉度，提高企业的社会效益。

3. 教育事业。教育事业是百年大计，赞助教育事业体现了企业对社会的责任，也为企业提供了长期发展的后备力量。

4. 社会福利和慈善事业。为社会分忧解难，是企业的义务。赞助福利和慈善事业，是企业谋求与政府和社区两大公众机构和群体最佳关系的重要手段。

国外企业在提供赞助时，大多遵循如下原则：赞助的对象是非营利性组织；被赞助的活动或团体，要有利于本企业的生存和发展；视企业的经营情况确定赞助费用的额度和范围。

（三）赞助活动的程序

开展赞助活动的程序一般如下：

1. 调查研究、确定对象。企业的赞助活动可以自选对象，也可以按被赞助者的请求来确定。但无论赞助谁、赞助形式如何，都应做好深入细致的调查研究。特别需要指出的是，企业的赞助活动，必须是社会公众最乐于支持的事业和最需要支持的事业。另外，调查研究应该以企业的经济和社会效益的同步增长为目标，重点分析投资成本与效益的比例，量力而行，保证企业与社会共同受益。

2. 制定计划、落到实处。企业的赞助活动应是有计划的公共关系的一部分。在调查研究的基础上，赞助计划应该具体详尽。

3. 完成计划、争取效益。在制定计划的基础上，企业应派出专门的公共关系人员，去实施赞助方案。在实施过程中，公共关系人员要充分利用有效的公共关系技巧，创造出企业内、外的"人和"气氛，尽可能扩大赞助活动的社会影响。

4. 评价效果、以利再战。对每一次公共关系活动的效果，都应该做出客观的评价。这样可使今后的赞助活动搞得更好。

（四）签订赞助协议

当确定赞助对象与活动以后，应该签订赞助协议，明确双方的责任和义务。例如，赞助会展活动，一旦被会展组委会确定为赞助候选企业，就可与会展组委会就赞助协议展开谈判并签约，以确保由于赞助而获得的回报。回报的表现方式主要是借助会展活动使企业获得宣传，从而展示企业的产品或服务，提升企业的品牌形象，获得与其同类市场竞争者的区分，以及活动期间相应的接待权，从而取得潜在的盈利。此外，赞助商在某些情况下还能获得直接的盈利，比如活动期间赞助商享有提供特定产品或服务的排他性权利。例如，某一乳品制造商通过赞助世博会而获得在世博会场馆内独家销售乳品的权利，由此获得直接盈利。

赞助企业通常可以获得的宣传权益回报，主要有以下方式：有权使用活动或活动主办方的商标、商号和标志进行广告和营销活动；冠名权；被指定为特定产品或服务的唯一供应商；活动期间电视广告和户外广告的优先购买权；媒体专访权；主题活动的优先选择权等。通过宣传权益，赞助商可以在其产品品牌与被赞助的活动之间建立良好的联系，从而取得潜在的盈利。

赞助商获得的另一主要回报是活动期间相应的接待权，例如获得个别的特殊接待服务，使用豪华接待室或商务用餐室。这种接待权可以为赞助商提供接触客户和巩固商业关系的机会。接待权还包括有权以贵宾身份参加开幕式、闭幕式并致词，获得免费的门票，获得活动期间的免费食宿，等等。这些权益有助于赞助商扩大知名度，提升其品牌形象。

（五）重视赞助仪式

一般而言，企业赞助的目的一方面是为活动主办方提供资助，履行公司的社会责任，另一方面得到应有的回报。赞助企业充分利用由于赞助而获得的宣传权利之外，还应多渠道宣传自己的义举，举办赞助仪式是一种很好的宣传方式。成功的赞助仪式能把赞助宣传推向高潮。随着时代的发展，许多体育盛会、博览会等大型活动，都以商业运作的方式来筹办。为了筹集活动资金，活动筹委会的工作人员在征集赞助者时应该注意的礼仪有如下几点。

1. 明确赞助的宗旨

赞助的宗旨是指举办某次活动或盛会的社会效益和经济效益。例如，2008 年在北京举办的奥林匹克运动会（简称奥运会）赞助计划的宗旨为：

（1）遵守《奥林匹克宪章》，遵循奥林匹克理想和北京 2008 年奥运会"绿色奥运，科技奥运，人文奥运"的理念。

（2）推动奥林匹克运动的发展，提升北京 2008 年奥运会和中国奥委会在国内外的形象与品牌知名度。

（3）确保北京 2008 年奥运会获得充足、稳定的组织经费和可靠的技术和服务支持。

（4）为中外企业提供独特的奥林匹克市场营销平台，鼓励中国企业广泛参与，通过奥运会市场营销提高企业形象和产品品牌。

（5）为赞助商提供优质服务，使他们获得充分的投资回报，帮助赞助企业与中国奥林匹克运动建立长期的合作伙伴关系。

2008 年北京举办的奥林匹克运动会赞助计划的宗旨这个实例说明，赞助的宗旨应包括如下五个方面：

（1）某次活动或盛会的理念；

（2）提升举办地（者）的形象；

（3）筹集资金；

（4）为中外企业提供独特的市场营销平台；

（5）对赞助商投资回报的承诺。

2. 确定赞助的层次

赞助的层次一般分为合作伙伴、赞助商、供应商三个。每个层次都设定有赞助的基准价位。在同一层次中，不同类别的基准价位也会有所差异，以体现不同行业之间的差别，具体价位将在销售过程中向潜在赞助企业做出说明，在销售每个赞助层次的过程中还向潜在赞助企业详细说明赞助企业的责任和权益回报。

3. 拟定并公告赞助计划

赞助计划的内容一般包括：

（1）阐明赞助宗旨；

（2）确定赞助层次；

（3）说明赞助商权益；

（4）说明赞助销售的方式、步骤和进度；

（5）明确赞助商选择的标准。

4. 赞助企业的征集（赞助销售）

赞助企业的征集是一个循序渐进的过程。市场开发计划启动以后，组委会首先要开展合作伙伴级别的征集工作，然后再进入赞助商和供应商征集阶段。赞助销售坚持"公开、透明、公平"的原则，通常根据行业的不同情况采取以下不同的销售方式：

（1）公开销售。通过公告销售通知或公开征集企业赞助意向。

（2）定向销售。向具备技术条件的企业发出征集赞助的邀请。

（3）个案销售。直接与符合技术条件的企业进行销售洽谈。

（六）签订赞助协议

企业明确表示赞助意向后，活动组委会向应征企业发出《征集书》和《赞助协议》；企业根据《征集书》的要求制作赞助方案，并在规定的日期内向活动组委会递交赞助方案；活动组委会对企业递交的赞助方案进行评审，并确定候选企业；活动组委会与候选企业就《赞助协议》展开谈判并签约。企业一旦正式参与赞助计划或特许经营计划，就要遵守活动组委会制定和认可的相关市场开发规则，把赞助的活动项目搞好。

第七节　仪典礼仪

【案例传真】

经过长期洽谈之后，南方某市的一家公司终于同美国的一家跨国公司谈妥了一笔大生意。双方在达成合约之后，决定正式为此举行一次签字仪式。因为当时双方的洽谈在我国举行，故此签字仪式便由中方负责。在仪式正式举行的那一天，让中方出乎意料的是，美方差一点要在正式签字之前"临场变卦"。原来，中方的工作人员在签字桌上摆放中美两国国旗时，误以中国的传统做法"以左为上"代替了目前所通行的国际惯例"以右为尊"，将中方国旗摆到了签字桌的右侧，而将美方国旗摆到签字桌的左侧。结果让美方人员恼火不已，他们甚至因此而拒绝进入签字厅。这场风波经过调解虽然平息了，但它给了人们一个教训：在商务交往中，对于签约的礼仪不可不知。

一、开业仪式礼仪

开业仪式，是指在单位创建、开业，项目完工、落成，某一建筑物正式启用，或是某项工程正式开始之际，为了表示庆贺或纪念，按照一定的程序所隆重举行的专门仪式。有时，开业仪式也称作开业典礼。

举行开业仪式，至少可以起到五个方面的作用：第一，有助于塑造出本单位的良好形象，提高单位自身的知名度和美誉度；第二，有助于扩大本单位的社会影响，吸引社会各界的重视与关心；第三，有助于将本单位的建立或成就"广而告之"，借此为自己招徕顾客；第四，有助于让支持过自己的社会各界一同分享成功的喜悦，进而为日后的进一步合作奠定良好的基础；第五，有助于增强本单位全体员工的自豪感与责任心，从而创造出一个良好的开端，或是开创一个新的起点。

开业的礼仪，一般指的是在开业仪式筹备与运作的具体过程中所应当遵从的礼仪惯例。通常包括开业仪式的筹备和开业仪式的运作两项基本内容。

（一）开业仪式筹备礼仪

通常来说，开业仪式进行的时间极其短暂，因此，要在短暂的时间内营造出现场的热烈气氛，取得圆满的成功，绝非一件容易的事情。开业仪式因为牵涉面比较广，影响面比较大，所以不能不对其进行认真的筹备。筹备工作的认真、充分与否，往往决定着一次开业仪式能否真正取得成功。主办单位对于开业仪式，务必给予高度重视。

1. 开业仪式筹备的原则

筹备开业仪式，首先在指导思想上要遵循"热烈"、"节俭"与"缜密"三个原则。

（1）热烈

所谓"热烈"，是指要在开业仪式的进行过程中营造出一种欢快、喜庆、隆重而令人激动的氛围，而不应使其过于沉闷、乏味。有一位曾在商界叱咤风云多年的人士说过："开业仪式理应删繁就简，但却不可以缺少热烈、隆重。与其平平淡淡、草草了事，或是偃旗息鼓、灰溜溜地走上一个过程，反倒不如索性将其略去不搞。"

（2）节俭

所谓"节俭"，是要求主办单位勤俭办事，在举办开业仪式以及为其进行筹备工作的整个过程中，在经费的支出方面应量力而行、节制、俭省。反对铺张浪费，无节制开支。

（3）缜密

所谓"缜密"，是指主办单位在筹备开业仪式之时，既要遵行礼仪惯例，又要具体情况具体分析，认真策划、注重细节、分工负责、一丝不苟。力求周密、细致，严防疏漏，临场出错。

2. 筹备开业仪式的常规工作

（1）舆论宣传

主要工作有：一是选择有效的大众传播媒介，进行集中性的广告宣传。内容包括：开业仪式举行的日期、开业仪式举行的地点、开业之际对顾客的优惠、开业单位的经营特色等；二是邀请有关的大众传播界人士在开业仪式举行之时到场进行采访、报告，以便对本单位进行进一步的正面宣传。

（2）来宾邀约

开业仪式影响的大小，实际上往往取决于来宾身份的高低与其数量的多少。在力所能及的条件下，要力争多邀请一些来宾参加开业仪式。地方领导、上级主管部门与地方职能管理部门的领导、合作单位与同行单位的领导、社会团体的负责人、社会贤达、媒体人员，都是邀请时应予优先考虑的重点。为慎重起见，用以邀请来宾的请柬应认真书写，并应装入精美的信封，由专人提前送达对方手中，以便对方早作安排。

（3）场地布置

开业仪式多在开业现场举行，其场地可以是正门之外的广场，也可以是正门之内的大厅。按惯例，举行开业仪式时宾主一律站立，故一般不布置主席台或座椅。为显示隆重与敬意，可在来宾尤其是贵宾站立之处铺设红色地毯，并在场地四周悬挂横幅、标语、气球、彩带、宫灯等。此外，还应当在醒目之处摆放来宾赠送的花篮、牌匾。来宾的签到簿、本单位的宣传材料、待客的饮料等，亦需提前备好。对于音响、照明设备，以及开业仪式举行之时所需使用的用具、设备，必须事先认真进行检查、调试，以防其在使用时出现差错。

（4）接待服务

在举行开业仪式的现场，一定要有专人负责来宾的接待服务工作。除了要教育本单位的全体员工在来宾面前要以主人翁的身份热情待客、有求必应、主动相助之外，更重要的是分工负责、各尽其职。在接待贵宾时，需由本单位主要负责人亲自出面。在接待其他来宾时，则可由本单位的礼仪小姐负责此事。同时还应考虑为来宾准备好专用的停车场、休息室，并应为其安排饮食。

（5）礼品馈赠

举行开业仪式时赠予来宾的礼品，一般属于宣传性传播媒介的范畴之内。若能选择得当，必定会产生良好的效果。根据常规，向来宾赠送的礼品，应具有如下三大特征：其一，宣传性。可选用本单位的产品，也可以在礼品及其包装上印有本单位的企业标志、广告用语、产品图案、开业日期等。其二，荣誉性。要使之具有一定的纪念意义，并且使拥有者对其珍惜、重视，并为之感到光荣和自豪。其三，独特性。它应当与众不同，具有本单位的鲜明特色，使人一目了然、过目不忘。

（6）拟定程序

从总体上来说，开业仪式大都由开场、过程、结局三大基本程序构成。开场，即奏乐，邀请来宾就位，宣布开业仪式正式开始，介绍主要来宾。过程，是开业仪式的核心内容，它通常包括本单位负责人讲话，来宾代表致辞，启动某项开业标志，等等。结局，则包括开业仪式结束后，宾主一起进行现场参观、联欢、座谈等。为使开业仪式顺利进行，在筹备之时，必须要认真草拟开业仪式的程序，并选定称职的仪式主持人。

（二）开业仪式运作礼仪

开业仪式是一个统称，在不同的场合，它往往采用不同的名称，如开幕仪式、开工仪式、奠基仪式、竣工仪式、通车仪式等。开业仪式的共性，就是要以热烈而隆重的仪式来为举办单位的发展创造良好的开端。开业仪式的个性，则表现在仪式的具体运作上存在差异，因而礼仪的要求也不尽相同，各有所区别。

1. 开幕仪式

开幕仪式是开业仪式的一种形式。开幕仪式是指公司、企业、宾馆、商店、银行等正式开业启用之前，或是各类商品的展示会、博览会、订货会正式开始之前，所正式举行的相关仪式。每当开幕仪式举行之后，公司、企业、宾馆、商店、银行等将正式营业，有关商品的展示会、博览会、订货会将正式接待顾客与观众。

依照常规，举行开幕仪式需要在比较宽敞的活动空间内进行，门前广场、展厅之前、室内大厅等处，均可用作开幕仪式的举行地点。

开幕仪式的主要运作程序共有六个步骤：

（1）宣布仪式开始，介绍来宾。

（2）邀请专人揭幕或剪彩。揭幕的具体操作办法是：揭幕人行至彩幕前恭位，礼仪小姐双手将开启彩幕的彩索递上，揭幕人随之目视彩幕，双手拉启彩索，展开彩幕，全场目视彩幕，鼓掌并奏乐。

（3）在开幕仪式主持人的亲自引导下，全体到场者依次进入幕门。

（4）主持人致辞答谢。

（5）来宾代表发言祝贺。

（6）主持人陪同来宾进行参观。开始正式接待顾客或观众，对外营业或对外展览宣告开始。

2. 开工仪式

开工仪式是开业仪式的又一种常见形式。开工仪式是工厂准备正式开始生产产品，或矿山准备正式开采矿石等情况时，所专门举行的庆祝性、祝贺性的活动。

按照惯例，开工仪式大都讲究在生产现场举行，即以工厂的主要生产车间、矿山的主要矿井等处，作为举行开工仪式的场所。

开工仪式的常规运作程序主要有五个步骤：

（1）宣布仪式开始，介绍各位来宾。

（2）在司仪的引导下，举办单位的主要负责人陪同来宾行至开工现场肃立，并走到机器开关或电闸附近。

（3）正式开工。届时应请举办单位职工代表或来宾代表来到机器开关或电闸旁，首先对其躬身施礼，然后再动手启动机器或合上电闸，全体人员此刻应鼓掌致贺，并奏乐。

（4）全体职工各就各位，上岗进行操作。

（5）在主持人的带领下，全体来宾参观生产现场。

3. 奠基仪式

奠基仪式，通常是一些重要的建筑物，比如大厦、场馆、亭台、楼阁、园林、纪念碑等，在动工修建之初正式举行的庆典性活动。

奠基仪式举行的地点，一般应选择在动工修筑建筑物的施工现场。而奠基的具体地点，按常规均应选择在建筑物正门的右侧。在一般情况下，用以奠基的奠基石应为一块完整无损、外观精美的长方形石料。在奠基石上，文字通常应当竖写，在其右上款，应刻有建筑物的正式名称，在其正中央应刻有"奠基"两个大字，在其左下款，则应刻奠基单位的全称以及举行奠基仪式的具体年月日。奠基石上的字体，大都讲究以楷体字刻写，最好是用白底金字或黑字。

在奠基石的下方或一侧，还应安放一只密闭完好的铁盒，内装该建筑物的各项资料。届时，它将同奠基石一道被奠基人等人员培土掩埋于地下，以示纪念。

— 174 —

通常，在奠基仪式的举行现场应设立彩棚，安放该建筑物的模型或设计图、效果图，并使各种建筑机械就位待命。

奠基仪式的运作程序大体上分为五个步骤：

（1）仪式正式开始，介绍来宾。

（2）主持人对即将建设的建筑物功能及规划设计进行简介。

（3）来宾致辞道喜。

（4）正式进行奠基。此时，应锣鼓喧天，或演奏喜庆乐曲。首先由奠基人双手持握有红绸的新锹为奠基培土，随后，再由主持人与其他嘉宾依次为之培土，直至将其埋没为止。

4. 竣工仪式

竣工仪式，又称落成仪式或建成仪式。它是指举办单位所属的某一建筑物或某项设施建设、安装工作完成之后，或者是某一纪念性、标志性建筑物——诸如纪念碑、纪念塔、纪念堂、纪念像、纪念雕塑等建成之后，以及某种意义特别重大的产品生产成功之后，所专门举行的庆贺性活动。

应该强调的是，在竣工仪式举行时，全体出席者的情绪应与仪式的具体内容相适应。比如说，在庆贺工厂、大厦落成或重要产品生产成功时，应当表现出欢快和喜悦。在庆祝纪念碑、纪念塔、纪念堂、纪念像、纪念雕塑建成时，则须表现得庄严而肃穆。

竣工仪式的基本程序通常分为七个步骤：

（1）宣布仪式开始，介绍来宾。

（2）全体起立，演奏举办单位的标志性歌曲（如果有的话）。

（3）举办单位负责人发言，以介绍、回顾、感谢为主要内容。

（4）进行揭幕或剪彩。

（5）全体人员向竣工仪式的"主角"——刚刚竣工或落成的建筑物，郑重其事地恭行注目礼。

（6）来宾致辞。

（7）进行参观。

5. 通车仪式

通车仪式又叫开通仪式，是在重要的交通建筑工程完工并验收合格之后，所正式举行的启用仪式。例如，公路、铁路、地铁以及重要的桥梁、隧道等，在正式交付使用之前，均会举行一次以示庆祝的通车仪式。

举行通车仪式的地点，通常为公路、铁路、地铁新线路的某一端，新建桥梁的某一头，或者新建隧道的某一侧。

在现场附近，以及沿线两旁，应当适量地插上彩旗、挂上彩带。必要之时，还应设置彩色标牌，并悬挂横幅。在通车仪式上，装饰的重点应当是用以进行"处女航"的汽车、火车或地铁列车。在车头之上，一般应系上红花，在车身两侧，可酌情插上彩旗，系上彩带，并且悬挂上醒目的大幅宣传性标语。

通车仪式的主要程序一般有五个步骤：

（1）宣布仪式开始，介绍来宾。

（2）主持人致辞。主要是介绍即将通车的新线路、新桥梁或新隧道的基本情况，并向有关方面谨致谢意。

（3）来宾代表致辞祝贺。

（4）正式剪彩。

（5）首次正式通行车辆。届时，宾主及群众代表应一起登车而行。有时，往往还须主持人所乘坐的车辆在最前方开路。

二、庆典仪式礼仪

庆典，是各种庆礼仪式的统称，是指围绕重大事件或重要节日而举行的庆祝活动仪式。随着社会的进步，企业公关意识的增强，现代企业经营者都想方设法地、合情合理地利用各种事件举行庆典活动，以扩大知名度和提高美誉度。在商务活动中，商务人员参加庆祝仪式的机会是很多的，既有可能奉命为本单位组织一次庆祝仪式，也有可能应邀去出席外单位的某一次庆祝仪式。

（一）庆典

仪式庆典活动的范围很广，常见的有开工典礼、落成典礼、颁奖大会、开业庆典、周年纪念大会、地方传统节日、重大活动的开幕式、闭幕式等。

就内容而论，在商界所举行的庆祝仪式大致可以分为四类：第一类，本单位成立周年庆典。通常，它都是逢五、逢十举行的，即在本单位成立五周年、十周年以及它们的倍数时进行。第二类，本单位荣获某项荣誉的庆典。当单位本身荣获了某项荣誉称号、单位的"拳头产品"在国内外重大展评中获奖之后，均会举行这类庆典。第三类，本单位取得重大业绩的庆典。例如，千日无生产事故、生产某种产品的数量突破 10 万台、经销某种商品的销售额达到 1 亿元等等，这些来之不易的成绩，往往都是要庆祝的。第四类，本单位取得显著发展的庆典。当本单位成立集团、确定新的合作伙伴、兼并其他单位、分公司或连锁店不断发展时，自然都值得庆祝一番。

但无论因何举办庆典活动，在典礼举行之时，都必须认真恪守"热烈、隆重和适度"的三项礼仪原则。

（二）庆典仪式的准备工作

庆典活动具有涉及面广，仪式时间短，工作复杂而紧凑，注重形式，影响迅速、范围广等特点，因此作为庆典活动的组织方应该做好整体的筹划和设计，力争体现出庆典所具有的热烈、欢快、隆重的特色。

1. 确定出席人员的名单

确定庆典的出席者名单时，始终应当以庆典的宗旨为指导思想。一般来说，庆典的出席者通常应包括如下人士。

（1）上级领导

当地主要领导、上级主管部门领导、地方的职能管理部门的领导，大都对单位的发展给予过关心、指导。邀请他们参加，主要是为了表示感激之心。

（2）知名人士

若能邀请社会名流、某方面专家、影视娱乐名人等知名人士参加，整个庆典活动将增色不少。根据公共关系学中的"名人效应"原理，社会各界的名人对于公众最有吸引力，能够请到他们，将有助于更好地提高本单位的知名度。

（3）大众传媒

能够参加仪式庆典的公众毕竟是有限的。为扩大仪式庆典活动的社会传播面和影响面，就需要借助大众传媒的力量。在现代社会中，报纸、杂志、电视、广播等媒介，被称为仅次于立法、行政、司法三权的社会"第四权力"。邀请媒体，并主动与其合作，将有助于媒体公正地介绍本单位的成就，进而有助于加深社会对本单位的了解和认同。

（4）合作伙伴

在商务活动中，合作伙伴经常是彼此同呼吸、共命运的。请他们来与自己一起分享成功的喜悦，是完全应该的，而且也是绝对必要的。

（5）单位员工

员工是本单位的主人，本单位每一项成就的取得，都离不开他们的兢兢业业和努力奋斗。成功的庆典活动能增加员工的自信心和工作热情。所以在组织庆典时，是不容许将他们完全"置之度外"的。

具体名单一经确定，就应尽早发出邀请或通知，重要宾客的请柬应于一周前送达其手中，请柬中应写明活动事由、方式、时间、地点。活动前3天再电话核实，看有无变动；贵宾在活动前1天再核实一次。

庆典涉及的人员甚多，准备工作要求时间性强，如果随意更改日期会影响到参加庆典的人员的工作安排，也会打乱企业正常的工作秩序，故不到万不得已，均不应将庆典取消、改期或延期。

2. 庆典仪式现场的准备

庆典仪式多在现场举行，其场地可以是正门之外的广场，也可以是正门之内的大厅，还可以为扩大影响力选择外借的大厅举行。按惯例，为显示隆重与敬客，可在来宾尤其是贵宾站立之处铺设红色地毯，并在场地四周悬挂横幅、标语、气球、彩带。此外，还应当在醒目之处摆放来宾赠送的花篮、牌匾。来宾的签到簿、本单位的宣传材料、待客的饮料等等，亦须提前备好。对于音响、照明设备，以及开业仪式举行之时所需使用的用具、设备，必须事先认真进行检查、调试，以防其在使用时出现差错。如果有能力，还可以请由本单位员工组成的乐队、锣鼓队届时演奏音乐或敲锣打鼓，热闹热闹。但是这类活动应当适度，不要热闹过了头，成为胡闹，或者"喧宾夺主"。

另外，主办单位应提前试验音响，了解无线麦克风电磁波的方向性、频率高低、音量大小，不要出现"吱吱"的噪音或间断。线路距离与麦克风连线长短要考虑周全，不要使讲话者无法进行必要的移动。尤其是供来宾们讲话时使用的麦克风和传声设备，在关键时刻，绝不允许临阵"罢工"，让主持人手忙脚乱、大出洋相。对移动演讲者、表演者最好用移动无线麦克风。

（三）庆典仪式的程序

一次庆典举行的成功与否，与其具体的程序不无关系。仪式礼仪规定，拟定庆典的程序时，有两条原则必须坚持：第一，时间宜短不宜长。大体上讲，它应以一个小时为其极限。这既为了确保效果良好，也是为了尊重全体出席者，尤其是为了尊重来宾。第二，程序宜少不宜多。程序过多，不仅会加长时间，而且还会分散出席者的注意力，并给人以庆典内容过于凌乱之感。总之，不要使庆典成为内容乱七八糟的"马拉松"。

依照常规，一次庆典大致上应包括下述几项程序：

1. 预备：请来宾就座，出席者安静，介绍嘉宾。

2. 宣布庆典正式开始，全体起立，奏国歌，唱本单位之歌。

3. 本单位主要负责人致辞。其内容是，对来宾表示感谢，介绍此次庆典的缘由等等，其重点应是报捷以及庆典的可"庆"之处。

4. 邀请嘉宾讲话，出席此次仪式的上级主要领导、协作单位及社区关系单位，均应有代表讲话或致贺词。不过应当提前约定好，不要当众推来推去。对外来的贺电、贺信等等的具体内容，可不必一一宣读，但对其署名的单位或个人应当公布。在进行公布时，可依照"先来后到"为序，或是按照其具体名称的汉字笔画的多少进行排列。

5. 安排文艺演出。这项程序可有可无，如果准备安排，应当慎选内容，注意不要有悖于庆典的主旨。

6. 邀请来宾进行参观。如有可能，可安排来宾参观本单位的有关展览或车间等等。当然，此项程序有时亦可省略。

在以上几项程序中，前几项必不可少，后两项则可以酌情省去。

（四）来宾的接待工作

庆典活动一般都较盛大，工作任务繁重，需要组织内部各部门有关人员密切配合，共同完成。最好的办法是，庆典一经决定举行，即成立对此全权负责的筹备组。在庆典的筹备组之内，应根据具体的需要，下设若干专项小组，在公关、礼宾、财务、会务等各方面"分兵把守"，各管一段。其中，负责礼宾工作的接待小组，大都不可缺少。要做到有条不紊、忙而不乱，就要确定庆典仪式的程序，并按照仪式典礼规格确定司仪人员，按照有关活动内容将任务具体落实到人头上。

庆典的接待小组，原则上应由年轻、精干、身材与形象较好、口头表达能力和应变能力较强的男女青年组成。

接待具体工作安排时应注意以下几个问题。

1. 迎宾

迎宾工作是接待工作的第一环节，一般由礼仪小姐承担。迎宾小姐一般站在企业门口两侧，身着鲜艳的旗袍，披戴绶带，化淡妆，头发应盘起，穿高跟鞋。迎宾小姐的站姿应优美而典雅，头正，颈直，双肩展开，收腹立腰，双目平视，嘴唇微闭，面带微笑，微收下颌，给人以亭亭玉立的感觉。客人到来时笑容可掬地给人以标准的 45 度鞠躬礼，并亲切问候："您好！欢迎光临。"为了渲染气氛，这时应放些迎宾乐曲，也可由鼓号队演奏。

2. 引导

工作人员确认宾客的身份后，应热情地以手势引导"您好，请这边走"。有职务的尽量称呼其职务。企业应派一位领导参与接待客人的工作，对宾客表示欢迎，重要的宾客要亲自接待，或引见企业最高领导。

3. 签到

迎宾小姐将每个来宾引领到签字台。签字台应备有钢笔、毛笔、砚台、精致的签到本和纸，以便名人题词留念。请来宾签字应讲究礼貌。对来宾的合作表示感谢。随后，将一胸花插在来宾的西服胸袋或西服领上的插花眼上。庆典尚未开始，可请来宾到休息室或参观企业。

4. 接待过程中的次序礼仪

越是重要的礼仪场合，越要遵从次序礼仪。次序，虽然形式上只是一个先后问题，但在内容上却是一个既关系到企业的礼仪素质、修养形象，又关系到是否能给予公众适当的礼遇，是否准确地表现出公众的身份的大问题。因此，庆典上的次序千万不可忽视。

（1）招呼客人的次序礼仪

一般情况下，谁先到，先招呼谁，接待谁。如果有两位以上宾客同时到达，应先招呼职务高的那位；如果两位的职务一样，但所在的企业大小不一样，也要体现平等，即接待时应"先温后火"，即后打招呼的要先让坐、先敬茶以平衡两者心理。

（2）座次礼仪

庆典仪式上的座次安排，应体现来宾的身份、地位、年龄的差别，明确按照地位高低、职务上下、关系的亲疏，以及实力的强弱来排列。

商业庆典的会场布置一般有两种情况：一是只为重要来宾安排席位，其余来宾及与会者站着开会；二是全部与会者站立开会。

（3）介绍来宾的次序礼仪

庆典上一般只介绍主要来宾和企业主要领导。介绍顺序是先介绍来宾后介绍企业领导，而且都应分别按地位高低依次介绍。

宣读贺电、贺信时，先宣读上级领导及主要来宾的贺信、贺电，其他单位可不排先后顺序。

（4）行进中的次序礼仪

接待过程中短距离的行进也同样要讲究次序礼仪。迎宾时，引宾员应走在来宾的前面 2～3 步处；送客时，应走在宾客的后面。陪同领导参观时，企业领导人应走在来宾最高领导的左边。

（5）主席台上倒茶水的次序礼仪

在主席台上倒茶应先从第一排的最高领导人开始，往两边同时倒茶，然后为下排的来宾倒茶。

（五）参加庆典的礼仪规范

参加庆典时，不论是主办单位的人员还是外单位的人员，均应注意自己临场之际的举止表现。作为主方人员，出席人员众多，无论是领导还是一般的工作人员，在他人眼中都是代表着组织形象的。而外单位的人员在参加庆典时，同样有必要"既来之，则安之"，以自己上佳的临场表现，来表达对于主人的敬意与对庆典本身的重视。倘若在此时此刻表现欠佳，是对主人的一大伤害。所以无论任何一方，在整个仪式过程中都应注意以下几个问题。

1. 仪容要整洁，服饰要规范。有统一式样制服的单位，应要求以制服作为本单位人士的庆典着装。无制服的单位，或个别应邀出席庆典仪式的人员必须穿着礼仪性服装。

2. 在举行庆典的整个过程中，都要表情庄重、全神贯注、聚精会神。假若庆典之中安排了升国旗、奏国歌、唱"厂歌"的程序，一定要依礼行事：起立，脱帽，立正，面向国旗或主席台行注目礼，并且认认真真、表情庄严肃穆地和大家一起唱国歌、唱"厂歌"。

3. 时间要遵守，行为要自律。任何人员都不得姗姗来迟，无故缺席或中途退场，在整个活动过程中不要交头接耳或表现出意兴阑珊的模样，从言谈到举止都要自我控制。

4. 做好自我介绍和介绍工作。如果是由主持人依次介绍，主持人必须事前进行周密调查，了解每个参与者的姓名和基本情况，一忌不知姓名就介绍，这会使被介绍者难为情；二忌介绍时表情有冷热差异；三忌介绍格局有别，对熟悉者多方赞扬，对其他人只提名道姓。被介绍者要有表示，或起立致敬，或欠身微笑，或含笑点头，忌表情板滞，不加理睬，忌言笑不停，对介绍置若罔闻。介绍某一人时，全体成员都应注目示敬，忌东瞅西看，毫不在意。

5. 作为主办者和应邀发言的嘉宾，在发言时应注意切勿夸夸其谈，时间过长。上下场时应沉着冷静，并讲究礼貌。在发言开始，勿忘说一句"大家好"或"各位好"。在提及感谢对象时，应目视对方。在表示感谢时，应郑重地欠身施礼。对于大家的鼓掌，则应以自己的掌声来回礼。在讲话末了，应当说一声"谢谢大家"。发言时还应当少做手势，含义不明的手势坚决不用。而作为听众则忌精力分散，频频看表。

6. 来宾还应注意签名问题。仪式中的签名有两种：一种是报到时在报到簿或纪念册上签名，另一种是在活动期间应邀签名。前者忌抢先在最佳位置挥舞大字，后者忌意轻笔浮，漫不经心。签名一定要字迹工整。

三、剪彩仪式礼仪

【案例传真】

"请张市长下台剪彩！"

某公司举行新项目开工剪彩仪式，请来了张市长和当地各界名流嘉宾参加，请他们坐在主席台上。仪式开始时，主持人宣布："请张市长下台剪彩！"却见张市长端坐没动；主持人很奇怪，重复了一遍："请张市长下台剪彩！"张市长还是端坐没动，脸上还露出一丝恼怒。主持人又宣布了一遍："请张市长剪彩！"张市长才很不情愿地勉强起来去剪彩。

剪彩仪式，严格地讲，指的是商界的有关单位，为了庆贺公司的设立、企业的开业、宾馆的落成、商店的开张、银行的开业、大型建筑物的启用、道路或航线的开通、展销会或展览会的开幕等等，而隆重举行的一项礼仪性程序。因其主要活动内容是约请专人使用剪刀剪断被称之为"彩"的红色缎带，故此被人们称为"剪彩"。

在一般情况下，在各式各样的开业仪式上，剪彩都是一项极其重要的、不可或缺的程序。尽管它往往也可以被单独地分离出来，独立成项，但是在更多的时候，它是附属于开业仪式的。这是剪彩仪式的重要特征之一。

（一）剪彩仪式的历史

剪彩的来历有两种说法。

一种传说剪彩起源于西欧。古代西欧造船业比较发达，新船下水往往吸引成千上万的观众。为了防止人群拥向新船而发生意外事故，主持人在新船下水前，在离船体较远的地方，用绳索设置一道"防线"。等新船下水典礼就绪后，主持人就剪断绳索让观众参观。后来绳索改为彩带。人们就给它起了"剪彩"的名称。

另一种传说则流传更广。据记载，1912 年美国圣安东尼奥市的华狄密镇某家商店即将开业，店主威尔斯在门前拉了一条布带子以阻挡蜂拥而至的顾客进入店内，同时也为了吸引更多的顾客。正当店门外人们的好奇心上升到极点，显得有些迫不及待的时候，店主的小女儿牵着一条小狗突然从店里跑了出来，那条"不谙世事"的可爱小狗若无其事地将拴在店门上的布带子碰落在地。等候在门前的人们误以为这是店主开张志喜的"新花样"，便一拥而入，争相购物。从此小店顾客盈门，财源茂盛。店主从这次偶然的事故中得到启迪，此后在他旗下的几家"连锁店"陆续开业时，他便将错就错地如法炮制。久而久之，他的小女儿和小狗无意之中的"发明创造"经过他和后人不断"提炼升华"，逐渐成为一整套的仪式。人们纷纷模仿，以讨个吉利。在流传的过程中，它自己也被人们赋予了一个极其响亮的名称——剪彩。

剪彩从一次偶发的"事故"演化为一项隆重而热烈的仪式的过程之中，其自身也有所发展和变化。起初，"剪彩者"先是由专人牵着一条小狗来充当，让小狗故意去碰落店门上所拴着的布带子；接下来，改由儿童担任，让他单独去撞断门上所拴着的一条丝线；再后来，剪彩者又变成了妙龄少女，她的标准动作，就是要勇往直前地去当众撞落拴在门口上的大红缎带；到了最后，也就是现在，剪彩则被定型为邀请社会名流和本地官员，剪断由佳丽们手拉的大红缎带。这样，剪彩就从最初的一种促销手段发展成为商务活动中一种重要仪式，并约定俗成地形成了一套礼仪要求。

（二）剪彩仪式的组织与准备工作

1. 会场准备

剪彩仪式的会场一般选在展销会、博览会门口，如果是新建设施、新建工程竣工启用，会场一般安排在新建设施、工程的现场。会标上可写"某某商厦开张典礼"或"某某大桥通车仪式"等。会场四周可适当张灯结彩，悬挂气球等。在举行仪式之前一周或半月向有关单位和个人发送请柬或刊发广告和张贴告示。

2. 确定剪彩人员

除主持人之外，剪彩的人员主要是由剪彩者与助剪者两个主要部分的人员所构成。

（1）剪彩者的选定

在剪彩仪式上担任剪彩者，是一种很高的荣誉。剪彩仪式档次的高低，往往也同剪彩者的身份密切相关。因此，在选定剪彩的人员时，最重要的是要把剪彩者选好。根据惯例，剪彩者可以是一个人，也可以是几个人，但是一般不应多于5人。剪彩者一般由客人担当为好，或是请上级领导，或是请主管部门的负责人，或是请某一方面的知名人士担任。这些人应该是有较高威望，深受大家尊敬和信任的人员。确定剪彩者名单，必须是在剪彩仪式正式举行之前。名单一经确定，即应尽早告知对方，使其有所准备。在一般情况下，确定剪彩者时，必须尊重对方个人意见，切勿勉强对方。需要由数人同时担任剪彩者时，应分别告知每位剪彩者届时他将与何人同担此任。这样是对剪彩者的一种尊重，千万不要"临阵磨枪"，在剪彩开始前方才强拉硬拽，临时找人凑数。

（2）助剪者的挑选和培训

助剪者，指的是剪彩者剪彩的一系列过程中从旁为其提供帮助的人员。一般而言，助剪者多由东道主一方的女职员担任。现在，人们对她们的常规称呼是礼仪小姐。

具体而言，在剪彩仪式上服务的礼仪小姐，又可以分为迎宾者、引导者、服务者、拉彩者、捧花者、托盘者。迎宾者的任务，是在活动现场负责迎送宾客。引导者的任务，是在进行剪彩时负责带领剪彩者登台或退场。服务者的任务，是为来宾尤其是剪彩者提供饮料，安排休息之处。拉彩者的任务，是在剪彩时展开、拉直红色缎带。捧花者的任务则是在剪彩时手托花团。托盘者的任务，则是为剪彩者提供剪刀、手套等剪彩用品。

在一般情况下，迎宾者与服务者应不止一人。引导者既可以是一个人，也可以为每位剪彩者各配一名。拉彩者通常应为两人。捧花者的人数则需要视花团的具体数目而定，一般应为一花一人。托盘者可以为一人，亦可以为每位剪彩者各配一人。有时，礼仪小姐亦可身兼数职。

礼仪小姐的基本条件是，相貌姣好、身材颀长、年轻健康、气质高雅、音色甜美、反应敏捷、机智灵活、善于交际。礼仪小姐的最佳装束应为：化淡妆，盘起头发，穿款式、面料、色彩统一的单色旗袍，配肉色连裤丝袜、黑色高跟皮鞋，除戒指、耳环或耳钉外，不佩戴其他任何首饰。有时，礼仪小姐身穿深色或单色的套裙亦可。但是，她们的穿着打扮必须尽可能地整齐划一。必要时，可向外单位临时聘请礼仪小姐。人员确定后，要进行必要的分工和演练。剪彩的礼仪小姐可以在本单位挑选，也可到外单位邀请。礼仪小姐应该是训练有素的。企业可以到公关单位去聘请礼仪小姐，也可以自己进行培训。

3. 剪彩用品的准备

仪式的主办方应仔细选择与准备剪彩仪式上所需使用的各类用具，诸如红色缎带、新剪刀、白色薄纱手套、托盘以及红色地毯。

（1）红色缎带

红色缎带亦即剪彩仪式之中的"彩"。作为主角，它自然是万众瞩目的。按照传统做法，它应当由一整匹未曾使用过的红色绸缎，在中间结成数朵花团而成。目前，有些单位为了厉行节约，代之以长度为 2 米左右的细窄的红色缎带，或者以红布条、红线绳、红纸条作为其变通，也是可行的。一般来说，红色缎带上所结的花团，不仅要生动、硕大、醒目，而且其具体数目往往还同现场剪彩者的人数直接相关。红色缎带上所结的花团的具体数目有两类模式可依：其一，花团的数目较剪彩者的人数多上一个，这样可使每位剪彩者总是处于两朵花团之间，尤显正式。其二，花团的数目较现场剪彩者的人数少上一个，如此则不同常规，亦有新意。

（2）剪刀

剪刀专供剪彩者在剪彩仪式上正式剪彩时所使用。现场剪彩者人手一把，而且必须崭新、锋利而顺手。剪彩时需要一刀剪断彩带，不能再补刀，所以事先一定要逐把检查，是否已经开刃，好不好用。务必要确保剪彩者在以之正式剪彩时，可以"手起刀落"，一举成功。在剪彩仪式结束后，主办方可将每位剪彩者所使用的剪刀经过包装之后，送给对方以资纪念。

（3）托盘

托盘在剪彩仪式上是托在礼仪小姐手中，用作盛放红色缎带、剪刀、白色薄纱手套的。在剪彩仪式上所使用的托盘，通常首选银色的不锈钢制品，为了显示正规，托盘最好用红色绒布或绸布铺垫，再将剪刀工整地放在绒布或绸布上。就其数量而论，在剪彩时，可以一只托盘依次向各位剪彩者提供剪刀与手套，并同时盛放红色缎带；为显正式，也可以为每一位剪彩者配置一只专为其服务的托盘，同时专备一只托盘盛放红色缎带。

（4）白色薄纱手套

白色薄纱手套是专为剪彩者所准备的。在正式的剪彩仪式上，剪彩者剪彩时最好每人戴上一副白色薄纱手套，以示郑重其事。在准备白色薄纱手套时，除了要确保其数量充足之外，还须使之大小适度、崭新平整、洁白无瑕。有时，亦可不准备白色薄纱手套。

（5）红色地毯

红色地毯主要用于铺设在剪彩者正式剪彩时的站立之处。其长度可视剪彩人数的多寡而定，其宽度则不应在一米以下。在剪彩现场铺设红色地毯，主要是为了提升档次，并营造一种喜庆的气氛。有时，也可不铺设。

（三）剪彩仪式的程序与礼仪规范

在剪彩仪式的程序中，剪彩仪式的时间以短为佳，原则上不应超过 1 小时，有时 15 分钟即可。其程序大致如下：

1. 请出席者各就各位

会场坐席一般只安排剪彩者、来宾以及本单位主要领导和部门负责人的座位。剪彩人员最好安排在前排，有多位剪彩者时，应按剪彩时的位置就座。如果不是对号入座的话，可提醒会议参加者坐到位置上，等待仪式开始。对就座于主席台的人，最好能事先通知说明，到时由工作人员引领入座。

2. 宣布剪彩仪式开始

会议主持人在宣布剪彩仪式开始后，应鼓掌向与会者表示敬意。然后向与会者介绍一下参加剪彩仪式的领导、负责人与知名人士，并同时向他们表示谢意。如有必要，请乐队奏乐或燃放鞭炮，以烘托现场的热烈气氛。

3. 安排简短的发言

发言人一般以安排展览会、展销会或新设施的负责人担任为好。发言的内容是介绍此次展览会、展销会的宗旨或者是新设施建成的意义，并对有关过程进行汇报。同时，也可安排其他有关部门的人员做祝贺性的发言。这种发言应言简意赅，充满热情，两三分钟即可。

4. 进行剪彩

剪彩时，若剪彩者不只一人时，则其同时上场剪彩时位次的尊卑就必须予以重视。一般的规矩是：中间高于两侧，右侧高于左侧，距离中间站立者愈远位次便愈低，即主剪者应居于中央的位置。需要说明的是，之所以规定剪彩者的位次"右侧高于左侧"，主要是因为这是一项国际惯例，剪彩仪式理当遵守。其实，若剪彩仪式并无外宾参加时，执行我国"左侧高于右侧"的传统做法，亦无不可。

5. 参观或聚会

这一进程，可视不同的剪彩仪式，而采取不同的方法。

（四）剪彩的操作

主持人宣布进行剪彩之后，礼仪小姐率先登场。上场时，礼仪小姐排成一行，从两侧同时登台或从右侧登台。登台之后，拉彩者与捧花者站成一行，拉彩者处于两端拉直红色缎带，捧花者各自双手捧一个花团。托盘者站立在拉彩者与捧花者身后1米左右，并自成一行。

引导者在剪彩者左前方进行引导，使之各就各位。剪彩者宜从右侧登台。当剪彩者均已到达既定位置之后，托盘者应前行一步，到达剪彩者的右后侧，以便为其递上剪刀、手套。剪彩者若不止一人，则其登台时亦列成一行，并让主剪者行进在前。

主持人向全体到场者介绍剪彩者时，后者应面含微笑向大家欠身或点头致意。

剪彩者行至既定位置后，应向拉彩者、捧花者含笑致意。当托盘者递上剪刀、手套时，亦应微笑着向对方道谢。

在正式剪彩时，剪彩者应集中精力，右手持剪刀，表情庄重地将红色缎带一刀剪断。若多名剪彩者同时剪彩时，其他剪彩者应注意主剪者的动作，与其协调一致，力争同时将红色缎带剪断。按照惯例，剪彩以后，红色花团应准确无误地落入托盘者手中的托盘，切勿使之坠地。剪彩者在剪彩成功后，可以右手举起剪刀，面向全体到场者致意。然后放剪刀、手套于托盘之内，举手鼓掌。接下来，可依次与主人握手道喜，并列队在引导者的引导下退场。退场时，一般宜从右侧下台。

等待剪彩者退场后，礼仪小姐方可列队由右侧退场。整个过程要求剪彩小姐做到站姿端正，面带微笑，动作整齐，步调一致，服务及时。

（五）剪彩者的礼仪要求

剪彩者是剪彩仪式的主角，他的举止直接关系到剪彩仪式的效果和企业形象。因此，作为剪彩者既要有荣誉感，又要有责任感。

剪彩者应注意以下几点礼仪要求：

1. 注意仪容仪表

（1）男士一般着西装、中山装。

（2）女士穿西装套裙。

（3）头发要梳理好，颜面要洁净。

（4）不可戴墨镜。

（5）给人的感觉应是容光焕发，精干而有修养。

2. 举止大方

剪彩过程中，剪彩者要使自己保持一种稳重的姿态，做到快而不慌、忙而不乱。

（1）开始剪彩时，剪彩者要面带微笑，步履稳健地走上主席台，走向彩带。

（2）当礼仪小姐用托盘呈上剪刀时，要用微笑表示谢意。

（3）剪彩带时，要聚精会神、严肃认真地一刀剪断。

（4）几位剪彩者共同剪彩时，应力争同时剪断。

（5）剪彩者应与礼仪小姐配合，让彩球落于托盘内。

（6）剪彩完成后，应向四周的人们鼓掌致意，并与主持人、其他剪彩者一一握手。

3. 控制言谈

（1）宣布仪式开始后，应立即中断与其他人的交谈，全神贯注地听主持人讲话。

（2）与邻座低声耳语，以一两句为宜，表示出自己的感受即可。

（3）剪彩完毕后的赞赏性交谈，时间不宜过长。

（4）不能因为自己地位高，就可以无休止地高谈阔论或妄加评论。

四、签约仪式礼仪

签字仪式是双方或多方就某一个问题或某一组问题达成协议、协定、缔结条约时常用的一种方式。商务签字仪式，是商务活动中的合作伙伴经过洽商或谈判，就彼此之间进行商务合作、商品交易或某种争端达成协议或订立合同后，由各方代表正式在有关的协议或合同上签字的一种庄严而隆重的仪式。

签字仪式是组织与对方经过会谈、协商，形成了某项协议或协定时一种比较隆重的活动，礼仪规范也比较严格。

（一）签约

签约，即合同的签署。国家（或企业）间通过谈判，就政治、经济、科技、文化等某一领域内的相互关系达成协议，缔结条约、约定或公约时，一般都要举行签字仪式。尤其在商务交往中，它被视为一项标志着有关各方的相互关系取得了更大的进展，以及为消除彼此之间的误会或抵触而达成了一致性见解的重大成果，因此，极受商界人士的重视。

1. 合同的定义及种类

合同是商品经济的产物，是调整社会经济关系的一种法律形式。随着我国经济活动的发展，经济合同的种类越来越多，合同的形式有书面形式、口头形式和其他形式。书面形式的优点在于内容明确，易于证明。口头形式的优点在于方便快捷，但内容不甚明确，不易证明，易发生争议。因此，除价款极少或即时履行的以外，应当尽可能地采用书面形式订立合同。在商务交往的实践中，尽管君子协定、口头承诺、"说话算数"在一定程度上有着作用，但是更有效地取信于人、让交往对象心安理得的则是"口说无凭，立字为据"的文字性合同。

商务合同，是指有关各方在进行某种商务合作时，为了确定各自的权利和义务，而正式依法订立的，并且经过公证的、必须共同遵守的条文。在许多情况下，合同又被叫作合约。而在另外一些时候，人们所说的合约则是指条文比较简单的合同。在商务往来中，带有先决条件的合同，如等待律师审查、有待正式签字、需要落实许可证的合同，又被叫做准合同。严格地说，准合同是合同的前身，也是最终达到合同的一个步骤。合同、协议、合约，就一般业务而言，本质并无区别，法律效力是没有差异的。但"合同"一词由法律规定，最为正式、严谨。因此，我们在订立正式合同时，应当采用"合同"一词。

为了省事，在一般场合，商界人士往往将合同、合约与准合同混为一谈，统统把它们都叫作合同。这样做虽不甚精确，但也有助于大家"删繁就简"，减少麻烦。

在现实生活中，商界人士所接触到的商务合同的种类繁多，常见的有购销合同、借贷合同、租赁合同、协作合同、加工合同、基建合同、仓保合同、保险合同、货运合同、责任合同等等。

2. 合同的写作规范

从格式上讲，合同写作的首要要求是目的明确，内容具体，用词标准，数据精确，项目完整，书面整洁。违反了上述各项要求中的任何一点，都有可能给自己带来灭顶之灾。

从具体的写法上来说，合同能以条款形式出现，也可以表格形式出现。条款式合同与表格式合同，在写法上都有各自的具体规范，对此在实践中只能够遵守，不可以明知故犯。

从内容和条款上来讲，合同的内容应当具体明确。我国《合同法》第十二条规定："合同的内容由当事人约定，一般包括以下条款：合同当事人的姓名、名称和住所；标的；数量；质量；价款或报酬；履行期限、地点和方式；违约责任；解决争议的方式；当事人约定的其他内容。"

实务中的合同，具体内容远不只上述这些。但这些是合同内容的核心，没有这些内容的合同多是不完备的。合同缺少当事人、标的、数量等要素，一般会被认为当事人间的合同并未成立。合同的当事人、合同的标的以及合同的数量是现今几乎公认的合同的必备要素，其余有关价款、报酬、履行期限、地点和方式等一般均不认为是合同的必备要素。如不具备，则适用《合同法》规定的任意条款，一般不影响合同的成立。

3. 拟订合同时应注意的几个关键问题

（1）必须熟知与遵守相关的法律法规

合同生效的前提条件之一就是不违反现行的法律和法规。在商务交往中，所有正式的合同都具有法律约束力。它一旦订立，任何一方都不可擅自变更或解除。因此，商务人员必须熟悉国家的有关法律与法规，以便充分地运用法律来维护自身的正当权益。从操作中的实际状况来看，商务人员在拟定合同时，必须熟悉和遵守的有关法律、法规，主要涉及商品生产、技术管理、外汇管制、税收政策以及商检科目五个方面。

在涉外商务合同拟定时，还必须遵循我国法律与国际条法。遵循我国法律是国家主权原则的体现，也是为了不损害我国的社会公共利益。遵循国际条法，则是为了在对外交往中更好地与国际社会接轨，在国际经济合作中少走弯路。

（2）必须符合惯例

在合同拟订时，必须优先遵守法律、法规。一旦遇上有关法律法规尚未规定的，则可采用公认的国际惯例。所谓商务交往中的国际惯例，是指那些为国际社会所普遍接受的、约定俗成的常规做法。例如，在商务交往中政治与经济应当分开，不允许借商务往来之便干涉他国的内部事务，或是伺机影响他方的内政。

一般而言，国际惯例是维系商务交往正常化的一大基石，所以商界人士在草拟合同时，应当以它来协调自己的行动。对此不甚了解而贸然行事，必定会吃大亏。

（3）必须合乎常识

商界人士在草拟合同时应当具备的常识，是指与其业务有关的专业技术方面的基本知识，它们包括商品知识、金融知识、运输知识、保险知识和商业知识等。

商品知识是一个整体性的概念，它包括产品的生产过程和管理，以及产品本身的一切知识。金融知识，是指与货币的发行、流通、回笼有关的一切知识，具体来说，它主要是指货币、汇率、信贷等知识。运输知识，包括运输具体方式的选择、运输中商品形态的具体要求、运输的特殊条件以及运输的责任方等等，它们与仓储一样，都是必须考虑的。保险知识，包括险别、选择以及办理程序等知识，它们对商务方面的交易是意义重大的保证。商业知识是指与商品流通各环节有关的知识，它对合同的草拟也有一定的帮助。

具备上述各方面的常识，将有助于商界人士在工作中得心应手，并且更好地为交往对象所敬重。在商务交往中，没有知识就等于没有实力。

（4）遵循平等互利的原则

合同是双方当事人意思的一致，这种意思的一致，是各方对各自权利义务的约定的一致。表现在合同条款上经常表述为："双方经平等、自愿协商，达成一致，订立合同条款如下。"所以，合同的拟订必须本着协商一致的原则进行。拟订合同的具体条款时，既要"以我为中心"，优先考虑自己的切身利益，又要替他方多多着想，要顾全对方的体面，并且尽可能照顾他方的利益。这是促使合同为对方所接受的最佳途径。反之，如果一方恃强凌弱，仗势压人，把自己的意志强加于他方，强迫他人与自己订立"城下之盟"，那么合同即使勉强签署，事后亦必不断发生纠纷，那样对有关各方都不会有好处。

如果你与对方约定采用合同书形式订立合同，双方当事人签字或盖章时合同成立。而依《合同法》第四十四条之规定："依法成立的合同，自成立时生效。"所以，通常合同的成立生效，需要履行一定的手续。依照我国的有关法律规定：当事人就合同条款的书面形式达成协议，并且签字，即为合同成立。假如通过信件、电报、传真、电传达成了协议，一方当事人要求签订确认书的，则签订确认书时，方为合同成立。

仪式礼仪规定，为了使有关各方重视合同、遵守合同，在签署合同时，应举行郑重其事的签字仪式，此即所谓签约。

（二）签字仪式的准备

签字仪式是组织具有"里程碑"意义的大事，组织应予以充分准备，做到万无一失。

1. 确定参加签字仪式的人员

通常情况下，参加签字仪式的人员都是参加洽谈会议的人员，如果其中一方要让未参加谈判的人员出席签字仪式，必须事先征求另一方意见，在取得对方同意的情况下才能出席。而另一方在接到对方的请求时，出于尊重和礼貌应表示同意。一般来说，出席签字仪式的双方人数应大体相等，主要签字人员的级别也大体相同。有时为了表示对这次洽谈和签字仪式的重视，双方更高一级的领导人也可出面参加签字仪式，级别和人数一般也是对等的。

2. 准备待签文本

洽谈或谈判结束后，双方应指定专人按谈判达成的协议做好待签文本的定稿、翻译、校对、印刷、装订、盖印等工作。在准备文本的过程中，除了要核对谈判协议条件与文本的一致性以外，还要核对各种批件，主要是项目批件、许可证、设备分交文件、用汇证明、订货卡等是否完备，合同内容与批件内容是否相符等等。审核文本时必须对照原稿件，做到每字不漏，对审核中发现的问题，要及时互相通报，通过再谈判，达到谅解一致，并相应调整签约时间。在协议或合同上签字的有几个单位，就要为签字仪式提供几份文本。如有必要，还应为各方提供一份副本。与外商签署有关的协议、合同时，按照国际惯例，待签的合同文本应同时使用有关各方法定的官方语言。

待签文本通常应以精美的白纸印刷而成，按大八开的规格装订成册，并以真皮、仿皮或其他高档质料作为封面，以示郑重其事。依照商界的习惯，在正式签署合同之前，应由举行签字仪式的主方负责准备待签合同的正式文本。作为主方应为文本的准备提供准确、周到、快速的服务。

3. 布置签字场地

举行签字仪式的场地，一般视参加签字仪式的人员规格、人数多少及协议中的商务内容重要程度来确定。一般可选择客人所住的宾馆、饭店，或东道主的会议厅、会客室。如果想在社会上造成一定影响，可在新闻发布中心或著名会议、会客场所举行，届时可以邀请记者进行采访并发布新闻。如果不愿公开，认为是双方商业秘密，则可在僻静的场所举行，届时可加强门卫警戒，防止不速之客到访。无论签字地点选在何处举行，都应由双方协商决定；是否邀请新闻界采访，也需要双方统一意见。任何一方擅自决定，都是失礼行为。

布置场地的总原则是庄重、整洁、清净。一间标准的签字厅，应当在室内铺上地毯，除了必要的签字用桌椅外，其他一切的陈设都不需要。正规的签字仪式应在签字厅（或室）内设置长方桌作为签字桌，其上最好铺设深色的台呢（注意双方的颜色忌讳）。

按照仪式礼仪的规范，签字桌应当横放。座前陈列各自保存的文本，上端分别放置签字时使用的文具，如签字笔、吸墨器等。桌后放两把椅子，作为双方签字的座位，面对正门主左客右；签署多边性合同时，可以仅放一张椅子，供各方签字人签字时轮流就座，也可为每位签字人都各自提供一张坐椅。

与外商签署涉外商务合同时，须在签字桌上插放有关各方的国旗。插放国旗时，在其位置与顺序上，必须依照礼宾序列而行。例如，签署双边性文本时，有关各方的国旗须插放在该方签字人坐椅的正前方；签署多边性合同、协议等时，各方的国旗应依一定的礼宾顺序插在各方签字人的身后。

4. 规范签字人员的服饰

按照规定，签字人、助签人以及随员，在出席签字仪式时，应当穿着具有礼服性质的深色西装套装、中山装套装或西装套裙，并且配以白色衬衫与深色皮鞋。男士还须系上单色领带，以示正规。在签字仪式上露面的礼仪人员、接待人员，可以穿自己的工作制服，或是旗袍一类的礼仪性服装。

（三）签字仪式的程序

签字仪式是签署合同的高潮，时间不长，但规范、庄重而热烈。签字仪式的正式程序一共分为以下四项：

1. 签字仪式开始

双方出席签字仪式的人员准时步入签字厅后，签字者按主左客右的位置入座，双方其他陪同人员分主客两方各自以职位、身份高低为序，自左向右（客方）或自右向左（主方）排列站立于各自签字者之后，或坐在己方签字者的对面。双方助签人员则分别站在己方签字者的外侧。

2. 签字人签署文本

签字仪式开始，助签人员协助翻开协议文本，指明签字处，递上签字笔，请签字人签字。签字人在各自保存的合同文本的左边首位处签字，由助签人员传递、交换文本，签字人再签署对方保存的合同文本。

每个签字人在由己方保留的合同文本上签字时，按惯例应当名列首位，因此，每个签字人均应首先签署己方保存的合同文本，然后再交由他方签字人签字。这一做法，在礼仪上称为"轮换制"。它的含义是，在位次排列上，轮流使有关各方均有机会居于首位一次，以显示机会均等，各方平等。

3. 交换合同文本

各方签署完毕后，由签字人郑重相互交换合同文本。此时，各方签字人应热烈握手，互致祝贺，并相互交换各自一方刚才使用过的签字笔，以表纪念。全场人员应鼓掌，表示祝贺。

4. 共饮香槟酒互相道贺

协议文本交换完毕，服务人员通常会用托盘端上香槟酒，供全体人员举杯庆贺，这是国际上通行的用以增添喜庆色彩的做法。一般这时的喝酒只是象征性的抿上一口，表示一下即可，由双方签字人、主谈人和最高领导人相互碰杯庆贺签字的顺利进行。

另外，在签字仪式结束后，还应注意有秩序地退场。一般先让对方最高领导人退场，然后是客方来宾退场。主方人员退场后，工作人员或东道主收拾签字仪式会场。

以上所谈的是一般的礼仪要求，在实际工作中，不同的地区有不同的做法，要尊重当地的风俗习惯，尊重东道主的安排，不能生搬硬套。

第八节　交接仪式礼仪

交接仪式，一般是指施工单位依照合同将已经建设、安装完成的工程项目或大型设备，例如厂房、商厦、宾馆、办公楼、机场、码头、港口、车站，或飞机、轮船、火车、机械、物资等，经验收合格后正式移交给使用单位之时，所专门举行的庆祝典礼。

举行交接仪式的重要意义在于，它既是对所进行合作成功的庆贺，也是对给予己方关怀、支持、帮助和理解的社会各界的答谢，又是接收单位与施工、安装单位巧妙地利用时机，为双方各自提高知名度和美誉度而进行的一种公共宣传活动。

交接的礼仪，一般是指在举行交接仪式时所须遵守的有关规范。主要包括交接仪式的准备、交接仪式的程序、交接仪式的参加等三个方面的内容。

（一）交接仪式的准备

准备交接仪式，主要做好三方面的工作，即来宾的邀约、现场的布置、物品的预备。

1. 来宾的邀请

来宾的邀请，一般应由交接仪式的东道主——施工、安装单位负责。在具体拟定来宾名单时，施工、安装单位应主动征求自己的合作伙伴——接收单位的意见。接收单位对于施工、安装单位所草拟的名单不宜过于挑剔，不过可以对此酌情提出自己的一些合理建议。

从原则上来讲，交接仪式的出席人员应当包括：施工、安装单位的有关人员，接收单位的有关人员，上级主管部门的有关人员，当地政府的有关人员，行业组织、社会团体的有关人员，各界知名人士，新闻界人士，以及协作单位的有关人员等。

在举行交接仪式时，东道主既要争取多邀请新闻界的人士参加，又要为其尽可能地提供一切便利。对于不邀而至的新闻界人士，也应尽量来者不拒。至于邀请海外的媒体人员参加交接仪式的问题，则必须认真遵守有关的外事规则与外事纪律，事先应履行必要的报批手续。

2. 现场的布置

举行交接仪式的现场，也称交接仪式的会场。在对其进行选择时，通常应视交接仪式而定。

　　将交接仪式安排在业已建设、安装完成并已验收合格的工程项目或大型设备所在地的现场举行，最大的好处是可使全体出席仪式的人员身临其境，获得对被交付使用的工程项目或大型设备的直观而形象的了解，掌握较为充分的第一手资料。倘若在交接仪式举行之后安排来宾进行参观，则更为方便可行。不过，若是在现场举行交接仪式，往往进行准备的工作量较大。在机器林立的工地布置交换仪式场地，绝非轻而易举之事。另外，由于将被交付的工程项目或大型设备归接收单位所有，故此东道主事先要征得对方的首肯，事后还需取得对方的配合。

　　将交接仪式安排在东道主单位本部的会议厅举行，可免除大量的接待工作，会场的布置也十分便利。特别是在将被交付的工程项目、大型设备不宜为外人参观，或者暂时不方便外人参观的情况下，以东道主单位本部的会议厅作为举行交接仪式的现场，不失为一种较好的选择。

　　如果即将被交付的工程项目或大型设备的现场条件欠佳，或是出于东道主单位的本部不在当地以及将要出席仪式的人员较多等其他原因，经施工、安装单位提议，并经接收单位同意之后，交接仪式也可在其他场所举行。例如宾馆的多功能厅、外单位出租的礼堂或大厅等处，都可用来举行交接仪式。在其他场所举行交接仪式，尽管开支较高，但可省去大量的安排、布置工作，而且还可以提升仪式的档次。

　　3. 物品的预备

　　在交接仪式上，有不少需要使用的物品，应由东道主一方提前进行准备。首先，必不可少的是作为交接象征之物的有关物品。主要包括有：验收文件、一览表、钥匙等。验收文件，此处是指已经公证的由交接双方正式签署的接收证明性文件。一览表，是指交付给接收单位的全部物资、设备或其他物品的名称、数量明细表。钥匙，则是指用来开启被交接的建筑物或机械设备的钥匙。在一般情况下，因其具有象征性意味，故预备一把即可。

　　除此之外，主办交接仪式的单位，还需为交接仪式的现场准备一些用以烘托喜庆气氛的物品，并应为来宾略备一份薄礼。

　　在交接仪式的现场，可临时搭建一处主席台。必要时，应在其上铺设一块红地毯。至少，也要预备足量的桌椅。在主席台上方，应悬挂一条红色巨型横幅，上面写着交接仪式的具体名称，如"某某工程交接仪式"，或"热烈庆祝某某工程正式交付使用"。

　　在举行交接仪式的现场四周，尤其是在正门入口之处、干道两侧、交接物四周，可酌情悬挂一定数量的彩带、彩旗、彩球，并放置一些色泽艳丽、花朵硕大的盆花，用以美化环境。若来宾所赠送的祝贺性花篮较多，可依照约定俗成的顺序，如"先来后到"、"不排名次"等，将其呈一列摆放在主席台正前方，或是分成两行摆放在现场入口处门外的两侧。若是来宾所赠的花篮甚少，则不必将其公开陈列在外。

　　在交接仪式上用以赠送给来宾的礼品，应突出其纪念性、宣传性。如被交接的工程项目、大型设备的微缩模型，或以其为"主角"的画册、明信片、纪念章、领带针、钥匙扣等，皆为上佳之选。

（二）交接仪式的程序

交接仪式的程序是指交接仪式进行时的各个步骤。不同内容的交接仪式，具体程序往往各有不同。但它们的共性如下：

1. 拟定程序的原则

举办单位在拟定交接仪式的具体程序时，必须注意两个基本原则。

（1）执行惯例的原则

举办单位在拟定交接仪式的具体程序时，在大的方面必须参照惯例执行，尽量不要标新立异，另搞一套。

（2）实事求是的原则

指的是必须实事求是、量力而行，在具体的细节方面不必事事贪大求全。

2. 交接仪式的基本程序

从总体上来讲，几乎所有的交接仪式都少不了下述六项基本程序。

（1）宣布交接仪式正式开始

在主持人宣布交接仪式正式开始之前，主持人应邀请有关各方人士在主席台就座，并以适当的方式暗示全体人员保持安静。然后宣布交接仪式正式开始，此刻，全体与会者应当进行较长时间的鼓掌，以热烈的掌声来表达对东道主的祝贺之意。

（2）奏国歌

全体与会者肃立，奏国歌，并演奏东道主单位的标志性歌曲。该项程序，有时亦可略去。不过若能安排这一程序，往往会使交接仪式显得更为庄严而隆重。

（3）进行交接

由施工、安装单位与接收单位正式进行有关工程项目或大型设备的交接。具体的做法是：由施工、安装单位的代表，将有关工程项目、大型设备的验收文件、一览表或者钥匙等象征性物品，正式递交给接收单位的代表。此时，双方应面带微笑、双手递交、接收有关物品。在此之后，还应热烈握手。至此，标志着有关的工程项目或大型设备已经被正式地移交给了接收单位。假如条件允许，在该项程序进行的过程之中，可在现场演奏或播放节奏欢快的喜庆歌曲。在有些情况下，为了进一步营造出一种热烈而隆重的气氛，这一程序也可由上级主管部门或地方政府的负责人为有关的工程项目、大型设备的启用而剪彩所取代。

（4）各方代表发言

按惯例，在交接仪式上，需由有关各方的代表进行发言。发言顺序应为：施工、安装单位的代表，接收单位的代表，来宾的代表等。这些发言，一般均为礼节性的，并以喜庆为主要特征。发言通常宜短忌长，只需要点到即止的寥寥数语即可。原则上来讲，每个人的发言应以三分钟为限。

（5）宣告交接仪式正式结束

宣告交接仪式正式结束时全体与会者应再次进行较长时间的热烈鼓掌。

（6）辅助性活动

按照仪式礼仪的总体要求，交接仪式同其他仪式一样，在所花费的时间上也是宜短不宜长。在正常情况下，每一次交接仪式从头至尾所用的时间，大体上不应当超过一个小时。为了做到这一点，就要求交接仪式在具体程序上讲究少而精。正因为如此，一些原本应当列入正式程序的内容，例如进行参观、观看文娱表演等，均被视为正式仪式结束之后所进行的辅助性活动而另行安排。

如果方便的话，正式仪式一旦结束，东道主与接收单位即应邀请各方来宾一道参观有关的工程项目或大型设备。东道主一方应为此专门安排富有经验的解说人员陪同，使各方来宾通过现场参观，可以进一步地深化对有关的工程项目或大型设备的认识。

若是出于某种主观原因，不便邀请来宾进行现场参观，也可以通过组织其参观有关的图片展览或向其发放宣传资料的方式，来适当地满足来宾的好奇之心。

不论是布置图片展览，还是印制宣传资料，在不泄密的前提条件下，均应尽可能地使之内容翔实、资料充足、图文并茂。向来宾介绍的内容通常应当包括有关工程项目或大型设备的建设背景，主要功能，具体规格，基本数据，开工与竣工的日期，施工、安装、设计、接收单位的概况，与国内外同类项目、设备的比较，等等。为使之更具说服力，不妨多采用一些准确的数据来进行论述、说明。

在仪式结束后，若不安排参观活动，还可为来宾安排一场综艺类的文娱表演，以助雅兴。表演者可以是东道主单位的员工，也可以邀请专业人士。表演的主要内容，应为轻松、欢快、娱乐性强的节目。

（三）参加交接仪式的礼仪

在参加交接仪式时，不论是东道主一方还是来宾一方，都存在一个表现是否得体的问题。假如有人在仪式上表现失当，往往就会使之黯然失色。有时，甚至还会因此而影响到有关各方的相互关系。

1. 东道主的礼仪

对东道主一方而言，需要注意的主要问题有以下三个：

（1）注意仪表修饰

东道主一方参加交接仪式的人员，不仅应当是"精兵强将"、"有功之臣"，而且应当使之能够代表本单位的形象。为此，必须要求他们妆容规范、服饰得体、举止大方。

（2）注意保持风度

在交接仪式举行期间，不允许东道主一方的人员随处走动、交头接耳、打打闹闹。在为发言者鼓掌时，不允许厚此薄彼。当来宾为自己道喜时，喜形于色无可厚非，但切勿嚣张放肆、得意忘形。

（3）要注意待人友好

不管自己是否专门负责接待、陪同或解说工作，东道主一方的全体人员都应当自觉地树立起主人翁意识。一旦来宾提出问题或需要帮助时，都要鼎力相助。不允许一问三不知、借故推脱、拒绝帮忙，甚至胡言乱语、大说风凉话。即使自己力不能及，也要向对方说明原因，并且及时向有关方面进行反映，使相关问题得以解决。

2. 来宾的礼仪

对于来宾一方而言，在应邀出席交接仪式时，主要应当重视如下四个方面的问题：

（1）应当致以祝贺

接到正式邀请后，被邀请者即应尽早以单位或个人的名义发出贺电或贺信，向东道主表示热烈祝贺。有时，被邀请者在出席交接仪式时，将贺电或贺信面交东道主，也是可行的。不仅如此，被邀请者在参加仪式时，还须郑重其事地与东道主一方的主要负责人一一握手，再次口头道贺。

（2）应当略备贺礼

为表示祝贺之意，可向东道主一方赠送一些贺礼，如花篮、牌匾、贺幛等。时下，以赠送花篮最为流行。一般需要在花店订制，花篮用各色鲜花插装而成，并且应在其两侧悬挂特制的红色缎带，右书"恭贺某某交接仪式隆重举行"，左书本单位的全称。可由花店代为送达，也可由来宾在抵达现场时面交主人。

（3）应当预备贺词

假若自己与东道主关系密切，则还须提前预备一份书面贺词，供被邀请代表来宾发言时之用。其内容应当简明扼要，主要是为了向东道主一方道喜祝贺。

（4）应当准点到场

若无特殊原因，接到邀请后，务必牢记在心，届时正点抵达，为主人"捧场"。若不能出席，则应尽早通知东道主，以防在仪式举行时来宾甚少，使主人因"门前冷落鞍马稀"而难堪。

思考·练习·实训

一、简答题

1. 求职面试应该注意哪些礼仪？

2. 办公室的关系礼仪主要包括哪些内容？

3. 在工作中怎样才能处理好上下级之间的关系？

4. 同事之间共事相处应该注意的礼仪有哪些？

5. 办公室异性同事共事相处应该注意的礼仪规范有哪些？

6. 接待和迎送要做好哪些准备？

7. 筹办新闻发布会应做好哪些准备工作？

8. 剪彩仪式的具体程序是怎样的？

9. 东道主在交接仪式中怎样的表现才是得体的？

10. 庆典中的接待人员主要完成哪些工作？

二、单项选择题

1. 求职面试时可向主考官（　　）。

A、急问待遇　　　　　　　　　　　B、委婉提出待遇问题

C、不问待遇　　　　　　　　　　　D、待遇随便

2. 打电话求职的时间一般应选在（　　）较为合适。

A、上午9点至10点钟　　　　　　　B、一上班

C、下午4点以后　　　　　　　　　D、晚上6点至10点钟

3. 求职面试时没听清主考官提问时应当（　　）。

A、胡乱猜测　　　　　　　　　　　B、请考官重述一遍

C、随机应变　　　　　　　　　　　D、岔开话题

4. 下列悬挂国旗的礼仪表述不正确的是（　　）。

A、广场上悬挂国旗，应遵循日出升旗、日落降旗的原则

B、参加升国旗式时，可以随意走动

C、升国旗时不能使用污损的国旗

D、墙上悬挂双方国旗，遵循背靠墙壁、左为下右为上的原则

5. 社交场合中，涉及到位置的排列，原则上都讲究（　　）。

A、左尊右卑　　　　　　　　　　　B、以右为尊

C、左右一样　　　　　　　　　　　D、不同场合不同尊卑

6. 乘坐由专职司机驾驶的轿车时，一般认为车上最尊贵的座位是（　　）。

A、前排右座　　　B、后排右座　　　C、后排左座　　　D、后排中座

7. 在参加重大集会，来宾到会时要（　　）。

A、鼓掌　　　　　B、围观　　　　　C、起立　　　　　D、安静

8. 在国际会议和国际比赛中，礼宾次序按（　　）排列。

A、姓氏笔画　　　B、职务高低　　　C、英文字母　　　D、洲际排序

9. 以下不属于会前组织工作内容的是（　　）。

A、形成会议文件　B、确定会议主题　C、拟发会议通知　D、做好会务工作

10. 参加庆典的礼仪禁忌是（　　）。

A、衣着随意　　　B、遵守时间　　　C、友好交流　　　D、仪容整洁

11. 一般来说，一次新闻发布会所使用的全部时间，应当限制在（　　）小时以内。

A、半小时　　　　B、1小时　　　　C、2小时　　　　D、3小时

12. 赞助会通常应由（　　）出面承办。

A、受赞助者　　　B、赞助单位　　　C、政府机构　　　D、慈善机构

13. 在签署多边性合同时，一般仅设（　　）个签字椅。

A、1个　　　　　B、2个　　　　　C、3个　　　　　D、多个

14. 行掷瓶礼是（　　）上独具特色的一个节目。

A、竣工仪式　　　　B、下水仪式　　　　C、通车仪式　　　　D、通航仪式

15. 并排升挂四面国旗时，东道国国旗往往排在（　　）。

A、首位　　　　　B、第二位　　　　　C、第三位　　　　　D、末位

16. 接电话要及时，一般应在铃响（　　）次之内接起。

A、1　　　　　　B、2　　　　　　　C、3　　　　　　　D、4

17. 按照电话礼仪的惯例，一般要由（　　）先挂电话，以示尊重。

A、打电话者　　　B、接电话者　　　　C、下属　　　　　D、男士

18. 接听电话时恰好另一个电话同时响起，应当（　　）。

A、置之不理

B、挂断接听的电话去接另一部电话

C、可两部电话同时接听

D、接起第二部电话记下对方电话稍后打过去

19. 接电话后，若是电话串线，要向对方说明，并有礼貌地请他（　　）。

A、总机转接　　　B、做好记录　　　　C、留下电话号码　　D、再打一次

三、多项选择题

1. 求职应聘时应讲究以下礼仪规范（　　）。

A、做好心理准备　B、写好求职简历　C、注重服饰礼仪　D、讲究谈话技巧

2. 电话求职应注意的礼仪是（　　）。

A、掌握良好求职心态　　　　　　B、掌握电话求职的时机

C、打多长时间电话都行　　　　　D、掌握礼貌用语的使用

3. 常规会议召开之前的准备礼仪是（　　）。

A、拟发通知　　　B、起草文件　　　　C、布置会场　　　D、例行服务

E、餐饮安排　　　F、联系沟通

4. 洽谈之前，应了解洽谈对手（　　）。

A、真正的决策者或负责人　　　　B、个人资讯

C、谈判方案　　　　　　　　　　D、生活作风

5. 商务洽谈举行的地点不同，可以将它们分为（　　）。

A、客座洽谈　　　　　　　　　　B、主座洽谈

C、客主座轮流洽谈　　　　　　　D、第三地点洽谈

6. 通常认为，举行新闻发布会的最佳时间是（　　）。

A、周一至周四的上午十点至十二点

B、周一至周四的下午三点至五点

C、周五至周日上午十点至十二点

D、周五至周日下午三点至五点

7. 商界向社会各界主动传播信息的方式有（　　）。

A、新闻发布会　　　　　　　　　B、剪彩仪式

C、发送新闻稿　　　　　　　　　D、邀请参观现场

8. 宣布某一消息，尤其是为了扩大影响，提高本单位的知名度时，邀请新闻单位（　　）。

A、多多益善　　　　　　　　　　B、不宜过于宽泛

C、争取影响巨大、报道公正、口碑良好的新闻单位派员到场

D、全国性新闻单位或地方性、行业性新闻单位同时到场

9. 展览会展览内容的宣传方式有（　　）。

A、举办新闻发布会　　　　　　　B、邀请新闻界人士到现场参观采访

C、发表有关展览会的新闻稿　　　D、公开刊发广告

10. 参加赞助会的人士要（　　）。

A、有代表性　　　B、极个别　　　C、数量多多益善　　　D、数量不宜过多

11. 签署涉外商务合同时，待签的合同文体应同时使用（　　）语言。

A、有关各方法定的官方语言　　　B、中文

C、英文　　　　　　　　　　　　D、法文

12. 在力所能及的条件下，开业仪式要（　　）参加开业仪式。

A、多邀请一些来宾

B、优先考虑邀请地方领导、上级主管部门领导

C、优先考虑邀请社会贤达、媒体人员

D、优先考虑邀请本单位员工

13. 剪彩仪式剪彩者多由（　　）所担任。

A、礼仪小姐　　　B、上级领导　　　C、合作伙伴　　　D、社会名流

14. 剪彩仪式宜紧凑，忌拖沓，时间愈短愈好。一般时间（　　）。

A、短则一刻钟　　　　　　　　　B、短则半小时

C、长则不超过一个小时　　　　　D、长则不超过2个小时

15. 庆典仪式地点的选择，可以在（　　）。

A、本单位的礼堂、会议厅　　　　B、本单位内部或门前的广场

C、外借的大厅　　　　　　　　　D、居民区的草坪

16. 对外国来访客人，通常要视其（　　）等因素，再依据国际惯例安排相应级别的领导人前往机场、车站、码头迎送。

A、身份　　　　　　　　　　　　B、性别

C、访问的性质和目的　　　　　　D、两国关系

四、判断题

1. 面试开始时，应试人可以自己找座位坐下，不用等别人让座。　　　（　　）

2. 打电话求职之前，一定要做好充分的准备。　　　（　　）

3. 网上求职的个人简历越详细越好。 （　　）

4. 求职面试时应试者应树立自信。 （　　）

5. 求职面试应试者要放低姿态，不明白的地方就要虚心请教或坦白说不懂。 （　　）

6. 办公室辞职应提早30天交辞职书。 （　　）

7. 签字时，双方人员的身份应该对等。 （　　）

8. 签字的时候，各方陪同人员分主客两方各自以职位、身份高低为序，自左向右（客方）或自右向左（主方）排列站于签字者之后。 （　　）

9. 剪彩时不许戴帽子，或戴墨镜，可以穿便装。 （　　）

10. 迎送中，乘车时应请客人坐在主人的右侧，翻译人员坐在司机旁边。 （　　）

11. 开业典礼仪式上是由主办单位的负责人来致辞的。 （　　）

12. 洽谈室内谈判桌横放，面对洽谈室正门口一侧为上座。 （　　）

13. 洽谈会开始时不必寒暄，直接进入正题。 （　　）

14. 在普通的办公场所进行洽谈，可以穿得和平时上班一样，不用刻意打扮。（　　）

15. 举行新闻发布会应在一星期前将请柬发给记者，会前还要用电话提醒。 （　　）

16. 会议发言人对参加者的提问，如遇到不能回答的问题，拒绝即可。 （　　）

17. 商务洽谈总的指导思想是平等和最大限度的盈利。 （　　）

18. 庆典是各种庆祝仪式的统称，随意性很大，可以随意将庆典取消、改期或延期。 （　　）

五、实训题

1. 求职面试时的提问五花八门、包罗万象，请设计一个人才招聘会，分别模拟招聘方和应聘方进行问答。

2. 制作一份请柬（邀请对象：省内各媒体记者，内容：于本月6日上午10点在白云学院东区大礼堂召开白云学院专升本的新闻发布会）。

3. 天地公司将在本月20日举行建厂十周年庆祝会，同时要举行厂史陈列室的揭牌仪式，请根据情况完成以下工作：列出庆祝大会（包括揭牌仪式）的具体程序；请为大会议程选择合适的标题；请设计出一套主席台（包括会场）的布置方案；请代厂长拟出一份庆祝大会的讲话稿（800字左右）；请模拟庆典服务礼仪（包括：迎宾礼仪、签到处工作礼仪、揭牌仪式服务礼仪和送客礼仪）。

4. 分小组进行模拟训练：中外合资洽谈一个项目（中美后中英），进行签字仪式。

5. 组织学生参加、观摩一次商务活动的相关仪式，要求学生回来后提出对这次活动的感受。

6. 学生观后感分享

步骤：（1）组织学生观看金正昆教授的《商务礼仪》VCD（1节课）。（2）老师发放《课堂讨论记录表》给小组长。（3）第二节课开始，以小组为单位，用10分钟时间，分组讨论学生分享观后感，小组长记录。下课后上交讨论表。

课堂讨论记录表

课程名称		班级	
时间		小组长	
组员			
讨论主要内容			
讨论情况			
小组长总结			
老师评阅			

六、情景模拟题

1. 广州利达金属制品公司，为企业的进一步发展，近期在招聘各个岗位的人员，其中需要招聘秘书两人。两个秘书专业毕业的大学生今天来应聘，由利达公司的秘书接待了他们，两位大学生来到招聘办公室应聘。请演示接待及招聘、应聘的全过程。（人物：负责接待的人员，两位大学生、人力资源部经理、参加招聘的秘书一人）

2. 学生模拟前往恒利公司接待处的情景，学生会16人，重点训练学生在接待、求职等公共交往场合的举止行为：走姿、手提包、物的姿态，以及向人问好，打招呼的见面情景。

3. 学生以秘书的身份模拟接电话，内容如下：

（1）第一个电话：对方要找人事部王经理，秘书告知王经理不在的对话情景。

（2）第二个电话：对方打错了电话，秘书的应对。

（3）第三个电话：对方询问公司新产品的情况以及要转接的电话。

（4）第四个电话：秘书自己拨错了电话时的应对。

（4）第五个电话：顾客购买的产品使用中出现了问题，反映情况的电话。

（5）第六个电话：通知部门经理开会的电话。

（6）第七个电话：对方咨询本公司产品情况时，秘书需要查资料要对方等候的电话。

（7）第八个电话：公司和一家客户有一项合作，已经谈妥，对方打电话来要秘书发传真过去。

七、实训安排：

实训项目（九）

剪彩仪式	
实训目的	了解并掌握现实生活中商务人员所接触到最多的剪彩仪式的基本内容、形式和组织策划工作

实训所需教具	自备		
实训场地	多媒体教室	实训课时	2 课时
实训内容及要求			

一、剪彩仪式基本程序：

1、邀请来宾就座。

2、宣布仪式正式开始。

3、演奏国歌。

4、宾主发言。

5、开始剪彩。

6、进行参观。

二、要求

1、大家按照剪彩仪式的要求举行一次模拟剪彩活动，举办者应根据实际条件尽可能地将剪彩仪式举办得热烈、隆重。

2、要注意井然有序、步履稳健、神态自然。

3、积极参与，体现团队协作精神。

实训程序

1、教师先讲解《仪式礼仪规范》的主要内容，时间为 1 节课。

2、然后学生看书，深化了解并掌握《剪彩仪式》的相关内容。

3、按学号 1－10，11－20，…，以此类推，10 人一组，分组进行模拟剪彩仪式的举行的实训活动。整个活动由学习委员主持。

4、为了让普通同学也有锻炼和实践的机会，本次活动按学号，排在每组最前面的同学担任主持人、如 1 号、11 号、21 号……负责整组活动的组织安排和剪彩仪式的主持人工作。整组同学团结合作，积极进行策划、分工和情景模拟演练。按照剪彩仪式的步骤，一名同学担任主剪人，一部分同学担任剪彩仪式的嘉宾，一部分同学担任主办单位人员、一部分同学担任礼仪小姐或礼仪先生。

5、以小组为单位，给 15－20 分钟时间大家准备，可以每组同学互相商量和彩排。

6、每组同学表演完后，同学举手表决，成绩分 A、B、C、三等，A 最多的一组为优胜组，A 最少的一组为最后，自己组的同学不能为自己打分。

7、教师点评。

8、成绩排名最后的，由该小组同学集体表演一个节目。

评分标准（满分 10 分）

此次活动不记入平时成绩

第七章　涉外礼仪

【案例传真】

刘雪梅是一名白领丽人，她机敏漂亮，待人热情，工作出色。有一回，刘小姐所在的公司派她和几名同事一道，前往东南亚某国洽谈业务。可是，平时向来处事稳重、举止大方的刘小姐，在访问那个国家期间，竟然由于行为不慎，招惹了一场不大不小的麻烦。事情的经过是这样的：刘小姐和她的同事一同抵达目的地，就受到了东道主的热烈欢迎，在随之为他们特意举行的欢迎宴会上，主人亲自为每一位来自中国的嘉宾递上一杯当地特产的饮料，以示敬意。轮到主人向刘小姐递送饮料之时，一直是"左撇子"的刘小姐不假思索，自然而然地抬起自己的左手去接饮料，见此情景，主人神色骤变，重重地将饮料放回桌上，扬长而去。

原来，在那个国家里，人们的左右手有着明显的分工。正规情况下，右手被视为"尊贵之手"，可用于进餐、递送物品以及向别人行礼。而左手则被视为"不洁之手"，用左手递接物品，或是与人接触、施礼，在该国被人们公认为是一种蓄意侮辱。刘小姐在这次交往中违规犯忌，说到底是由于她不了解交往国的习俗所致。

第一节　涉外接待礼仪

在国际交往中，无论是官方或是民间的，礼仪都是一项很重要的工作。许多外事活动，往往是通过各种交际礼仪活动进行的，如迎送、会见（拜会）、会谈、宴请、文艺晚会、体育表演、庆贺，等等。

一般来说，各种交际活动，国际上都有一定的惯例，但各国往往又根据本国的特点和风俗习惯，有自己独特的做法，或者根据特殊的需要，灵活变通。对此，作为涉外人员应有所了解，以便做到心中有数。

举办任何一项涉外交际活动，都需要做大量细致、具体的准备工作，因此要求每一个涉外人员既要有高度的政治责任感，又要熟悉各方面的业务，并且还要具有严谨的工作作风，掌握灵活的工作方法。

一、涉外迎送礼仪

迎来送往是常见的社交礼节。在国际交往中，对外国来访的客人，通常视其身份和访问性质，以及两国关系等因素，安排相应的迎送活动。

各国对外国国家元首、政府首脑的正式访问，往往都举行隆重的迎送仪式，如安排检阅仪仗队等。对其他人员的访问，一般不举行欢迎仪式。然而，对应邀前来访问者，无论是官方人士、专业代表团或是民间团体、知名人士，在他们抵离时，均应安排相应身份人员前往机场（车站、码头）迎送。对长期在本国工作的外国人士和外交使节、专家等，他们离任时，各国有关方面也应安排相应的人员送行。涉外迎送应做好以下几点工作：

（一）迎送规格

对来宾的迎送规格各国做法不尽一致。确定迎送规格，主要依据来访者的身份和访问的目的，适当考虑两国关系，同时要兼顾国际惯例，综合平衡。主要迎送人的身份通常都要同来宾的身份相当，但由于各种原因（如国家体制不同，当事人年事已高不便出面，临时身体不适或不在当地等），不可能完全对等。遇此情况，应灵活变通，由职位相当的人士，或由副职出面。总之，主人身份总要与客人相差不大，同客人对口、对等为宜。当事人不能出面时，无论做何种处理，应从礼貌出发，向对方作出解释。其他迎送人员不宜过多。也有从发展两国关系或当前政治需要出发，破格接待，安排较大的迎送场面。然而，为了避免造成厚此薄彼的印象，非有特殊需要，一般都按常规处理。

（二）礼宾排序

礼宾序列又称礼宾次序，指在同时接待来自不同的国家、地区、单位的外国团体或个人时，必须遵守的国际惯例。一是依照职位的高低排序，二是依照来宾所在国或地区名称的拉丁字母先后顺序来安排其次序。在大型的国际会议或体育比赛时，通常采用这种排序。三是依据来宾抵达现场的先后时间来排序，这常见于非正式的涉外活动中。四是依据来宾告知东道主自主到访的具体时间的先后来排序。五是不排序。不排序实际上是一种特殊的排序方法，当前面几种方法难以应用时，便可以使用这种排序方法。

（三）悬挂国旗

国旗的悬挂涉及到一个国家的尊严问题。任何主权国家均不允许在本国国境内随意悬挂或摆放外国国旗。除国际法有关规定外，我国目前仅允许在下列五种场合悬挂或摆放外国国旗：

1. 外国国家元首、政府首脑正式到访；

2. 外国贵宾访问期间我国举行重要的礼仪活动；

3. 国际会议在我国举行；

4. 重大的国际活动在我国举行；

5. 为在我国所进行的国际经济重要项目而举行的庆典或仪式。

对外国驻华机构、组织、外企、侨民在我国境内悬挂的外国国旗，我国另有专门的规定。在中国境内悬挂外国国旗时必须同时悬挂中国国旗，且高度、面积要大致相等，以示平等。

悬挂中外国旗的常规是：并排悬挂两国国旗时，应以国旗自身面向为准，以右为上，以左为下。例如，我国举行国宴时，一般将外国国旗悬挂在右侧，我国国旗悬挂在左侧，以示对外方的尊重。

并排悬挂三面或三面以上的国旗时，按照礼宾序列，自右而左，依次悬挂，东道国的国旗往往居于末尾，即最左侧。

（四）掌握抵离时间

迎送外宾时，必须准确地掌握来宾乘坐的飞机（火车、船舶）抵离的时间，及早通知全体迎送人员和有关单位。如有变化，应及早通知。由于天气变化等原因，飞机、火车、船舶都可能不准时。一般大城市，机场离市区比较远，因此，既要顺利地迎送客人，又不可过多地耽误迎送人员的时间，就要准确地掌握抵离时间。

迎送人员应在飞机（火车、船舶）抵达之前到达机场（车站、码头）。送行则应在客人登机之前抵达（离去时如有欢送仪式，则应在仪式开始之前到达）。如客人乘坐班机离开，应通知其按航空公司规定的时间抵达机场办理有关手续（身份高的客人，可由接待人员提前前往代办手续）。

（五）举行欢迎仪式

在外国国家元首、政府首脑或军队将帅正式来访时，东道主通常举行隆重的欢迎仪式。我国这类仪式的具体程序是：当国宾抵达机场或火车站时，我国陪同团团长率人前往迎接，并陪同对方前往宾馆下榻。在国宾抵达的当天或次日，将在广场为其举办专门的、隆重的欢迎仪式。举行欢迎仪式时，广场上悬挂两国国旗，地面上铺设红地毯，我国领导人与来访国宾亲切见面，少年儿童向国宾献花。随后，在我国领导人的陪同下，国宾将登上检阅台，奏两国国歌，鸣放礼炮，中外领导人共同检阅三军仪仗队。

（六）献花

如安排献花，须用鲜花，并注意保持花束整洁、鲜艳，忌用菊花、杜鹃花、石竹花、黄色花朵。有的国家习惯送花环，或者送一、二朵名贵的兰花、玫瑰花等。通常由儿童或女青年在参加迎送的主要领导人与客人握手之后，把花献上。有的国家由女主人向女宾献花。

（七）介绍

客人与迎接人员见面时，互相介绍。通常先将前来欢迎的人员介绍给来宾。可由礼宾交际工作人员或其他接待人员进行介绍，也可以由欢迎人员中身份最高者介绍。客人初到，一般比较拘谨，主人宜主动与客人寒暄。

（八）陪车

客人抵达后，从机场到住地，以及访问结束由住地到机场，有的安排主人陪同乘车，也有不陪同乘车的。如果主人陪车，应请客人坐在主人的右侧。如是三排座的轿车，译员坐在主人前面的加座上；如是二排座，译员坐在司机旁边。上车时，最好请客人从右侧门上车，主人从左侧门上车，避免从客人座前穿过。遇客人先上车，坐到了主人的座位上，则不必请客人挪动位置。

（九）对一般客人的迎接

迎接一般客人，无官方正式仪式，主要是做好各项安排。如果客人是熟人，则不必自我介绍，仅向前握手，互致问候；如果客人是首次前来，又不认识，接待人员应主动打听，主动自我介绍；如果迎接大批客人，也可以事先准备特定的标志，如小旗子或牌子等，让客人从远处就可能看到，以便客人主动前来接洽。

（十）迎接工作中的几项具体事务

1. 迎接身份高的客人，事先在机场（车站、码头）安排贵宾休息室，准备好饮料。

2. 安排汽车，预定房间。如有条件，在客人到达之前将住房和乘车号码通知客人。如果做不到，可印好住房、乘车表，或打好卡片，在客人到达时，及时发到每个人手中，或通过对方联络秘书转达。这既可避免混乱，又可使客人心中有数，主动配合。

3. 指派专人协助办理入出境手续及机票（车票、船票）和行李提取或托运手续等事项。重要代表团，人数众多，行李也多，应将主要客人的行李先取出（最好请对方派人配合），及时送往住地，以便更衣。

4. 客人抵达住处后，一般不要马上安排活动，应稍作休息，起码给对方留下更衣的时间。

二、涉外会见礼仪

会见，国际上一般称接见或拜会。凡身份高的人士会见身份低的，或是主人会见客人，一般称为接见或召见。凡身份低的人士会见身份高的，或是客人会见主人，这种会见，一般称为拜会或拜见。拜见君主，又称谒见、觐见。在我国不作上述区分，一律统称会见。接见和拜会后的回访，称回拜。会见就其内容来说，有礼节性的、政治性的和事务性的，或兼而有之。礼节性的会见时间较短，话题较为广泛。政治性的会见一般涉及双边关系、国际局势等重大问题。事务性会见则有一般外交交涉、业务商谈等。

会谈是指双方或多方就某些重大的政治、经济、文化、军事问题，以及其他共同关心的问题交换意见。会谈可以是洽谈公务，或就具体业务进行谈判。会谈，一般来说内容较为正式，政治性或专业性比较强。

东道国对来访者（包括外国常驻外交使节到任或离任），从礼节及两国关系上考虑，一般均根据对方身份及来访目的，安排相应的领导人和部门负责人会见。来访者及外交使节亦可以根据国家关系和本人的身份，以及业务性质，主动提出拜会东道国某些领导人或部门负责人。一般来说，礼节性拜会，是指身份低者往见身份高者、来访者往见东道国而言的。如果是正式访问或专业访问，则应考虑安排相应的会谈。外交使节到任后和离任前，还应对与本国有外交关系的国家驻当地使节进行礼节性的拜会，按国际惯例均应回拜，身份高者对身份低者可以回拜，也可以不回拜。

（一）会见时的介绍

在涉外会见中，当会见的双方互不认识时，通过介绍使彼此结识。这涉及到自我介绍及介绍他人。

1. 自我介绍时需注意以下两点：

（1）自我介绍的时间不能太长，一般限制在一分钟甚至是半分钟内，以便对方倾听；

（2）自我介绍的内容涉及到本人姓名、工作单位、所在部门和具体职务这四个基本要素。

2. 介绍他人时需注意以下三点：

（1）在接待外国来访者时，由各方负责人将己方人员一一介绍给他方人士。先介绍主人一方，然后介绍来宾一方。介绍时，通常应按职务高低依次进行。

（2）介绍他人时，先介绍主人，后介绍来客；先介绍职务低者，后介绍职务高者；先介绍男士，后介绍女士；先介绍晚辈，后介绍长辈。这样的先后次序是为了使被介绍双方中身份或地位较高的一方拥有"优先知情权"。

（3）介绍他人、为他人引见前，最好征求被介绍者双方的个人意愿，以便避免造成尴尬的局面。

（二）会见时的握手

握手是大多数国家相互见面和离别时的礼节。在交际场合中，握手是司空见惯的事情，一般在相互介绍和会面时握手。在一般情况下，握一下即可，不可用力，但年轻者对年长者、身份低者对身份高者则应稍稍欠身，双手握住对方的手，以示尊敬。男子与妇女握手时，往往只握一下妇女的手指部分。

握手也有先后顺序，应由主人、年长者、身份高者、妇女先伸手，客人、年轻者、身份低者见面先问候，待对方伸手再握。多人同时握手时注意不要交叉，待别人握完再伸手。

在西方，亲人、熟人之间见面多是拥抱、亲脸、贴面颊等。夫妻之间是拥抱亲吻，父母子女之间是亲脸、亲额头；兄弟姐妹、平辈的亲友之间是贴面颊。

（三）会见时的座位安排

会见通常安排在会客厅或办公室。有时宾主各坐一边，有时穿插坐在一起。某些国家元首会见还有其独特的礼仪程序，如双方简短致辞、赠礼、合影等。在我国，习惯在会客室会见客人，客人坐在主人的右边，译员、记录员安排坐在主人和主宾的后面。其他客人按礼宾顺序在主宾一侧就座。主方陪见人在主人一侧，座位不够可以在后排加座。

三、涉外交谈礼仪

谈话的表情要自然，语气和气亲切，表达得体。说话时可适当做些手势，但不能手舞足蹈，不要用手指人。交谈时距离不宜太远或太近。参加他人谈话时要先打招呼，别人在个别谈话时不要凑前旁听。有人与自己谈话时要乐于交谈。谈话过程中遇有急事需处理或离开，应向对方打招呼，表示歉意。

谈话现场超过三人时，应不时地与在场的每一个人攀谈几句，不要只与一两个人说话而不理会其他人。

在交谈中，自己讲话要给别人发表意见的机会，别人说话，也应适时发表自己的个人看法。要善于聆听对方谈话，不轻易打断别人的发言。一般不提及与谈话内容无关的问题。如对方谈到一些不便谈论的问题，对此不轻易表态，可转移话题。在相互交谈时，目光应注视对方，以示专心。对方发言时，不可左顾右盼、心不在焉，或注视别处，显出不耐烦的样子；也不要老看手表，或做出伸懒腰、玩东西等漫不经心的动作。

谈话的内容一般不要涉及疾病、死亡等不愉快的事情，不谈一些荒诞离奇、耸人听闻、黄色淫秽的事情。一般不询问妇女的年龄、婚否，不径直询问对方的履历、工资收入、家庭财产、衣饰价格等私人生活方面的问题。与妇女谈话时不可说妇女胖、身体壮、保养得好等话语。对方不愿回答的问题不要追问。对方反感的问题应表示歉意，或立即转移话题。一般谈话不可批评长者、身份高的人，不可议论当事国的内政，不要随便议论宗教问题。

谈话中要使用礼貌用语，如"您好"、"请"、"谢谢"、"对不起"、"打扰了"、"很高兴与您会见"、"谢谢您的光临"等等。在我国，人们见面习惯说"你吃饭了吗"、"你到哪里去"等，有些国家不使这些言语，甚至习惯上认为这样说不礼貌。在西方，一般见面时先说"早安"、"晚安"、"你好"、"身体好吗"、"最近如何"、"一切都顺利吗"、"好久不见了，你好吗"、"夫人（丈夫）好吗"、"孩子们都好吗"、"最近去休假了吗"等等。对新结识的人常问道"你这是第一次来我国吗"、"到我国来多久了"、"这是你在国外第一次任职吗"、"你喜欢这里的气候吗"、"你喜欢我们的城市吗"，等等。分别时常说"很高兴与你相识，希望再有见面的机会"、"再见，祝你周末愉快""晚安，请向朋友们致意"、"请代问全家好"等。

四、涉外娱乐礼仪

在涉外交往中，往往会安排一些娱乐活动，如文艺晚会、体育比赛、风景游览等。这是开展对外活动的一个方式，既宣传了本国的文化、艺术及建设的成就，对客人来说也是一种艺术享受和娱乐活动。为外宾精心组织和安排文艺晚会，必须注意考虑外宾来访的性质、双方之间的关系、外宾的宗教、风俗习惯、外宾的特殊爱好、宣传本国的文化等因素。

在观看演出时，应印制专门的节目单，在节目单上必须有节目内容简介，帮助客人了解剧情。

外宾的最佳座位是第7排至第9排，宾、主集中就座，一是作陪需要，二是便于安全保卫。

（一）出席涉外性质的文娱晚会时，通常要注意以下几点：

1. 穿着打扮应当大方得体。一般不允许身着便装，穿着不能太随意、花哨。

2. 提前进场入座并且不能提前退场。

3. 演出期间不能提前退场，不能大声说话、喧哗、走动、打电话、吃东西。观看节目时，主人可略作介绍，即席翻译声音要轻，否则会引起周围观众不满。

4. 未经许可，不能拍照、录像，因为这样做会影响他人观看，也可能会发生侵犯演出方的权益。

5. 节目在演出进行中不要鼓掌，不要叫好，不要吹口哨，更不要鼓倒掌。节目终了，报以掌声。切忌对节目表示不满或失望。除有政治问题外，一般都要鼓掌。

6. 观看体育比赛，要发扬优良的道德风格，尊重客队。不起哄，不吹口哨，不鼓倒掌，喝倒彩。对客队的成绩，应热烈鼓掌。

（二）外国客人来到一个国家，无论是访问或旅游都会要求参观、游览一些项目。长期在一个国家居住和工作的外国人，要了解这个国家的某些情况，也会要求组织一些参观、游览。安排参观、游览时应注意以下几点：

1. 项目的选定。参观、游览项目的选择，主要考虑几个因素，如访问的目的、性质、客人的意愿及兴趣。一般政府官员愿意看和本国生产发展有关的设施，业务人员愿意看与本专业对口的项目，妇女愿意看妇、幼、社会福利设施；年老体弱者不宜安排长时间步行的项目，心脏病患者不宜爬山登高。

2. 安排布置。项目确定之后，应做出详细计划，包括先看些什么，后看些什么，中间是否休息，参观前是否有介绍，参观后是否座谈，等等。

3. 陪同。按国际交往礼节，外宾前往参观时，一般都有身份相应的人员陪同。如有身份高的主人陪同，宜提前通知对方。接待单位亦有一定的人员出面，并根据情况安排解说员。游览则安排导游人员。

4. 介绍情况。介绍情况要实事求是。数字、材料要准确，但涉及到需要保密的内容则不要介绍。参观项目的基本情况尽可能事先发给客人书面材料，这既节省介绍时间，让客人多实地观看，又可以让客人事前对项目有所了解，看起来印象深刻，效果更好。参观单位负责人、陪同人员、解说员和导游人员应该对各种不同的外宾可能提出的问题有所准备，不至于一问三不知。

5. 摄影。通常可以参观的地方，都允许摄影。遇到不准摄影的地方，应事先向客人说明，现场应竖放外文的说明标志。

第二节　西餐礼仪

【案例传真】

朱小姐是一名大学四年级的学生，目前在广东一家外贸公司的人力资源部试用。日前，为替外国客户庆祝"洋节"，公司举办了大型西式自助餐会，公司邀请了许多外国客户和公司全体员工参加。因为很少吃西餐，朱小姐在餐会上出了不少"洋相"。餐会一开始，朱小姐端起前面的盘子就去取菜，之后却发现那是装食物残渣的盘子；因为刀叉位置放的不正确，她面前还没吃完的菜就被服务员给收走了……一顿饭吃下来，朱小姐浑身不自在。

晚上回到学校和同学们谈起此事，大家纷纷感慨："看来要进外企工作还必须先学'吃饭'啊。"朱小姐决心赶紧补上西餐礼仪课。

随着我们对外交往越来越频繁，西餐离我们也越来越近。只有掌握一些西餐礼仪，在必要的场合，才不至于"出意外"。

不同的国家有着不同的餐桌礼仪，很多在亚洲适合的餐桌礼仪，欧洲人可能感到很不文雅；中东国家餐桌上特殊的用餐礼仪，到了美国人的餐桌上使用起来就变成了粗鲁的动作。为了在轻松愉快的气氛中得到乐趣，更为了在涉外场合中能举止得体，有必要了解一些基本的西餐礼仪。

一、餐桌的一般礼仪

（一）姿态

在餐桌上保持舒适而优雅的姿态，既是为了用餐的愉快，也是为了对其他客人表示尊重。餐桌上的正确姿态应是轻松而不懒散。具体地讲，腰背挺直，尽量不靠椅子背；身与餐桌保持一拳距离（10～15厘米）；两手臂尽量贴近自己的身子（避免妨碍他人就餐），不要把手肘撑在餐桌上；不吃东西时，可将手放在大腿上，或是将手搁在桌沿上。

（二）餐巾与毛巾

吃西餐用的餐巾有午餐巾和晚餐巾之分，午餐巾是全部打开后铺在大腿上，而晚餐巾是对折后再铺在大腿上。

餐巾的用途主要有两点：一是避免菜汁滴在裤子上，二是用来擦嘴和手上的油渍。宴会开始，主人拿起餐巾，这是准备进餐的信号，客人跟着拿起餐巾；进餐时将餐厅平铺在双腿上，不要塞在脖颈里或系在裤腰带上；不要用餐巾擦拭杯盘，这是对主人或餐厅的不恭；有事暂离席位时应将餐巾随意折好搁在椅背上，若搁在桌上则暗示你已用餐结束；餐罢离席时，置餐巾与你桌前盘子左侧即可，餐巾只能用来擦嘴上或手指上的油渍或剩菜，不能用于擦面擦汗。服务员送的香巾是用来擦面的，擦完后放回原盛器内。

（三）良好的吃相

良好的吃相是指在餐桌上吃食物时应具有的合适举止。这主要体现在以下四个方面：

1. 入席后不可旁若无人，也不可眼睛直盯着盘中菜肴，显出迫不及待的样子，或用手玩弄餐具等。用餐一般是在主人示意开始时，客人才可开始，不能在主人还未动手时，自己已经吃上了。

2. 吃食物时，注意不要发出很响的咀嚼声。为了避免发出这种并不悦耳的咀嚼声，最好闭着嘴巴轻轻地咀嚼食物。

3. 喝汤时不可呼呼作响，应用汤匙一勺一勺地喝，不能用嘴去啜汤，汤菜太热时，要待其稍凉后再食用，不要用嘴去吹散热气。

4. 取菜时，应取靠近自己的盘中的菜，不能在盘中挑来拣去，也不可只夹自己喜欢的菜肴，一次取菜不应太多。注意动作要轻，不要碰到邻座，尽量不要将菜拨弄到桌上，或把汤碰洒。如果不小心把菜掉在桌上，不可再将其放回盘内。若要取餐桌上放在离自己较远处的调味品或菜肴时，请别人给你传递，不能越过别人，甚至站起来伸手去取。若有自己不能吃或不喜欢吃的菜肴，不可显出不悦的表情，当服务员派菜或主人夹菜时，不可当场拒绝，可取少量放人盘内，并有礼貌地说"谢谢！够了"。

二、西餐就餐礼仪

西餐就餐礼仪对吃惯中餐的人来说是十分繁杂的。如果不了解西餐礼仪，吃西餐将会是一件吃力而不愉快的事。了解西餐礼仪应先从西餐的特点开始。

（一）西餐的特点

西餐在用料方面，肉禽中以牛肉为多，蔬菜中以土豆为多，主食以面包为主，米饭、面条等则不为主食；在原料加工方面，多用大块原料做菜，如大块牛排、大块猪排、大块鱼、大块鸡等；在烹制过程中，调味品不易渗透，所以需加各种调料，并且使用刀、叉分割才能食用；除牛排和猪排等部分原料至九成熟外，其余都较生，有的菜甚至生吃。

（二）餐具的种类和摆法

参加西餐宴会时，熟悉各种餐具的用途并正确使用是十分重要的。在西餐宴会上，提供的食物常常并不多，但由于每一道菜都需要用不同的盘子、杯子、刀子、叉子和匙子，从而使得使用的餐具有二十来件之多。但主要有五类：盘子、杯子、刀子、叉子和匙子。

下面将逐一介绍这些常用餐具：

1. 盘子

摆放在全套餐具中间的是用来盛主菜的主菜盘。如果有两道主菜，就会有两个主菜盘。在主菜盘上通常会有一个稍小的备用盘。它有多种用途：一是可以用来盛开胃小吃（在汤之前上）；二是可以做汤碗的托碟；三是可以用来放鱼骨头。当然，在一次宴会上它不会同时具有上述几种用途。使用完毕，备用碟就会被撤走。有时，在主菜盘的左边还会有一个色拉盘，在很多时候色拉往往与主菜放在同一个盘里。在主菜盘的左上方，有一只盛面包和黄油的小碟。甜食盘是在主菜撤走后再摆上的。

2. 杯子

在正式的西餐宴会上，每一道菜会配一种不同的酒（通常是鱼配白葡萄酒，肉配红葡萄酒，甜食配香槟酒），而每一种酒需要配置一个不同的玻璃酒杯。酒杯通常是摆放在主菜盘的右上方，按使用顺序从右到左摆放（但有时也会从左到右摆放）。使用时主要看服务员往哪个酒杯里倒酒，你就拿哪个酒杯喝。不过，有一点需要特别记住：配上一道菜的酒不能在下一道菜时喝。

3. 刀、叉、匙

西餐餐具中最复杂的要数刀、叉、匙了。刀与匙摆放在菜盘的右边，叉摆放在菜盘的左边。

刀通常有四种：鱼刀、肉刀、黄油刀和水果刀。鱼刀和肉刀一起摆放在菜盘的右边。鱼刀是一种并不锋利的银刀，头比较尖，样子有点像铲子（为了便于避开鱼骨切割鱼肉），放在刀具中的最右边。肉刀是最大也是最锋利的钢刀，还有锯齿，用于切割牛排和猪排等肉类食物，有时也可以用来切蔬菜，放在鱼刀的左边。黄油刀是一把较小的圆头小刀，放在面包碟子的上端，刀柄朝右，用于在面包上涂抹黄油的。水果刀是小型的刀子，一般在上水果时与水果一起拿上来。

叉是西餐餐具中最为主要的餐具，因此，它的种类也特别多。吃开胃小吃的叉子最小，摆放在叉子的最左边。然后，从左到右依次是鱼叉、肉叉、色拉叉和甜食叉。

匙主要有三种：汤匙、布丁匙、茶匙或咖啡匙。大的汤匙用来喝大碗的汤，摆放在刀具的右边（如果汤是用小的杯子盛的，汤匙放在汤里与汤碟一起端上来）。布丁匙是吃甜食的，摆放在刀具的左边。茶匙与咖啡匙是在上茶或咖啡时一起送上的，用于搅拌饮料的。

使用刀、叉、匙时，应记住一点：无论是刀、叉还是匙，都是从最外面的开始，由外向内使用。

（三）餐具的正确使用

1. 刀、叉

西餐中正式宴会每道菜肴都配有一套相应的餐具，吃西餐时一般从外侧往内侧取用刀叉。大部分以上菜的先后顺序由外向内排列摆放，或随菜一道端上来。每用过一道菜之后，服务员就将相应的刀、叉撤走。所以，一定不要乱了使用刀叉的顺序，以免到时餐具不够用或用不上而尴尬。

用刀时，应把刀柄的尾端置于手掌之中，以拇指抵住刀柄的一侧，食指按在刀柄背上，但应注意食指不能触及刀背，其余三指顺势弯曲，握住刀柄；持叉应尽可能持住叉柄的末端，而不能抓住叉柄的下部，叉柄倚在中指上，中指则以无名指和小指为支撑。叉如果不与刀并用时，叉齿应朝上。如果刀叉并用时，则持叉姿势与持刀相似。一般情况下，右手持刀，左手持叉，先用叉子把食物按住，然后用刀切成小块，再用叉送入口内。欧洲人使用时不换手，美国人则切割后将刀放下，换右手持叉送食入口。

每用完一道菜，将刀叉合拢并排置于盘上，叉齿向上，表示此道菜已用完，服务员会主动撤下；若尚未用完，暂停用餐，应将刀叉摆成八字形或交叉摆在盘上，刀口向内，以示尚未吃完。

使用刀叉时应注意：食物应当用刀切一块吃一块，不应把整盘食物都切成小块，然后用叉子一块一块叉起来吃。切食物时应尽量避免刀叉撞击盘子发出声响；餐刀是用来切割菜肴的，不能用餐刀戳着或抬着食物送进嘴里，餐刀绝对不能沾嘴唇；用叉齿往嘴中送食物时，不要送到中途停住和别人说话或听别人讲话；进食时，不要将叉齿完全插入嘴里，以嘴唇不碰及叉齿最为标准。

2. 匙

用右手持匙，持法与持叉相同，手指务必持在匙柄上端，不可持在匙柄下部。很多种布丁都要匙叉并用取食，一个用以托盛食品，另一个用以帮助盛取。西餐用匙也有讲究：喝汤时，先用汤匙由后往前将汤舀起，并只能将汤匙的三分之一放入嘴里，不要使劲吮吸，以免发出声响；喝完汤后，应将汤匙放在盘内，注意匙心朝上，匙柄放于右边边缘。

3. 杯

杯有高脚玻璃杯、茶杯等。高脚玻璃杯有凉水杯、红葡萄酒杯、白葡萄酒杯、香槟酒杯等。拿高脚玻璃杯时，应用大拇指和另外几只手指拿住杯子的下半部。只有当白葡萄酒是冰镇的时候才不这样拿，此时用手捏着酒杯脚，以免手温把酒弄热。每次喝完酒或水后，要把杯子放回原处。

茶杯是用来喝茶或咖啡的。拿茶杯的方法是：把食指穿过杯子的耳朵，大拇指压在杯子耳朵的上面，用中指抵住杯子耳朵从而把杯子固定，注意小指头不要不自然地翘起来。在正式的宴会上，应当让茶杯、茶盘自始至终放在那里；而在不那么正式的宴会上，则在菜盘撤走以后可以把它们随意移动。

（四）西餐的上菜顺序

西餐的上菜顺序通常是这样的：

1. 面包配黄油（用餐前预先摆放着的）。

2. 开胃小吃。

3. 汤。

4. 鱼（如有开胃小吃，鱼通常省略）。

5. 肉与蔬菜、色拉（色拉有时作为单独一道菜上）。

6. 水果和点心（甜食）。

7. 咖啡或茶（通常在客厅里用）。

（五）一些西餐食品的吃法

1. 面包

面包往往是西餐的主食。其吃法是：用手将其掰成小块后拿起来吃，不能用嘴直接啃整块的面包。如果需要涂抹黄油、果酱，应先用手将面包掰开，再用专用的小刀将黄油或果酱抹在面包块上，然后再吃。当盘上有一点食物不能叉起来的时候，还可以掰一小块面包来帮助，但不要用面包来擦盘子。

2. 开胃小吃

开胃小吃通常是一些海鲜。吃牡蛎这样一些海鲜时，可以用又小又尖的叉子把里面的肉挑出来吃；而吃虾这样的海鲜时，可以用手把虾壳剥掉以后再吃。

3. 鱼

西餐中的鱼有两种吃法：一种是去掉鱼刺的煎鱼块，用叉子叉起来吃便可；另一种是整条鱼，其吃法就有些复杂。先用鱼刀将鱼头切下，放在专盛鱼骨的备用碟里；然后用鱼刀沿着鱼背割下上边的鱼肉放在盘子的一边；再用刀子切下一小块，用叉子送进嘴里。上边的鱼肉吃完后，用手将鱼骨拉掉放在备用盘里，然后再用刀子将鱼肉切成小块，用叉子叉起来吃。

4. 蔬菜和色拉

吃蔬菜时主要用叉子，只有叉子叉不起来的菜才可用刀子帮忙盛取。如果是叉子叉不开的食物，而吃一口又太多（如莴笋、整棵青菜）时，可用刀子把菜切开后再用叉子叉起来吃。

色拉通常作为主菜的配菜，在主菜吃得差不多时，由服务员端上装有色拉的大盆让每人各自取一点。这时，吃沙拉就用原来吃主菜的刀叉。有时沙拉也作为一道主菜单独用盘子盛，这时往往配有专门吃色拉的餐具。

5. 餐后点心

餐后点心，是在吃完主菜后上的。它的品种很多，以甜食为主。不同的点心吃法各异。

三明治、意大利馅饼：可用手拿着吃。

奶酪：用刀切下一小片，然后用手拿着吃。

布丁：一般用叉子叉着吃，如用叉取食物有困难，则可叉匙并用。

通心粉与细面条：用叉子叉起面条，然后小心而快速地转动叉子，让面条缠在叉子上吃。

冰淇淋、水果羹、鸡蛋羹：用匙舀着吃。吃完后将匙放在托盘上，而不要留在小碗或小杯里。

6. 水果

苹果、梨等，应先用刀切成数块，然后再用刀取出皮核。削皮除核时，刀口应向内，由外往里削。削好皮后，可以用手拿着吃，也可用叉子叉起来吃；吃香蕉时，应先用手剥皮，再用刀切成小块，用叉子叉起来吃，不能用手将整只香蕉拿起来吃；吃葡萄时，应将葡萄一颗一颗揪下来吃，不能整串拿着吃；吃橘子时，可以用手剥皮后，一瓣一瓣拿着吃；西瓜、菠萝等通常都去皮切成块，然后用叉取食；橙子用刀切成块吃；荔枝、龙眼等可剥去皮用手拿着吃。水果的果核应用手先接住，再放于盘沿，不可直接吐于桌面或地上。

【小贴士】

1. 不少人在吃西餐时，都会担心"失礼"。其实，所谓餐桌礼仪是为了让餐膳可以不受阻碍和破坏，而得以顺利流畅地进行的实用守则。谨记"整齐、清洁和保持安静"三项原则便可无往而不利。

2. 在西方，去饭店吃饭一般都要事先预约，在预约时，有几点要特别注意：首先要说明人数和时间，其次要表明是否要区域视野良好的座位。如果是生日或其他特别的日子，可以告知宴会的目的和预算。在预定时间到达，是基本的礼貌。

3. 开胃小吃和鱼并不是每次宴会必备的，而且这两种往往只备其中一种。

4. 切食物时要尽量避免刀叉撞击盘子发出响声。

5. 喝汤时，应用汤匙由里向外舀汤喝，且不要发出声响。

【资料小链接】

餐巾布礼仪

1. 入座后不要急于打开你的餐巾布。

2. 餐巾布应平铺在双腿上，较大的餐巾布可对折后铺在腿上。整个就餐过程中除了必要时用餐巾布擦嘴以外，餐巾布应一直保持平铺在你的大腿上。

3. 餐巾布也叫口布，是用来擦嘴的。所以不要用它来擦脸或擦餐具，如需要擦汗，你可以用纸巾。

4. 在用餐期间需要中途离席时，你应该把餐巾布放在自己的椅子上，表示用餐未完毕，你还会回来继续用餐。

5. 第一个打开餐巾布的人应该是主人，这个动作表示宣布晚宴开始。

6. 餐巾布是可以弄脏的，如不想将餐巾布弄脏而取出自己的手帕或面纸使用，是违反用餐礼仪的。

7. 如果不是小孩或用餐不方便的人，请不要将餐巾布挂在胸前。

8. 口红留在餐具上很不雅观，如果需要擦去口红印时，请选用纸巾而不是餐巾布。

9. 在用餐过程中，饮用酒水之前，你需要用餐巾布擦拭嘴边的油迹。

10. 用餐完毕时，将餐巾布放回桌上，具体位置在你盘子的左边。这个动作也是由女主人先做的，表示晚宴结束。

第三节 涉外馈赠礼仪

在涉外交往中，往往会出现互赠礼品的情况。"礼尚往来"属正常现象，既有必要，也可以达到增进双方了解和友谊的目的。了解有关馈赠礼品方面的礼仪规范有助于我们做好这一方面的工作。

一、涉外礼品选送

（一）礼品的纪念性

向外宾馈赠礼品首先考虑的是礼品的纪念意义。赠送礼品不一定要讲究礼品的贵重或商品的价值。中国有一句俗话：千里送鹅毛，礼轻情义重。现在在很多国家，人们都不时兴赠送过于贵重的物品。如果礼品过重，反而会给受礼者一种受贿之感或让对方认为送礼者另有所图。

（二）礼品的民族性

现在原生态音乐、原声态歌曲大行其道，人们对此趋之若鹜，其最大的特色就在于民族性，礼品也是如此，最具有民族性的礼品往往也是最受人欢迎的礼品。中国人司空见惯的东西，如玉石印章、红木筷子、中国画、剪纸、地方的特色物品，如广西的壮锦、绣球，新疆的地毯，苏州的丝绣等等，到了外国人的手中就成了喜爱之物，备受青睐。

（三）礼品的针对性

馈赠礼品要因人而异，因事而异。向外宾赠送礼品时，要考虑到外宾的修养、人格、品位、爱好。此外，还要考虑不同的情况与不同的场合。如在国务活动时，宜向国宾赠送鲜花、艺术品；出席家宴时，宜向女主人赠送鲜花、巧克力、土特产和工艺品，或是向主人家的孩子赠送糖果、玩具等；探视病人时，可向其赠送鲜花、水果等。

（四）礼品的差异性

向外宾赠送礼品时，还必须注意其所在国的风俗习惯及与本国的文化差异。在挑选礼品时，应主动避开对方有可能存在的下述六个方面禁忌：一是与礼品品种有关的禁忌，二是与礼品色彩有关的禁忌，三是与礼品图案有关的禁忌，四是与礼品形状有关的禁忌，五是与礼品数目有关的禁忌，六是与礼品包装有关的禁忌。

此外，下列八类物品不宜被选来赠送外国人：

1. 一定数额的现金、有价证券。因为赠送和收受这类礼品会被人们视为有行贿受贿之嫌。

2. 天然珠宝与贵重物品、首饰，其原因与第一类相似。

3. 药品与营养品。在国外，个人身体健康属于隐私问题。因此，给其赠送药品及营养品会使其不快，不受欢迎。

4. 广告性、宣传性物品。因为赠送这些东西会被认为是在利用对方或强加于人。

5. 易于引起异性误会的物品。向异性外宾送礼时，一定要注意，不要向对方误送示爱的物品或对其不恭的物品。

6. 受礼人忌讳的物品。这些忌讳的物品涉及到宗教、政治、文化、民族、职业等方面。

7. 涉及国家机密及商业机密的物品、国家级贵重文物。赠送这类物品既损害了国家利益，而且可能还会触犯国家法律。

8. 不道德的物品。

二、涉外礼品馈送方式

根据礼仪惯例，向外宾赠送礼品时，要注意把握好以下两个环节。

（一）礼品的包装

礼品的包装是整个礼品中一个非常重要的部分，是礼品送出去时给对方的"第一印象"。因此，礼品的包装材料一定要考究，要注意色彩、图案、形状等方面，并考虑到受礼人的爱好、风俗习惯等。

（二）礼品的送出时机

根据惯例，送礼都有一个最佳时机问题，因人、因事及因场合而有所不同。

1. 在会见会谈结束、起身辞行时，可选择这个时候向主人赠送礼品。

2. 见面并向对方道喜、祝贺时送出礼品。

3. 出席宴会后、辞行前向主人赠送礼品。

4. 观看文艺演出结束后，当登台向演员祝贺时当面赠送。

5. 游览观光时，当接待单位向自己赠送礼品后，最好当时向对方回赠礼物。

6. 为专门接待的工作人员准备的礼物，一般在抵达当地后尽早赠送给对方。

7. 作为东道主接待外宾时，可在外宾向自己赠送礼品时进行回赠，也可以在外宾临行前去外宾下榻之处进行探访时回赠。

三、涉外礼品接受

在接受礼品时要注意以下四点：

（一）欣然接受。外宾向自己赠送礼品时，一般要大大方方地接受下来，没有必要过分客套。在接受礼品时，应起身站立，面带笑容，双手接过礼品，然后与对方握手并真诚地表示感谢。

（二）当场拆启礼品并予以赞赏。在大多数国家，尤其是在西方国家，当着送礼人的面启拆礼品的包装，然后认真地对礼品进行欣赏，并不时说上几句赞美之词是一种通常的做法，也是一种礼貌。他们认为，收到别人的礼品，原封不动地往旁边一放，这是对礼品不感兴趣或是对送礼人看不起的一种表现。这与中国人接受礼品时的做法大相径庭。中国人的习惯是待送礼人走后再打开礼品包装，慢慢欣赏礼品。当场打开礼品包装反而被视为"不礼貌"。

（三）拒收礼物要坚决。对外国人送的违法、违禁物品，有辱国格人格的物品，会导致产生误解的物品，过分昂贵的物品，一定数额的现金及有价证券都不宜接受。在拒绝接受时向对方加以说明。如对方在赠送礼品时并无恶意，在谢绝礼品时，顺便对对方表示感谢。

（四）事后再谢。接受外宾的礼品，尤其是比较贵重的礼品后，最好在一周之内打电话或写信给对方致以谢意，这样更显正式。

第四节 国外主要禁忌

一、国外主要数字禁忌

在国外，一些数字受到人们的忌讳并被认为是"厄运"之数。亚洲国家如阿富汗，人们忌讳"13"与"39"，认为这两个数字具有消极的含义。在巴基斯坦，"13"和"420"这两个数字被认为是会给人们带来灾难和厄运的不祥之数。朝鲜人和中国人一样，忌讳"4"这个数字，因为它的发音与"死"类似。日本人忌讳"4"与"9"这两个数字，因为"4"在日文发音与"死"相似，而"9"的发音则与"苦"相近。在印度，"1""3""7"这三个数字被视为不吉利的数字。在美洲的一些国家，人们忌讳"13"和"666"这两个数字，"13"被认为不吉利，"666"则被认为表示魔鬼撒旦。欧洲的很多国家也是这样，人们都忌讳"13"和"666"这两个数字。在非洲，不少国家的人们，特别是这些国家的基督教徒也都非常忌讳"13"这一数字。

常在国外出差的人，乘坐欧美国家航空公司的飞机时，会常常发现大多数航空公司飞机的座舱里（但非全部）都无"13"这排座，有的是把第14排直接连在第12排后面，有的排成"12 A"、"12 B"。

在西方国家，旅馆无13号房间，电梯也不标示13层，而用"12 A"来代替。在法国城市的门牌号上，尤其难见到13号，人们常常用"12 A"来代替。

欧美的一些国家非常忌讳"13"，认为这是个不吉利的数字，原由传说甚多，较普遍的说法是源于北欧的一个神话：据说，在天国为款待阵亡将士英灵而举行的一次宴会上，在座的共12人。席间，突然闯入一位不速之客——凶神罗基，凑成13人，招致天神宠爱的柏尔特送了性命，从此，众天神一蹶不振。后来，在圣经中关于"最后的晚餐"的餐桌上，有耶稣及门徒共13人，后因叛徒犹大（第13者）出卖，耶稣被钉死在十字架上。还有一种说法是耶稣遇害的那一天恰好是13号。由于这两次灾难发生时都和数字"13"有关，所以后来人们认为"13"这个数字是不吉利的，特别是在基督教徒中。因此，在一些国家，海员们不愿在13号启航，一些学生在考场里拒绝坐13号座位。

二、国外主要食物禁忌

世界上有不少国家，由于民族或宗教的原因，对一些食物都有禁忌。如美国人不吃羊肉、狗肉、猫肉、蛇肉、鸽肉、淡水鱼与无鳞无鳍的鱼，不吃动物的头、爪及内脏，不吃生蒜、韭菜、皮蛋；俄罗斯人不吃海参、海蜇、墨鱼、木耳；英国人不吃狗肉和动物的头、爪；法国人不吃无鳞无鳍的鱼；德国人不吃核桃；日本人不吃皮蛋；韩国人不吃鸭子、羊肉和肥猪肉；老挝人"忌食十肉"，即不吃人肉、象肉、虎肉、豹肉、狮肉、马肉、狗肉、蛇肉、猫肉、龟肉；缅甸人一般不吃猪肉、狗肉、牛肉及动物的内脏；蒙古人不吃海味以及鸡、鸭、鹅的内脏；尼泊尔人不吃牛肉、海参及姜等。

在所有的食物禁忌中，宗教方面的禁忌是最为严厉的。按照伊斯兰教教规，穆斯林教徒忌食猪肉，忌食自死之物，忌食未诵安拉之名宰杀之物和动物的血液，狗、马、驴、骡、蛇、虾、蟹、鳖、龟、无鳞鱼、贝壳类海鲜以及其他一切食肉的禽兽都在禁食之列，酒及含酒精的饮料也属禁饮之物。犹太人忌食兔肉、马肉、骆驼肉，不吃咸肉、火腿、龙虾、鳗鱼、蛤蚌。在印度，印度教徒和锡克教教徒忌食牛肉。

三、国外主要交际禁忌

在国外与外国人交往交谈中，应注意下面几点：

（一）非议国家、政府和民族的话不说

在国际关系中，一国是不能干涉另一国的主权的。因此，对别国的内部事务应避免妄加评论，说三道四。对自己的国家、政府和人民也不能进行非议。这样做会被对方瞧不起。因为他们会认为，非议自己国家的人缺乏基本的国民素质，一个不维护自己国家和民族利益和尊严的人是不值得尊重和信任的。

（二）涉及对方个人隐私的内容不问

涉及个人隐私问题，如收入、家庭财产、年龄、婚姻、健康、文凭、经历、衣饰价格等私人问题不能询问。很多国家的法律都含有保护隐私权这一内容，我们应当把这些作为交际中的禁区。

（三）涉及国家、行业和企业的秘密不谈

在涉外交往中有时会遇到一些与国家秘密、知识专利、内部情报、企业财务、商业机密等有关的问题，这些都应该避免谈论。因为，每个国家都有其相关的国家保密法、知识产权保护法和相关的法律法规。我们不能随意涉足这些问题（否则会招致麻烦），更不能向外国人泄露国家及企业机密，构成违法犯罪。

（四）涉及庸俗、下流、低级趣味的内容不讲

与外国人交谈时，对一切庸俗、低级下流、与色情有关的内容，均不应谈及。否则既引来对方不快，也自我贬低，影响自身形象。

（五）涉及对方弱点、缺陷等内容的话不说

任何一个有自尊心的人都不会喜欢别人谈及自己的弱点、缺陷，更不喜欢这些东西被曝光。即便是表示关心，也会引起对方的不快和不安。因此，应避免谈到涉及对方弱点、缺陷的内容。

（六）涉及他人短长的内容

在外国人面前非议第三者，实际上会被听者瞧不起，被认为是缺乏教养的行为，这也

是外国人深为忌讳的事。俗话说，"来说是非者，必定是非人"。今天在张三面前搬弄李四的是非，没准明天就会在李四面前搬弄张三的是非。这也是素质低、缺乏修养的一种表现。

（七）涉及疾病、死亡等不愉快的内容不说

疾病、死亡等始终是一个不愉快的话题，除非是在医院探视病人或是在某些特定场合，这类话题在涉外交往中应尽力避免。

（八）与妇女交谈时不说她长得胖、身体壮、保养好等话语

在涉外交际中对女性不说她长得胖、身体壮、保养好等话语。因为，对听者而言这绝非是赞美之词。"长得胖、身体壮"并不是她所追求的"优雅身材"；"保养好"言下之意是"她已不再年轻"。

（九）不随意批评长辈和身份高的人及自己的同事

尊重长辈、尊重上级，这在全世界都是一个共识。这涉及到个人道德及修养问题。"具有与人合作的能力"是现代人应具备的一个素质，如果随意在涉外交往中抨击自己的同事，其"与人合作的能力"会令听者生疑。

（十）宗教政策及宗教问题

宗教问题是世界各国面临并且急需解决的既棘手又敏感的问题。世界上很多地方发生的战争、动乱、骚乱多与宗教有关。因此，作为一般的涉外人员或在一般的涉外交往中，与外国人谈论宗教问题，这既超出了我们的义务，也超出了我们的能力。弄不好会有干涉他国内部事务之嫌。

四、国外主要衣着、服饰禁忌

（一）女士着装的禁忌

1. 不穿黑色皮裙。在涉外交际中，这是一个公认的不成文法则。因为人们认为，着黑色皮裙打扮的女孩，一般不是"良家妇女"。

2. 不得光着腿。在隆重及正式场合，女性着裙子时，应穿袜子，不宜光腿。在韩国人和日本人眼里，女性穿裙子光着腿就等于没穿内衣一样。

3. 不准袜子有破损。人们常常认为，袜子是女士的"腿部时装"。女士穿裙装时应配长统袜或连裤袜，颜色以肉色或黑色为常用。质地一般以丝质为佳，太厚的袜子最好不穿。

4. 不能衣、鞋乱配。女士在正式、高雅的交际场合，穿着正装时，一般以黑色半高跟皮鞋为好。禁止在正式场合西装套裙配穿露脚趾的皮凉鞋。

（二）男士着装禁忌

1. 西装不拆商标

不少国人在购买西装、特别是高档西装时，喜欢保留袖子上的商标及纯羊毛标志，着装时可以向他人炫耀该服装的档次及价值，其实这是错误的。按照销售服务的国际惯例，客人买西服时，一交钱或一刷卡，服务员要做的第一件事就是替顾客把衣服袖口上的商标

及纯羊毛标志拆除掉。外国人着西服时，其袖口上的商标和纯羊毛标志是没有的，我们必需入乡随俗，不能自我感觉良好而不顾及别人的看法。

2. 西装内穿多件衣服

穿西装时要注意大小合身，不要在它里面再加上多件衣服。最好不要在西装内穿羊毛衫。如非穿不可，则允许只穿一件单色薄型"V"领羊毛衫。不要在西装里穿开领的、花哨的羊毛衫。

3. 西装口袋里放太多东西

一般地说，西装上衣两侧的口袋只作装饰用，不宜装东西。如有必要，上衣胸部口袋可装手帕。西装左胸内侧衣袋，可适当放些名片、票夹及小本子等小件物品。西裤两侧中袋及后袋不宜放太多东西，否则有碍臀部自然、裤型美观。

4. 领带不达标准

领带是西装的重要装饰或西装的重要组成部分。在正式交际场合应选配真丝或羊毛领带。不能配羊皮、牛皮、蛇皮、珍珠等领带来标新立异。"易拉式"领带（带拉链的领带）因档次比较低，最好也不要选用。

5. 夹克配领带

夹克属于休闲装，不适合在正式场合穿，更不要说穿夹克打领带了。

6. 袜子不予讲究

袜子的颜色一定要与皮鞋的颜色协调。不管是穿西装、穿制服还是穿其他正装，袜子的颜色和皮鞋的颜色应一致为最佳，浑然一体。在正式场合，男士宜穿深色服装，及深色棉袜或毛袜。

思考·练习·实训

一、简答题

1. 涉外礼仪一般包括哪些内容？

2. 涉外接待时应注意哪些礼仪？

3. 在涉外交谈中应该注意哪些礼仪？

4. 从事涉外服务工作时应遵守哪些守则？

5. 在涉外礼品馈赠方面，有哪些东西不能作为礼品赠送给外宾？

6. 在接受涉外馈赠礼品时，中国人和西方人的差异是什么？

7. 在涉外交际中主要有哪些禁忌？

8. 在涉外活动中，在衣着和服饰方面应该注意哪些问题？

二、单项选择题

1. 欢迎元首时，鸣礼炮（　　　）响。

A、18 响　　　　　　B、21 响　　　　　　C、25 响　　　　　　D、28 响

2. 欢迎政府首脑时，鸣礼炮（　　）响。

A、19 响　　　　　B、21 响　　　　　C、24 响　　　　　D、28 响

3. 橄榄是（　　）的国花

A、朝鲜　　　　　B、新加坡　　　　　C、希腊　　　　　D、印度

4. 下列肤色中宜穿深色服装的是（　　）。

A、肤色偏黑　　　B、肤色苍白　　　C、肤色发红　　　D、肤色白净

5. 穿西服时，最理想的衬衫颜色是（　　）。

A、蓝色　　　　　B、白色　　　　　C、灰色　　　　　D、咖啡色

6. 一位女士拥有 5 枚戒指、3 条手链、4 条项链、2 副耳环，则她应该（　　）

A、全部佩带　　　　　　　　　　　B、各佩带一件

C、佩带某一类的全部　　　　　　　D、佩带总共不超过 3 件

7. 男士剃胡须的次数应该是（　　）。

A、每天至少一次　　　　　　　　　B、每两天至少一次

C、每三天至少一次　　　　　　　　D、每星期至少一次

8. 迎宾活动一般提前（　　）到达迎宾地点。

A、30 分钟　　　　B、20 分钟　　　C、15 分钟　　　D、10 分钟

9. 招待来宾的最佳室内温度是（　　）。

A、23℃　　　　　B、24℃　　　　　C、25℃　　　　　D、26℃

10. 主人一般应该送客人到（　　），然后转身离去。

A、办公室门外　　B、楼门外　　　　C、院门外　　　　D、自己的视野之外

11. 下列哪些是不允许正式赠予的礼品。（　　）

A、烟、酒　　　　B、书画　　　　　C、纪念章　　　　D、产品模型

12. 西餐中以哪一身份的人为第一顺序？（　　）

A、男主人　　　　B、女主人　　　　C、男客人　　　　D、女客人

13. 未吃完而中途离开，可以将餐巾放在（　　）。

A、桌面上　　　　B、椅子背上　　　C、椅子面上　　　D、随手带着

14. 西餐中表示这一道菜不用了，应该将刀、叉放在（　　）。

A、餐桌上　　　　B、餐巾上　　　　C、菜单上　　　　D、食盘上

15. 西餐进餐时，中途离开可将刀叉放成（　　）。

A、八字形　　　　B、二字形　　　　C、十字形　　　　D、随意形状

16. 西餐吃开胃菜时，喝（　　）。

A、鸡尾酒　　　　B、白葡萄酒　　　C、红葡萄酒　　　D、干红葡萄酒

17. 西餐吃鱼或海鲜时，喝（　　）。

A、鸡尾酒　　　　B、干白葡萄酒　　　C、红葡萄酒　　　D、白兰地

18. 西餐吃甜品时，喝（　　）。

A、鸡尾酒　　　　B、干白葡萄酒　　　C、红葡萄酒　　　D、白兰地

19. 领舞者与伴舞者之间应该有（   ）左右的距离。

A、20 厘米　　　　B、25 厘米　　　　C、30 厘米　　　　D、35 厘米

20. 国宾是指在任的、正式前来我国进行访问的政府首脑或（   ）。

A、政务大臣　　　B、外交使节　　　　C、国家元首　　　　D、地方要员

21. 在蒙古，主人请来宾品尝（   ）和盐，是规格最高的见面礼。

A、面包　　　　　B、牛奶　　　　　　C、马黛茶　　　　　D、红酒

22.13 与星期五在（   ）中是不吉利的。

A、天主教　　　　B、佛教　　　　　　C、基督教　　　　　D、伊斯兰教

23. "惟有真主安拉才是主宰一切决定一切的神"。这是（   ）的教条。

A、天主教　　　　B、佛教　　　　　　C、基督教　　　　　D、伊斯兰教

24. 尊玛利亚为圣母的是（   ）。

A、天主教　　　　B、佛教　　　　　　C、基督教　　　　　D、伊斯兰教

25. "五戒"、"五荤"是与（   ）教徒交往时要注意的。

A、天主教　　　　B、佛教　　　　　　C、基督教　　　　　D、伊斯兰教

26. 菲律宾的国花是（   ）。

A、茉莉花　　　　B、牡丹　　　　　　C、玫瑰花　　　　　D、石榴

27. 国际交往中，涉及到位置的排列，原则上都讲究（   ）。

A、左尊右卑　　　B、右尊左卑　　　　C、左右一样　　　　D、不同场合不同尊卑

28. 领带的下端应（   ）。

A、在皮带上缘处　　　　　　　　　　B、在皮带上下缘之间

C、在皮带下缘处　　　　　　　　　　D、比皮带下缘略长一点

29. 用餐吃面包时，应（   ）。

A、用嘴撕着吃　　B、用手撕着吃　　　C、用刀切着吃　　　D、随意吃

30. 在对外交往中，女士切勿穿（   ），因为在国际社会里，此乃"风尘女子"之标志。

A、红色百褶裙　　　　　　　　　　　B、颜色过于艳丽的裙子

C、黑色皮裙　　　　　　　　　　　　D、牛仔裙

31. 在阿拉伯国家里，人见面的问候语是（   ）。

A、家人都好吗　　B、水还足吧　　　　C、牲口还好吧　　　D、粮食多吗

32. 工作餐通常在什么时候举行（   ）。

A、公务结束后　　B、中午　　　　　　C、晚上　　　　　　D、下午 3：00

33. 在正常情况下，做东者应当至少提前（   ）抵达用餐地点。

A、2、3 分钟　　　B、5 分钟　　　　　C、7、8 分钟　　　　D、10 分钟

34. 工作餐中，主人（   ）的举动是吩咐侍者为自己结帐。

A、将刀叉放在桌上　　　　　　　　　B、将餐巾放回餐桌上

C、举手示意　　　　　　　　　　　　D、起身站立

35. 自助餐取菜顺序为 （　　）。

A、汤、冷菜、热菜、点心、甜品、水果　B、热菜、汤、冷菜、点心、甜品、水果

C、汤、冷菜、点心、热菜、甜品、水果　D、冷菜、汤、热菜、点心、甜品、水果

36. 男子与妇女握手时，应只轻轻握一下妇女的 （　　）。

A、指尖　　　　　B、手掌　　　　　C、手指　　　　　D、手腕

37. 进餐时倘发现菜肴中有昆虫和碎石，应该 （　　）。

A、立即告知一同进餐者加以注意　　　B、自己悄悄处理掉；

C、立即喊来侍者处理　　　　　　　　D、轻声告知侍者更换。

38. 如果在你的餐巾前有大、中、小、高脚杯四个杯子，应该分别装 （　　）。

A、水、红葡萄酒、白葡萄酒、香槟酒　B、啤酒、水、红葡萄酒、香槟酒

C、水、啤酒、白酒、红葡萄酒　　　　D、水、红葡萄酒、白酒、香槟酒

39. 与西装最配套的鞋子是 （　　）。

A、猪皮鞋　　　　B、牛皮鞋　　　　C、羊皮鞋　　　　D、驼鸟皮鞋

40. 套裙的裙长应以不短于膝盖 （　　）为限。

A、5 厘米　　　　B、10 厘米　　　　C、15 厘米　　　　D、20 厘米

41. 握手的全部时间应控制在 （　　）以内。

A、1 秒钟　　　　B、3 秒种　　　　C、5 秒钟　　　　D、7 秒钟

42. 吻手礼的受礼者，应是 （　　）。

A、妇女　　　　　B、已婚妇女　　　　C、男子　　　　　D、已婚男子

43. 阿富汗人的见面礼是 （　　）。

A、握手　　　　　B、合十礼　　　　C、抚胸礼　　　　D、脱帽礼

44. "真主保佑"这是 （　　）教徒的习惯做法之一。

A、伊斯兰教　　　B、佛教　　　　　C、道教　　　　　D、基督教

45. 根据礼仪规范，在握手时，由 （　　）首先伸出手来"发起"握手。

A、年幼者　　　　B、晚辈　　　　　C、下级　　　　　D、尊者决定

46. 行亲吻礼时，长辈吻晚辈应当吻 （　　）。

A、额头　　　　　B、嘴唇　　　　　C、面夹　　　　　D、下额

47. 在西方国家送人的鲜花通常为 （　　）。

A、双数　　　　　B、数量自定　　　　C、单数　　　　　D、越多越好

48. 中国菜肴品种繁多，风味各异，民间有云 （　　）。

A、"南咸、北甜、东酸、西辣"　　　B、"南甜、北咸、东辣、西酸"

C、"南辣、北酸、东甜、西咸"　　　D、"南酸、北辣、东咸、西甜"

49. 日本人很风行祝寿，而且颇有趣。日本人到了 （　　）会祝贺"米寿"。

A、88 岁　　　　　B、55 岁　　　　　C、66 岁　　　　　D、77 岁

50. 在国际交往场合，菲律宾主人常把 （　　）献给客人。

A、茉莉花　　　　B、红罂粟　　　　C、兰花　　　　　D、紫罗兰

51. 在介绍两人相识时，总的规矩是（　　　）。

A、先卑后尊　　　　B、先尊后卑　　　　C、先女后男　　　　D、先主后宾

52. 男女一同进入餐馆，行进的顺序应该是（　　　）。

A、侍者—女人—男人　　　　　　　　B、侍者—男人—女人

C、女人—男人—侍者　　　　　　　　D、女人—侍者—男人

53. 泰国人的经商方式是（　　　）。

A、跑着做生意　　　　　　　　　　B、卧着做生意

C、家庭公社式做生意　　　　　　　D、坐着做生意

54. 中国人同西方人都是好客的，中国人的待客之道是"给予"，西方人的待客之道是（　　　）。

A、"给予"　　　　B、"提供"　　　　C、"介绍"　　　　D、"坦诚相待"

三、判断题

1. 在星级饭店里发现桌上餐具不干净，要立即自行擦拭，以免影响进餐。 （　　　）

2. 餐巾主要防止弄脏衣服，兼做擦嘴及手上的油渍，可摊开后放在大腿上，也可挂在领口，以防弄脏衣物。 （　　　）

3. 与客人一起走楼梯时，要让客人走楼梯的外侧，主人走内侧。所谓内侧是绕着中心的一侧。 （　　　）

4. 正规舞会上，通常不宜独舞，也不提倡两名同性共舞。 （　　　）

5. 作为大会的接待人员，当客人和主人初次见面时，应不分男女、不看长幼、无论职务高低，应先把主人介绍给客人，让客人优先了解情况。 （　　　）

6. 在商务礼仪尤其是国际礼仪当中，主客座位该讲究"右高左低"。 （　　　）

7. 参加交际型派对通常不宜早到，可以迟到三、五分钟。 （　　　）

8. 观赏舞剧、音乐会时，观众可以着休闲服。 （　　　）

9. "女士优先"，并不是男子处处让女士走在前面，而是使妇女成为受尊重的对象，处处给她们以照顾。 （　　　）

10. 在西式宴会上，你想吸烟，只能在吃过了饭菜开始喝咖啡之后。 （　　　）

11. 西餐吃水果时，不能用手取。 （　　　）

12. 西餐进餐时，只能右手持刀，左手持叉。 （　　　）

13. 送人鲜花绝对不能是13枝。在日本、韩国、朝鲜、中国等国家送4枝鲜花也是招人白眼的。 （　　　）

14. 在用餐期间必要时可以宽衣解带，松领带。 （　　　）

15. 不要在握手时戴着墨镜，只有患有眼疾或眼部有缺陷者方可例外。 （　　　）

16. 五色原则，是选择正装色彩的基本原则。 （　　　）

17. 当两人相距在1.5米之内时，即为私人距离。 （　　　）

18. 不要在握手时戴着手套，只有女士在社交场合戴着薄纱手套与人握手，是被允许的。 （　　　）

19. 在任何情况下，都不允许拒绝与他人握手。 （ ）

20. 黄菊万万不可送给西方人，在西方黄菊代表死亡。 （ ）

21. 按照常规，道别应该由来宾率先提出来。 （ ）

22. 葡萄酒与威士忌酒和茅台酒被并称为"世界三大名酒"。 （ ）

23. 鸡尾酒，并非某一种类的酒，而是一种混合型的酒。 （ ）

24. 咖啡匙可以舀起咖啡来饮用。 （ ）

25. 在通电话时，如果电话中断了，依照惯例，应由发话人立即再拨打一次。（ ）

26. 在欧美的许多国家，两名同性不可同居于一室。 （ ）

27. 在机场举行的欢迎国宾的仪式上，应邀请该国驻我国使节到场。 （ ）

28. 在欢迎国宾的仪式上演奏中外两国国歌时，一般先演奏外国国歌，再演奏我国国歌。 （ ）

29. 在中国境内悬挂外国国旗时，必须同时升挂中国国旗。 （ ）

30. 使用领带夹时只要夹住领带就行。 （ ）

31. 穿露脚趾的凉鞋时，不宜再穿袜子。 （ ）

32. 穿单排扣西服时，应扣上全部衣扣。 （ ）

33. 为了醒目，使用接站牌尽量使用白纸黑字。 （ ）

34. 通常以面对房门的座位为上座，应该让之于来宾；以背对房门的座位为下座，宜由主人自己在此就座。 （ ）

35. 在轿车之上，座次的常规一般右座高于左座，后座高于前座。 （ ）

四、实训题

实训项目（十）

礼仪小教师活动		
实训目的	加深学生对基本礼仪知识的了解、认识和印象，提高其语言表达能力、写作能力，对其仪容、仪表、仪态也是一个很好的检验。变被动学习为主动 探索，最大限度地实现了教学互动，提高了学生的综 合素质。	
实训所需教具	多媒体	
实训场地	多媒体教室	实训课时	6 课时
实训内容及要求		

1、同学们自主地从自己比较熟悉、全面认识和感兴趣的礼仪知识点中挑选出一个主题，如：仪表礼仪、服饰礼仪、西装礼仪、交谈礼仪、中华传统礼仪等，向全班同学介绍这个专题的礼仪知识。

2、要求每一位同学阅读书籍、上网收集资料图片，自己动手查资料、备课，撰写论文教案，制作多媒体课件。

3、设立评分小组：老师、学习委员（负责各项工作的组织）、正班长、副班长、团支书、同学代表 1 名。评委组共 6 人，要求公正、公平、公开、认真、准确地打分，除去一个最高分，除去一个最低分，其他人的平均分为最后成绩。学习委员负责计算出最后成绩。

4、挑选计时员 1 名。

5、时间可根据班级具体人数而定，大约 5－15 分钟。

6、要求每一位同学都要交多媒体课件，并把同学的多媒体课件制成光碟作为教学资料保存。

7、每一位同学都要交讲课的教案，即发言的文字稿。

实训程序

1、教师提前布置活动计划。同学们撰写论文教案，制作多媒体课件。

2、课堂活动由学习委员主持。

3、每位同学上台讲课、演示，教师和其他学生在台下听课。

4、教师点评、指导、补充。

5、同学们小组讨论，分享经验和感想体会。每小组选派代表发言。

评分标准（满分 100 分）

1、语言（普通话）（10 分）

声音响亮，语言、语调准确，吐词清晰，无错误。语言流畅，词汇丰富，表达准确，有较强的感染力，避免错停、错段、颠倒之类。

2、内容（40 分）

结合多媒体课件讲解，脱稿。文章内容翔实、趣味性强。

3、制作多媒体课件（15 分）

多媒体课件图文并茂，条理清晰，生动有趣，有吸引力。

4、表达（20 分）

表达准确，口齿清晰，绘声绘色，有较强的感染力。

5、礼仪（10 分）

仪容仪表得体、整洁、大方，精神佳、体态自然，礼貌周全。

6、时间（5 分）

时间不够或超时酌情扣分。

附：礼仪小教师活动评分表

系：　　　　专业：　　　　班级：　　　　评分人：

评分标准　　姓名	语言 10分	文章内容 40分	多媒体课件制作 15分	表达 20分	礼仪 10分	时间 5分	总分

参 考 文 献

[1] 张文. 礼仪修养与实训教程 [M]. 广州：华南理工大学出版社，2009

[2] 柴晓慧，王德仲. 现代礼仪教程 [M]. 北京：经济日报出版社，2008

[3] 张桂蓉. 现代礼仪 [M]. 长沙：中南大学出版社，2005

[4] 金正昆. 商务礼仪教程 [M]. 北京：中国人民大学出版社，2005

[5] 胡锐. 现代礼仪教程 [M]. 杭州：浙江大学出版社，1995

[6] 刘长凤. 实用服务礼仪培训教程 [M]. 北京：化学工业出版社，2007